Wolf Rainer Wendt

Soziale Versorgung bewirtschaften

Studien zur Sozialwirtschaft

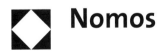 Nomos

Die Deutsche Nationalbibliothek verzeichnet diese Publikation in
der Deutschen Nationalbibliografie; detaillierte bibliografische
Daten sind im Internet über http://dnb.d-nb.de abrufbar.

ISBN 978-3-8487-2179-5 (Print)
ISBN 978-3-8452-6493-6 (ePDF)

1. Auflage 2015

Inhaltsverzeichnis

Einleitung

Das Feld der sozialen Versorgung von Menschen wird im Leistungssystem des Sozialstaats und auch unabhängig von ihm in der Gesellschaft mit großem Aufwand bestellt. Was dazu betrieben und getan wird, bedarf einer guten Einrichtung, funktionierender Strukturen, der Verteilung von Kräften und Kompetenzen, eines abgestimmten Vorgehens, planmäßiger Zusammenarbeit und beständiger Entwicklung. In einer Draufsicht auf das Geschehen wird deutlich, was alles in ihm zu bewirtschaften ist. Bewirtschaften heißt, vorhandene oder zu erschließende Mittel und Möglichkeiten zweckmäßig einzusetzen und angemessen zu nutzen.

Der *sozialen* Versorgung ist eigentümlich, dass sie von Personen für Personen erfolgt. Sie kann nicht fertig vorgehalten und geliefert werden wie die Versorgung mit Strom oder Wasser. Zur sozialen Versorgung gehört ein institutioneller Rahmen, in dem sie zum großen Teil formal eingerichtet ist. An Diensten für Menschen sind sehr viele Organisationen, kundige Personen und zuständige Stellen beteiligt. Sie wirken an der Gemeinschaftsaufgabe mit, solche Dienste bereitzustellen und mit ihnen auf vielfältige Weise eine personenbezogene Versorgung zu gewährleisten. Eine Solidargemeinschaft ist dazu da, den Menschen, die ihr angehören, zu ihrem materiellen oder immateriellen, sozialen oder gesundheitlichen Auskommen über Krisen oder Notlagen hinweg zu verhelfen. Die Solidargemeinschaft erweist sich dazu ökonomisch in Verfügung über ihre Mittel in der Lage. Es sind Mittel, welche ihre Angehörigen einsetzen oder die institutionell zusammengeführt und in einem öffentlichen Regime bestimmten Zwecken zugewiesen werden. Wie das geschieht, ist Gegenstand der Studien im vorliegenden Band.

Die sechs Studien sollen reflektieren, erläutern und ergänzen, was bisher schon zur Sozialwirtschaftslehre ausgeführt wurde, und zu ihrer weiteren Entwicklung beitragen. Die Konstitution der Sozialwirtschaft hat den Autor dieses Buches in den vergangenen Jahren in einer Reihe von Schriften beschäftigt, in denen eine Gegenstandsbestimmung vorgenommen wurde (Wendt 2002), die Soziale Arbeit ökonomisch interpretiert (Wendt 2004), die Theorieentwicklung untersucht (Wendt 2007), die Dimensionen der sozialen Leistungserbringung beschrieben (Wendt 2011 a), Wohlfahrtsproduktion (Wendt 2011 b) und organisierte Wohlfahrtspflege

(Wendt 2014 b) behandelt wurden. Die Arbeit an der Theorie ist für den Autor hergekommen von der ökosozialen Grundannahme, dass individuelles und gemeinsames Wohlergehen „haushaltend" im humanen Zusammenleben zu besorgen ist.

Es handelt sich in der Sozialwirtschaftslehre um ein *work in progress*; seine Argumentationslinien sind in Auseinandersetzung mit Entwicklungen auf zivilgesellschaftlichem und solidarwirtschaftlichem Gebiet, im Arbeitsleben, im Sozialunternehmertum, in der Sozial- und Gesundheitspolitik und im Sozialmanagement und mit der diese Entwicklungen begleitenden Fachdiskussion weiterzuführen. In den vorliegenden Studien wird dem Zusammenhang der wohlfahrtsdienlichen Arbeit von Sozialunternehmen mit den individuellen und gesellschaftlichen Leistungen nachgegangen, die den gleichen Zweck haben. Ihre soziale Herleitung erfolgt diskursiv von der gemeinschaftlichen Sorge um Problembewältigung im Leben von Menschen, um ihre Lebensverhältnisse und um sozialen Zusammenhalt. Im Fokus bleibt Wohlfahrt.

Dieser zentrale Begriff der Sozialwirtschaftslehre ist Missverständnissen ausgesetzt. *Wohlfahrt* bezeichnet in ihrer Verlaufsform das gute Ergehen von Menschen – und nicht etwa ihnen gegenüber Institutionen der Sozialhilfe. Wenn es negativ konnotiert heißt, dass Menschen „von der Wohlfahrt leben", darf angenommen werden, dass sie tatsächlich *nicht wohl fahren*. Die Signifikanz von Wohlfahrt ist an anderer Stelle ausführlich behandelt (Wendt 2011 b, 19 ff.). Als personenbezogenes und soziales Geschehen will Wohlfahrt gepflegt und auf verschiedenen Wegen unter Einsatz von vielen Mitteln und Mühen erreicht werden. In Belangen der Wohlfahrt von Menschen verweisen die Ökonomie der sozialen und gesundheitsbezogenen Versorgung und die Ökonomie des individuellen Sorgens wechselseitig aufeinander. Es lässt sich zeigen, wie in dieser ausgedehnten Beziehung der begriffliche Rahmen der Sozialwirtschaft sich aus der Fläche von Vereins- und Unternehmensaktivitäten in den Raum der mehrdimensionalen Bewirtschaftung von Sorgen und Versorgung der Bevölkerung ausweitet.

Sozialwirtschaft ist auf der anderen Seite in ihrer Wechselbeziehung zur *Erwerbswirtschaft* zu begreifen – und diese Beziehung erfordert ebenfalls eine vielfältige Berücksichtigung. Auf der Individualebene verschaffen Beruf und Erwerbstätigkeit eine Sinnerfüllung des Lebens – und verlangen eine Abstimmung mit der privaten Lebensführung. Erreicht wird so eine soziale Einbindung auch ohne besondere sozialwirtschaftliche Organisation. Diese fängt auf der institutionellen Ebene viele Menschen auf, die nicht, noch nicht oder nicht mehr in das Erwerbsleben eingebunden sind und bietet für sie ersatzweise Unterhalt und Beschäftigung. Auf der sozialpolitischen Makroebene schließlich ist die Sozialwirtschaft bei all den Aufgaben, die zur „Bewirtschaftung des Sozialen" gehören, auf den steten Zufluss von Mitteln aus der Erwerbswirtschaft angewiesen.

Auf jeder Ebene werden die sozialen Belange mit ihrer Bewirtschaftung ökonomischen Kriterien unterworfen. Das bedeutet aber kein Beherrschungsverhältnis. Vielmehr bleibt die Ökonomie in diesem Handlungsbereich sozialen Kriterien unterworfen. Es wird argumentativ zu zeigen sein, dass die einen Kriterien den anderen in Beziehung auf den Lebensunterhalt von Menschen und ihre Daseinsqualität nahe genug kommen. Das Spannungsverhältnis, in dem die ökonomische Dimension und die soziale Dimension einander durchziehen, bleibt bestehen und hält die Darlegungen in diesem Buch in Bewegung.

Es enthält sechs Studien mit einem je eigenen Kreis der Reflexion in der Thematik der Sozialwirtschaftslehre. Die Studien behandeln nacheinander

1. Eine Entfaltung das sozialwirtschaftlichen Theorieprogramms in Auseinandersetzung mit geläufigen Auffassungen von Sozialwirtschaft,
2. den weiten Horizont des sozialwirtschaftlichen Geschehens in den Zusammenhängen seines Betriebs mit dessen Auftraggebern und Nutzern,
3. Care – informelles Sorgen und formelle Versorgung – mit seinen ökonomischen Implikationen,
4. soziale Produktivität in der kooperativen Erzeugung und Wahrung von individueller und gemeinschaftlicher Wohlfahrt,
5. das Wesen sozialer Güter, ihre Verteilung und ihr Beitrag zur Schaffung und zur Pflege von Humanvermögen,
6. eine ökologische und ethische Reflexion, was Wirt sein und die Verantwortung für Versorgung und für wirtliche soziale Verhältnisse bedeuten.

Zum diskursiven Charakter der Studien gehört, dass sie unabgeschlossen sind. Sie können mit den Komponenten ihres Gegenstandes – dem Sozialen und dem Wirtschaften – nicht fertig sein, denn beides wandelt sich, nachgerade in der Beziehung des Sozialen und des Wirtschaftens auf das sorgende Handeln von Menschen und das ihre Wohlfahrt betreffende Versorgungsgeschehen. Es beschränkt sich nicht länger auf Einrichtungen und Dienste. Die Menschen eignen sich die sie betreffende Versorgungsgestaltung tendenziell an – so wie sie sich die Versorgung mit Energie aneignen und in den Social Media zu Hause sind. Das geschieht allerdings bei sehr unterschiedlichen Zugangschancen, in Wohlfahrtsbelangen abhängig von wirtschaftlicher Stellung und sozialer Einbindung des Einzelnen.

Die Sozialwirtschaftslehre muss mit der Schwierigkeit auskommen, im hergebrachten Denken des Sozialen und der Ökonomie eine feste Verankerung zu finden. Die Spannung im Doppelbegriff der Sozialwirtschaft scheint in der disziplinären Zuordnung der beiden Sphären und ihrer getrennten funktionalen Beanspruchung kaum auszuhalten. In Kreisen der helfenden Professionen wird auf Distanz zum Wirtschaften gesehen. Sozialunternehmen dagegen, die sich nach ihrem Selbstverständnis ökonomisch in einem Markt zu behaupten haben, stellen unternehmerisch das Licht ihres sozialen Charakters unter den Scheffel. Sozialausgaben belasten die Wirtschaft, heißt es bei Unternehmern, und die Ökonomie leistet, so wird in helfenden Berufen angenommen, dem Sozialen Abbruch. Wissenschaftliche Diskurse beiderseits haben kaum Verbindung zueinander. Die Sozialwirtschaft wird so weder vom Mainstream der Wirtschaftswissenschaft noch von der Sozialarbeitswissenschaft erfasst.

Die Theorie der Sozialwirtschaft beansprucht, Wirtschaften „von Haus aus", von der humanen Versorgung und den Menschen her zu denken, die sich versorgen wollen oder die versorgt werden müssen. Sie können ihren materiellen Unterhalt und Dienste, die sie benötigen, gemeinschaftlich organisieren, oder erwarten, dass im Bedarfsfall dieser Unterhalt und nötige Dienste öffentlich für sie bereitstehen. *Member serving organizations* und *public serving organizations* sind die beiden institutionellen Grundformen der Sozialwirtschaft. Mit ihnen im Fokus geraten vielfältigen Beziehungen leicht aus dem Blick, in denen sich die Menschen zu ihnen mit ihren eigenen Bemühungen und Besorgungen verhalten. In der Praxis und so in der Theorie steht der Selbstversorgung die anderweitig organisierte Versorgung gegenüber. Deren System kommt in den individuellen Lebenskreisen zur Wirkung. In personalen Lebenszusammenhängen ist zu wirtschaften, insoweit Menschen für sich allein und gemeinsam ihren Unterhalt besorgen und sich um ihr Wohlergehen kümmern, und indem darauf bezogen die Dienste und Einrichtungen in Funktion gesetzt werden, die im Leistungssystem des Sozial- und Gesundheitswesens zur Pflege personenbezogener Wohlfahrt beitragen. Sozialwirtschaft geschieht in Bewirtschaftung dieser Aufgabe. Die Studien, die im Buch zusammengestellt sind, befassen sich deskriptiv und analytisch mit den Beziehungen, in denen die Akteure der Sozialwirtschaft interagieren, mit den Leistungen, die erbracht werden, und mit der Verteilung von Verantwortung, die in der sozialen

Versorgung von Menschen und in ihrer eigenen Sorge um persönliches und gemeinsames Wohl getragen wird.

Der mehrfache Ansatz in der Erörterung, wie soziale Versorgung bewirtschaftet wird, wie diese Bewirtschaftung sich wandelt und Versorgung sich anders gestalten lässt, schließt zwar an vielen Stellen eine Kritik von Verhältnissen in Wirtschaft und Gesellschaft ein; Beweggrund und Zweck der Ausführungen ist diese Kritik aber nicht. In theoretischer Reflexion wird zu klären versucht, was sozialwirtschaftlich getan, in den Zuständen bewegt und verbessert und an Gütern guten Ergehens gehoben werden kann.

Studie 1: Das sozialwirtschaftliche Theorieprogramm

Das Wirtschaftsgeschehen ist in modernen Zeiten weit über die Subsistenz hinausgewachsen, in der sich Menschen einst selbst versorgt haben. In ihren Verhältnisse beschränkten sie sich zumeist auf das Nötige. Sie waren Genügsamkeit gewohnt. Wir heute betreiben, um im Leben vielseitig zurecht zu kommen und in ihm ein gutes Ergehen zu erreichen und zu erhalten, einen viel größeren Aufwand, als zu unserer bloßen Subsistenz nötig wäre, und wir ziehen dazu in den ausdifferenzierten Funktionssphären der Gesellschaft andere Menschen und Dienste mit ihren Kompetenzen im weiten Feld des Sozial- und Gesundheitswesens heran, auch aus dem Bildungssektor, der Kultur- und Unterhaltungsindustrie. Das Geschehen beansprucht viele Ressourcen; es erfolgt informell im persönlichen Bereich und im sozialen Umfeld und in formell organisierter Weise in den Institutionen, die in Staat und Gesellschaft der sozialen Sicherung und sozialen Versorgung gewidmet sind. Die materiellen Mittel und die immateriellen Faktoren, die zur Bewerkstelligung von Wohlfahrt gebraucht werden, sind nun an jeder Stelle begrenzt. Sie wollen erschlossen sein, passend verteilt und möglichst gut verwertet werden. Sie sind, wo immer es darauf ankommt, sie zweckmäßig und mit Erfolg einzusetzen, zu *bewirtschaften*. Mit diesem Tatbestand und den zugehörigen Sachverhalten befasst sich die *Sozialwirtschaftslehre*.

Theoriearbeit zur Sozialwirtschaft wird mit heterogenen Konzepten und unterschiedlichen Schwerpunkten international geleistet. Frankreich hat die längste Tradition; in der französischsprachigen Literatur konzentriert man sich nach wie vor auf die „vier Familien", die der *économie sociale* zugerechnet werden: (soziale) Genossenschaften, Gegenseitigkeitsgesellschaften, gemeinnützige Assoziationen und Stiftungen. Angloamerikanisch wird bevorzugt das Wirken von Unternehmen reflektiert, die not-for-profit mit einem „sozialen Geschäft" (social business) zur Bewältigung sozialer Probleme antreten. In Deutschland denkt man bei „Sozialwirtschaft" gewöhnlich an die Organisationen und Unternehmen, die der frei-gemeinnützigen Wohlfahrtspflege zuzurechnen sind, ergänzt um privat-gewerbliche Akteure, die im gleichen Handlungsfeld humandienstlicher Versorgung auftreten. In der Fachliteratur kommen hierzu in erster Linie *betriebswirtschaftliche* Themen zum Zuge; die Diskussion des Sozialmanagements verknüpft sie speziell mit der Gestaltung Sozialer Arbeit und der Steuerung von Dienstleistungen im Sozialwesen.

Die Sozialwirtschaftslehre hat eine andere Perspektive. Ihr liegt die Entdeckung zugrunde, dass das Geschäftsfeld sozialer Unternehmungen, seien es Einrichtungen, Dienste oder Projekte, in einem Bezugsrahmen informellen Handelns mit gleichen Zielen existiert und in einer Wechselbeziehung zu diesem individuellen und gemeinschaftlichen Handeln begriffen werden muss. „Von Haus aus" kümmern sich Menschen persönlich und lebensgemeinschaftlich um ihr Wohl. Individualhaushalte und Gemeinschaftshaushalte sind Wirtschaftseinheiten, die eine stetige Selbstversorgung leisten. Sie mag im Einzelfall recht oder schlecht, befriedigend oder unbefriedigend erfolgen. Im Verhältnis zu diesen primären Wirtschaftseinheiten spielen Sozialunternehmen und Humandienste aller Art eine komplementäre und kompensatorische Rolle. Sache der Theorie der Bewirtschaftung des Sozialen ist es, die Funktion der Unternehmen, Einrichtungen und Dienste in ihrer Beziehung auf die sozialen und gesundheitsbezogenen Eigenaktivitäten der Menschen zu begreifen.

1.1 Wirtschaften in gemeinsamen und persönlichen Haushalten

Im persönlichen Leben wird, rein ökonomisch betrachtet, zu dem Zweck gehandelt, ein gutes Ergehen in der Welt, so wie sie sich dem Einzelnen darbietet, zu erzielen. In diesem auf den Menschen selbst und sein Dasein in der Welt gerichteten Interesse werden Mittel gebraucht und sich bietende Möglichkeiten genutzt. Ressourcen wollen erschlossen sein, müssen herangezogen, angemessen eingesetzt und sorgsam verwendet werden. Sie werden in vielen einzelnen Dispositionen des Alltags zielgerichtet bewirtschaftet.

Was zum guten Ergehen gehört und zu ihm beiträgt, ist vielfältig und wird unterschiedlich eingeschätzt. Die Akteure überlegen, was im einzelnen zu tun nötig ist, was als unerlässlich oder bloß wünschenswert, als vorrangig oder nachrangig zu gelten hat. Präferenzen sind relativ; Menschen beziehen sich dazu alltäglich aufeinander und auf gemeinsame Werte und Normen, wie umgekehrt nach ihnen auch in Gemeinschaft entschieden wird, was angemessen ist und einem Bedarf gerecht wird. Die Mittel und gegebenen Möglichkeiten sind begrenzt; ökonomisch handeln heißt, sorgsam und planvoll mit ihnen umzugehen, um so mit ihnen (materiell und immateriell) ein Auskommen zu haben. Das geschieht in Haushalten als den Handlungszusammenhängen, in denen gemeinschaftlich und individuell über Ressourcen Verfügungen getroffen werden.

Im Dasein ökonomisch zurechtzukommen: das verlangt generell, haushaltend tätig zu sein. Es ist die *Grundannahme der Sozialwirtschaftslehre*, dass sie ihren spezifischen Gegenstand in dem Handlungsbereich hat, in dem zu eigenem und zu gemeinsamem materiellen und immateriellen Wohlergehen Haus gehalten wird. Die Sozialwirtschaftslehre behandelt die Art und Weise, in der das in engeren und weiteren Lebenskreisen, sorgend und versorgend, privat und öffentlich, informell und institutionalisiert geschieht.

In der Routine wie in der Spontaneität individueller Lebenspraxis stellen viele Menschen, ob jung oder alt, keine explizit ökonomischen Überlegungen zu ihrem Tun und Lassen an. Auch wer es sich einfach gut gehen lässt, voll in einer Beschäftigung aufgeht oder in Muße ist, denkt nicht an den Unterhalt seines Wohls und mag vergessen, von welchen Ressourcen es zehrt. Das ist aber kein Argument gegen das Faktum des Disponierens über den Einsatz von materiellen Mitteln, von Kraft, Zeit und Engagement. Im Miteinander von Menschen, im sozialen Leben, werden die Dispositionen erkennbar, wenn Anforderungen an den sozialen Einsatz gestellt werden – sei es an den Einsatz der Gemeinschaft zur Bewältigung eines kollektiven oder individuellen Problems, sei es an den Beitrag des Einzelnen zu dieser Bewältigung.

Dieser Praxis zugeordnet und übergeordnet gibt es Institutionen, welche in Belangen des Ergehens Einzelner und der Bevölkerung eine Vorsorge und Fürsorge regeln, sichern, gestalten und übernehmen. Zur *Mikroebene* des persönlichen, familiären und lebensgemeinschaftlichen Haushaltens mit verfügbaren Mitteln kommen die *Mesoebene* der Organisationen und Unternehmungen, die Aufgaben der sozialen und gesundheitlichen Versorgung gewidmet sind, und die *Makroebene* der Politik in den gleichen Belangen. Zu betrachten sind somit im Bezugsrahmen der Sozialwirtschaft verschiedene Aushandlungs-, Steuerungs-, Planungs- und Bewertungsprozesse in der Gesellschaft.

Nun nehmen auf der Individualebene der berufliche Handlungsbereich der sozialen Versorgung und die Soziale Arbeit nach herkömmlicher ökonomischer Auffassung nicht teil an der Produktivität und Wertschöpfung im Wirtschaftsleben. Jene Sphäre wird als eine bloß konsumptive betrachtet, die vom Ertrag gewinnträchtiger Unternehmen lebt. Auf der anderen Seite gilt Ökonomie für die im Sozial- und Gesundheitswesen professionell Handelnden – für Sozialarbeiter/innen, Pflegefachkräfte, Erzieher/

innen, Ärzte – als eine Zumutung, der man sich mit Verweis auf die eigene Berufsethik entgegenstellt. Die Erwartung wird als rücksichtslos empfunden, in sozialer Verantwortung auch wirtschaftlich arbeiten zu müssen. Ökonomie bedeutet für ihre Kritiker aus der sozialen Szene Waren herstellen und Waren verkaufen. Dafür Geld haben und über Kaufkraft verfügen soll für den sozial denkenden Menschen nicht über Lebenshilfe, Unterstützung, Beratung und notwendige Behandlung bestimmen. Vielen Sozialprofessionellen erscheint „die Wirtschaft" als Sphäre der Abnutzung von Menschen, um nicht zu sagen: der Ausbeutung, und sie erwarten, dass wenigstens bezahlt wird, was zur Schadensbegrenzung und zum halbwegs gerechtem Nachteilsausgleich sozial und gesundheitsbezogen zu tun nötig ist.

Wie der einen Seite die „Wirtschaft" missfällt, wird von der anderen Seite argumentiert, dass die soziale Versorgung ein Fass ohne Boden ist, Wirtschaftlichkeit im Detail zwar gefordert werden kann, nirgends aber im Ganzen verlangt wird. Die Ignoranz ist eine wechselseitige; für Ökonomen „rechnet" sich „das Soziale" als solches nicht. Selbst wenn mit ihm ein „return on investment" herausspringt, belässt eine Distribution von Mitteln nach sozialen Maßgaben von Recht und Billigkeit (*social equity*) doch die Rendite bei den Empfängern und Nutzern dieser Mittel. Die Erbringer können sich ihnen bestenfalls zurechnen, selber Nutzer sein und im Gemeinwesen das soziale Interesse an jenem Ausgleich teilen, der fair sein soll und angemessen (vgl. zu *social equity* Guy/McCandless 2012, Frederickson 2015, zur Gegenüberstellung von Effizienz und Equity die Beiträge in Alcouffe et a. 2000). Der Mittelverbrauch und die soziale Versorgung insgesamt führen immerhin auf dem Weg über nachhaltige Problemlösungen, über ein gelingenderes Leben und über ein Mehr an Humanvermögen zur Steigerung der Leistungsfähigkeit eines Gemeinwesens. Jedenfalls wird auf diesem Weg, wenn er vernünftig begangen wird, die gesamtwirtschaftliche Effizienz nicht beeinträchtigt. Das lehrt die Erfahrung in Ländern mit einem ausgebauten Versorgungssystem im Sozial- und Gesundheitswesen.

1.2 Zur wirtschaftlichen Rahmung humanberuflichen Handelns

Es wird in der Sozialwirtschaft nicht erwartet, dass jeder Mitwirkende in einem organisierten Kollektiv, einem Dienst oder einer Einrichtung *wirtschaftet* und sich explizit mit der Rationalität, der Effektivität und Effizienz des Geschehens in der Organisation befasst. Für den Professionellen im sozialen und gesundheitsbezogenen Versorgungssystem ist eine unmittelbar notwendige soziale Hilfe oder medizinische Behandlung einer ökonomischen Begründung enthoben. Rat und Tat, der einzelne Akt des humanberuflichen Handelns mag für sich genommen überhaupt kein Akt des Wirtschaftens sein, wenn nicht über die Zuweisung und Einteilung von Mitteln entschieden werden muss und keine Alternative ihrer Verwendung zu bedenken sind. Die Ökonomie beginnt erst bei der Vielzahl solcher Akte und mit dem Betrieb, der dafür gerüstet ist, dass diese Akte neben- und nacheinander ihren Zweck erfüllen. In einem Unternehmen, einer Einrichtung oder einer humandienstlichen Praxis besteht die ökonomische Aufgabe gerade darin, die Bedingungen zu schaffen und zu erhalten, unter denen das im einzelnen Erforderliche getan werden kann.

Die Logik des Handelns eines Arztes, einer Sozialarbeiterin, einer Psychotherapeutin oder eines Pädagogen hat, solange es von professioneller Seite bei rein fachlichen Entscheidungen bleibt, mit der Logik ökonomischer Entscheidungen nichts gemein. Der singuläre helfende Akt hat seinen Grund in der Professionalität, in der dieser Akt ausgeführt wird. Im übrigen genügt seine moralische Rechtfertigung. Es wird in der sozialen Sphäre auf Mängel und Nöte geantwortet; die Abhilfen sind ein Kostenfaktor, und es liegt aus diesem Blickwinkel auch für die Theorie erst einmal fern, vom sozialen Aufwand her in einem positiven Sinne ökonomisch zu argumentieren. Erst wenn man in diesen Leistungsbereich die kontinuierliche Erbringung formeller Dienste und die ganze informelle Sphäre des Unterhalts individuellen und gemeinschaftlichen Daseins einbezieht und ihn nicht auf Restgrößen der Selbsthilfe beschränkt, wird das ökonomische Gewicht der Sorgearbeit und von Versorgungsleistungen ermessen. Die scheinbare Unabhängigkeit professionellen Handelns verliert sich in Betrachtung des Verhaltens der Adressaten jenes Handelns, ohne deren Tun und Lassen das Leistungsgeschehen keinen bleibenden Erfolg haben kann. Und dieses Wirken greift im Leben einzelner Menschen aus auf das Erwerbsleben; es wird mit seinen personenbezogenen Erträgen dem Sachziel des Unterhalts und der Selbstentfaltung unterstellt. Zudem müssen sie in der größeren Gemeinschaft in den Ressourcen fundiert sein, die zu ihrem Einsatz herangezogen werden.

Das Verhalten der Adressaten humanberuflichen Handelns hat als solches ebenso wenig wie dieses professionelle Handeln selbst einen ökonomischen Charakter. Individuelle Lebensführung folgt ihren alltäglichen Beweggründen und Bestrebungen „im Lauf der Dinge" und wird nur gelegentlich einem rationalen Entscheidungskalkül unterzogen. Dies geschieht aber dann, wenn die Alltagsgestaltung haushälterisch einer Revision unterzogen wird und wenn jemand nach Hilfen bei anderen Menschen oder an anderer Stelle sucht und prüft, ob bestimmte Dienste in Anspruch genommen werden können. Dadurch ergibt sich eine sozialwirtschaftliche Beziehung, in der die Leistung, die erwartet oder gewährt wird, nach Erfordernis, nach Aufwand und nach Wirkung zu bedenken ist. Die Mittel und Möglichkeiten, die Leistung zu erbringen, sind beschränkt und wollen überlegt herangezogen werden. Stakeholder, die an deren rationaler Bewirtschaftung ein Interesse haben, sind staatliche und kommunale Akteure, Solidargemeinschaften, engagierte Einzelne und Betroffene als Partner in der Erbringung von Leistungen.

Hauptsächlich sind es Haushaltsmittel der öffentlichen Hand, die für Sozialleistungen eingesetzt werden. Ihnen gegenüber sind die eigenen Mittel und Möglichkeiten der Adressaten dieser Leistungen nicht gering – und bei all denen, die solche Leistungen nicht erhalten oder nicht beanspruchen, sind die Mittel und Möglichkeiten offensichtlich so umfangreich, dass sie mit ihnen ohne weitere Unterstützung auskommen. Allerdings bleibt bei dieser Feststellung außer Betracht, dass die Infrastruktur sozialer Versorgung auch denen zugute kommt, die sich selbst zu versorgen wissen. Sei es, dass sie diese Strukturen – etwa der Beratung oder der Gesundheitsförderung – indirekt nutzen, oder sei es nur, dass sie sich für den Notfall abgesichert wissen. In dem Maße, in dem im System der Versorgung zunehmend auf *Prävention* gesetzt wird, empfängt die Bevölkerung auch unabhängig von einer ausgewiesenen individuellen Bedürftigkeit Hilfen zur Bewahrung vor Krankheiten und anderen Beschädigungen.

1.3 Gemeinschaftlichkeit im Wirtschaften

Der ökonomische Zusammenhang im Wohlfahrtsgeschehen weist für die Theorie der Sozialwirtschaft zurück auf deren Evolution. Kollektivinteressen stehen am Anfang der sozialwirtschaftlichen Aktion und ihrer Organisation, nicht ein individuelles Bereicherungsinteresse nach der Prämisse der marktwirtschaftlichen Lehre. Zur Versorgung und Absicherung Einzelner wurden gemeinschaftliche Lösungen gesucht. Die Organisation des *Wirtschaftens in Gemeinschaft für den Bedarf Einzelner*, die einer Gemeinschaft angehören oder die ihr zugerechnet werden, charakterisiert das sozialwirtschaftliche Programm und den sozialwirtschaftlichen Handlungsbereich in der Vergangenheit und in der Gegenwart und verbindet die frühen Formen der Solidarvereinigung mit der späteren Gestaltung öffentlicher und sozialer Daseinsvorsorge.

Bekanntlich hat die Sozialwirtschaft ihren Ursprung in der genossenschaftlich und in Gegenseitigkeitsvereinigungen organisierten Selbsthilfe von Handwerkern und armen Lohnarbeitern in der ersten Hälfte des 19. Jahrhunderts (Wendt 2014 a). Sie begannen ein *Wirtschaften zu ihrer Versorgung*. Wie es im Bericht des Internationalen Forschungs- und Informationszentrums für öffentliche Wirtschaft, Sozialwirtschaft und Genossenschaftswesen (CIRIEC) über die „Sozialwirtschaft in de Europäischen Union" heißt, ging in der Praxis der sozialwirtschaftliche Impuls aus von den „am stärksten benachteiligten und schwächsten sozialen Gruppen, die mit der Bildung von Selbsthilfe-Organisationen auf die durch die Entwicklung des industriellen Kapitalismus im 18. und 19. Jahrhundert entstandenen neuen Lebensbedingungen reagierten" (Monzón/Chaves 2012, 13).Eine sozialpolitisch geregelte Versorgung gab es zu jener Zeit noch nicht. Die Erwerbstätigkeit der frühen Genossenschaften diente dem auskömmlichen Unterhalt ihrer Mitglieder. Diese zugleich ökonomische und soziale Zwecksetzung trifft bis heute auf die Kooperativen in frankophonen und südeuropäischen Ländern zu. Indem bestimmte Waren produziert und von der Kooperative vermarktet werden, tritt sie wie jeder andere gewerbliche Betrieb auf und muss ihre Geschäfte auch auf Gewinn hin ausrichten. Davon bestimmt wird der sozialwirtschaftliche Charakter der Organisationen aber nicht. Er tritt *in der Binnenbeziehung* auf den Bedarf der Mitglieder hervor: Die Teilhabe der Genossen an der demokratisch geführten Kooperative ist eine am gemeinsamen Unterhalt. *Solidarität* ist ein handlungsleitendes Prinzip.

Die gleiche Binnenbeziehung und *solidargemeinschaftliche* Absicherung finden wir auch im sozialstaatlichen, subsidiär gestalteten Leistungssystem vor. Dessen ökonomische Ausgestaltung setzt die soziale Zielsetzung voraus. Davon lässt sich die Sozialwirtschaft in ihrer Theorie bestimmen. Nachdem der amerikanische Ökonom Edward T. Devine nach Jahren praktischer Sozialarbeit mitten in der *Progressive Era* 1905 den neu geschaffenen Lehrstuhl für *social economy* an der Columbia University in New York übernommen hatte (s. Abschn. 5.6), definierte er in seiner Antrittsvorlesung:

> „Social economy finds its particular field in the study of those conditions, activities, and agencies which promote or hinder the making of every individual into an industrially efficient and hence independent human being, and in the

relief of those who cannot by their own efforts realize the social standards of the community of which they are a part. What domestic economy is to the family, what public administrative law is to the state, what political economy is to industry, what sociology is to society at large – all this, by very rough analogy and by very imperfect suggestion, social economy may be said to be to the community in its conscious efforts to promote the social good, to redress injustice, to overcome pauperism, and disease, and crime, to increase the points of beneficent contact with the physical and the social environment." (Devine 1906, 15)

Zu jener Zeit der sozialen Reform lag es noch nahe, die Behebung von Problemlagen im Gemeinwesen einheitlich und quasi ökologisch in zugleich wirtschaftlichen und sozialen Bestrebungen zu bestimmen.

Später hat Devine seine Bestimmung dessen, was funktional und institutionell Inhalt der Lehre zur Sozialwirtschaft ist, in dem Satz zusammengefasst: „Social economics deals with social needs and with the institutions through which they are met" (Devine 1922, 1). Für diese Bedarfsdeckung finden wir im Sozialstaat das Sozialleistungssystem eingerichtet. Es zieht Mittel aus der Wirtschaft generell heran und führt in subsidiärer Solidarität (Pankoke 1995) diese Mittel der Absicherung und Versorgung der Bürger zu. Auf der Gegenseite werden von den Angehörigen des staatlich organisierten Gemeinwesens Abgaben verlangt, mit denen die Leistungsträger die Versorgung „in cash" und „in kind" finanzieren, wobei die „Sachleistungen" größtenteils intermediär von *services of public interest* erbracht werden, soweit diese Versorgung nicht schon individuell und lebensgemeinschaftlich zustande kommt. Die Verteilung der Aufgaben und des darauf bezogenen Mitteleinsatzes kann ökonomisch auf die eine oder andere Weise und in unterschiedlichen Arrangements gestaltet sein. Den Rahmen bildet ein *welfare regime*. Die Ökonomie der Leistungsbeziehungen in der Binnensphäre materieller und immaterieller, sozialer und gesundheitsbezogener Versorgung ist Gegenstand der Sozialwirtschaftslehre.

Während wirtschaftswissenschaftlich traditionell die Tauschbeziehungen, die der Handel mit Waren im offenen Markt realisiert, im Blick sind, beschäftigen diese Beziehungen und der Austausch von Waren die Sozialwirtschaftslehre nicht oder nur am Rande. Konkurrenz ist für sie kein handlungsleitendes Prinzip (gleichwohl Sozialunternehmen untereinander konkurrieren). Das Leistungsgeschehen im Sozial- und Gesundheitswesen in Diensten am Menschen stellt *keine Teilökonomie* im herrschenden Wirtschaftssystem dar, etwa entstanden durch dessen funktionale Differenzierung. Jenes Geschehen, soweit es in Märkten stattfindet, volkswirtschaftlich einzuordnen, also in die „Wissenschaft von Märkten" (Bofinger 2011) bleibt unbenommen.

Die Sozialwirtschaft wurde in den Anfängen ihrer Theorie (Wendt 2014 a, 64 ff., Artis/Demoustier 2013, 33 ff.) als ein Gegenentwurf zur vorherrschenden kapitalistischen Wirtschaftsweise konzipiert (z.B. von William Thompson 1824) und so ließ sich Sozialwirtschaft auch in ihrer weiteren Entwicklung verstehen. Die Ökonomie wird eingebettet in die aufgabenbezogene Bindung der Beteiligten (als „Genossen"). Die Organisationen kamen im wesentlichen „bottom up" per Zusammenschluss von Menschen zustande, die in solidarischem Engagement ihr Auskommen erreichen und ihre Versorgung sichern wollten. Diesem Zweck dienten seit Ende des 18. Jahrhunderts *friendly societies* und andere Gegenseitigkeitsvereinigungen (*mutuals*). Organisierte Unterstützung in Schadenfällen gab es bereits vormodern in Zünften und Gilden (Koch 2012, 15 ff.). In Auslagerung der Vorsorgefunktion aus den Haushalten von Bürgern entstanden selbständige Kassen. Die frühen solidargemeinschaftlichen Versicherungen gegen Lebensrisiken waren eine Keimzelle der genossenschaftlichen Sozialwirtschaft. Ein „bottom-up"-Ansatz charakterisiert nun – wie ihm gegenüber „von oben her" eine kommune Daseinsvorsorge – die sozialwirtschaftliche Theorie, die um individuelle und gemeinsame Wohlfahrt bzw. um bedarfsgerechte Unterstützung, Förderung und soziale Teilhabe von Menschen kreist.

Dem Gemeinschaftsbezug kommt eine zentrale Bedeutung zu, weil er die kollektive Selbsthilfe bottom-up in ihre Mitglieder bedienenden Organisationen (*member serving organizations*) mit der öffentlichen und zivilgesellschaftlichen sozialen Sicherung, die top-down geregelt ist und in und durch *public serving organizations* ausgeführt wird, zu verbinden gestattet. In der einen wie in der anderen Form verfolgen die Organisationen „eine eigenständige wirtschaftliche Tätigkeit, um den Bedarf von Einzelpersonen, privaten Haushalten oder Familien abzudecken. Deshalb nennt man Organisationen der Sozialwirtschaft auch *Personenorganisationen im Gegensatz zu Kapitalorganisationen*. Sie arbeiten zwar *mit* Kapital oder anderen, nicht monetären Mitteln, aber nicht *für* das Kapital" (Monzón/ Chaves 2012, 25 f.). Während die ihre Mitglieder bedienenden Organisationen nach deren Bedarf tätig werden und sich in dieser Zweckerfüllung selber kontrollieren, ist bei einem Unternehmen zur Bedienung Anderer durchaus möglich, dass es dabei „in die eigene Tasche" wirtschaftet. Von ihm kann öffentlich Rechenschaft verlangt werden, inwieweit es dem sozialen Interesse bzw. dem Bedarf gerecht wird, den es zu decken vorgibt.

Soziale Genossenschaften und Gegenseitigkeitsvereinigungen sind in jüngerer Zeit der *Solidarwirtschaft* zugeordnet worden, die sich insbesondere in Lateinamerika in der landwirtschaftlichen und handwerklichen Produktion entfaltet hat. Der Begriff Solidarwirtschaft (Laville 1994) wird nicht selten gleichbedeutend und austauschbar mit Sozialwirtschaft gebraucht (so offiziell in Frankreich als *économie sociale et solidaire*) und es ist kritisch bemerkt worden, dass es an einer terminologischen Abklärung des Verhältnisses zur Sozialwirtschaft fehlt: „En France, la pensée de l'économie solidaire s'est développée en prenant ses distances par rapport à l'économie sociale, mais sans fonder une critique des penseurs de cette économie. Une incompréhension durable entre les deux approches est née de l'absence de debat." (Draperi 2013, 65) Zur Unterscheidung kann der Akzent in der Solidarwirtschaft auf eine kollektive Wirtschaftsform der gemeinsamen Selbstversorgung in demokratischer Selbstbestimmung alternativ zur kapitalistischen Produktionsweise gelegt werden (vgl. Voß 2010, Utting 2015). In den Entwicklungsländern des Südens trägt die Sozialwirtschaft primär zur *Armutsbekämpfung* bei, indem bäuerliche Genossenschaften vernetzt mit Organisationen des fairen Handels den Menschen ein auskömmliches Einkommen sichern. Die Solidarwirtschaft in den reichen Ländern des Nordens bildet in der Praxis nach eigenem Anspruch einen Sektor in der Wirtschaft insgesamt und nimmt an ihrem Geschehen in Produktion und Handel in vielfältiger Form teil.

1.4 Gesamtwirtschaftliche Rahmung: Sozialwirtschaft zwischen Markt und Wohlfahrt

Die Sozialwirtschaft in Europa existiert mit den Organisationen, die zur Bedienung ihrer Mitglieder wirtschaften, im offenen Markt der EU. Um sie darin als Unternehmensgruppe auszuweisen und um dazu den Kriterien der Volkswirtschaftlichen Gesamtrechnung (für ihr „Satellitensystem") zu folgen, hat das CIRIEC eine recht umständliche *Arbeitsdefinition* formuliert, welche Akteure zur Sozialwirtschaft gehören:

> „Die Gruppe private, formal organisierter Unternehmen mit Entscheidungsfreiheit und freiwilliger Mitgliedschaft, die zur Abdeckung der Bedürfnisse ihrer Mitglieder über den Markt durch die Herstellung von Waren, die Erbringung von Dienstleistungen oder die Bereitstellung von Versicherungen oder Finanzierungen geschaffen wurde und in welcher Entscheidungsfindung und Ausschüttung von Gewinnen oder Überschüssen an die Mitglieder nicht in unmittelbaren Zusammenhang mit dem Kapital oder den Bezügen der einzel-

nen Mitglieder stehen, von denen jedes eine Stimme besitzt, oder in denen die Entscheidungsfindung in jedem Falle in partizipativer und demokratischer Weise erfolgt. Die Sozialwirtschaft umfasst ferner private, formal organisierte Organisationen mit Entscheidungsfreiheit und freiwilliger Mitgliedschaft, die nichtmarktbestimmte Dienstleistungen für private Haushalte erbringen und deren Gewinnüberschüsse, sofern sie solche überhaupt erwirtschaften, nicht von den wirtschaftlichen Akteuren angeeignet werden können, die sie schaffen, kontrollieren oder finanzieren." (Monzón/Chaves 2012, 24 f.)

Die Definition genügt dem Bedürfnis nach Einordnung in den gesamtwirtschaftlichen Kontext und unterschlägt die soziale Funktion von Unternehmungen mit ihren Diensten sowohl im Interesse ihrer Mitglieder als auch im öffentlichen Interesse.

So wie die Sozialwirtschaft aus dem frankophonen Diskurs in die Unternehmensförderung der Europäischen Gemeinschaften gelangt ist und nun auf der Agenda der Union steht, fasst sie unterschiedliche Strukturen in den einzelnen Ländern zusammen – von den Typen der Produktivgenossenschaften in Frankreich und Spanien über die Sozialgenossenschaften in Italien bis zur Freien Wohlfahrtspflege in Deutschland. Der Begriff *Sozialunternehmen* soll einmal für diverse Organisationsformen gelten, die in wirtschaftlichen Aktivitäten mit einem expliziten und primären sozialen Ziel engagiert sind, ein andermal in klarer Abgrenzung von den traditionellen Nonprofit-Organisationen der Sozialwirtschaft gebraucht werden (European Commission 2014, 2). In einer Übersicht zu den Gegebenheiten in den einzelnen Ländern der EU wird die Verbreitung von Firmen zur Arbeitsmarktintegration beschrieben und dann konstatiert:

„Beyond work integration itself, the majority of social enterprise services are to be found across the full spectrum of social welfare services or *social services of general interest (long term care for the elderly and for people with disabilities; early education and child care; employment and training services; social housing; social integration of disadvantaged such as ex-offenders, migrants, drug addicts, etc.; and health care and medical services)."* (European Commission 2014, 5)

Zugestanden werden Übergänge zwischen dem privaten, dem gemeinnützigen und dem öffentlichen Sektor, beispielsweise von gewerblichen Genossenschaften zur öffentlichen sozialpflegerischen Versorgung in der italienischen Region Emilia Romagna (Restakis 2010, 101 ff.) oder von der formellen Behindertenhilfe zu Assistenzgenossenschaften. Unterschiedliche Wohlfahrtsregime bedingen unterschiedliche Ausformungen des sozialwirtschaftlichen Geschehens, dessen Breite aber überall zunimmt.

Die Organisation, in der sich Betroffene und Interessierte zur Bewältigung allfälliger Probleme und zur Daseinsvorsorge zusammenfinden und begegnen, formt sich vielfältig aus, und diese Varianz des sozialen Einsatzes gilt es anzuerkennen. Verlassen wird damit eine *residuale* Auffassung des Handlungsbereichs. In Konzepten der Sozialen Arbeit und der Sozialpolitik gibt es den residualen Ansatz, nur „für die Schwächsten in der Gesellschaft" bzw. für die „wirklich Bedürftigen" einzutreten, während in einem *institutionalen* Verständnis alle Angehörigen eines Gemeinwesens bei gegebenen sozialen und gesundheitlichen Problemen Abhilfe erwarten können. Wird der einen Auffassung nach „charity for unfortunates" geleistet (Wilensky/Lebeaux 1965, 14), ist der anderen Auffassung nach der Staat für formelle soziale Daseinsvorsorge zuständig, so wie sie informell im persönlichen Lebenskreis geleistet wird, insbesondere durch die Institution der Familie. Institutional gilt das wohlfahrtsstaatliche Programm „as a proper, legitimate function of modern industrial society in helping individuals achieve self-fulfillment" (ebenda). Residual wird ökonomisch der Not und dem Mangel begegnet; institutional kommt die Sozialwirtschaft in spezifischer Weise in der ganzen Breite der formell ausgewiesenen und informell vorhandenen Wohlfahrtsbelange in den verschiedenen Lebens- und Risikolagen von Menschen zum Tragen.

In der Sozialwirtschaftslehre werden grundlegende ökonomische Zusammenhänge sozialen Sorgens, seiner Organisation in den Strukturen der Versorgung und der Bestrebungen zur Wohlfahrt von Menschen untersucht und beschrieben. Alle darauf gerichteten Dispositionen können in der theoretischen Erörterung berücksichtigt werden. Sie durchmustert die Szene der Bemühungen um Wohlfahrt und der sozialen und gesundheitsbezogenen Problembearbeitung in ihrer horizontalen und vertikalen Ausdehnung. Geboten wird ein sich wandelndes Bild in jeder Dimension. Ihrer Entwicklung folgt der Theoriediskurs in Relation zu den Veränderungen, die beobachtet werden. Die Evolution der Sozialwirtschaftslehre erfordert immer wieder und an verschiedenen Stellen Vertiefung und Verbreiterung und dazu die Auseinandersetzung mit dem tatsächlichen Geschehen und seinem Wandel. Das Erkenntnisprogramm kann sich deshalb nicht auf ein vorhandenes Versorgungssystem, seine Institutionen und seinen Betrieb beschränken, sondern muss auf das weite Feld gemeinschaftlichen und individuellen Handelns ausgreifen, in dem sich Sozialwirtschaft fundieren lässt.

Die Lehre der Sozialwirtschaft fokussiert das Feld der *personalen Wohlfahrt*. Sie vollzieht sich im Dasein von Menschen; sie ist keine Sache und keine handelbare Ware. Die Zentrierung auf persönliches und gemeinsames Leben liefert einen Grund mehr, dass sich die Sozialwirtschaftslehre vom Mainstream der Wirtschaftswissenschaften entfernt – und darin für nicht relevant gehalten wird. Die Sozialwirtschaftslehre erscheint obskur auch für die Praktiker der Sozialunternehmen, denen die ökonomische Bewährung ihres Betriebs angelegen sein muss, und erst recht für die Sozialprofessionellen, welche die Ökonomisierung ihrer Arbeit fürchten und deshalb die unmittelbare Verknüpfung der Attribute „sozial" und „wirtschaftlich" verwerfen. Hält sich die Sozialwirtschaftslehre für die einen Kritiker nicht an die Marktlogik wirtschaftlichen Handelns, so beschränkt sie sich für die anderen Interpreten nicht auf ein Management des betrieblichen und beruflichen Geschehens im Sozialwesen. Denn Wohlfahrt besteht nicht in den Leistungen des sozialen Sicherungssystems, wie viel diese Leistungen auch kompensatorisch und komplementär zum Wohlergehen von Menschen beitragen.

Sie gehen nach Möglichkeit einem Erwerb nach und sind in ihren Verhältnissen und in ihrem Verhalten abhängig von der gesellschaftlichen Produktionsweise insgesamt. In ihr und mit ihr funktioniert das Sozialleistungssystem. Die Grundannahmen der Sozialwirtschaftslehre sind nun aber nicht an den existierenden Kapitalismus, auch nicht an den Modus der sozialen Marktwirtschaft, gebunden. Sie hätten auch unter den Bedingungen der Produktionsweise und der Planwirtschaft im vergangenen „real existierenden Sozialismus" vertreten werden können. In seinem gesellschaftlichen System sollte zwar ein allumfassendes „Prinzip der Sorge um den Menschen" gelten, womit sich über die einheitliche Grundsicherung und Vollbeschäftigung hinaus eine ausdifferenzierte Sozialpolitik erübrigt hätte, aber im wirklichen Leben erwies sich die für sozial gehaltene Ökonomie als ineffizient und die Menschen konterkarierten die ideologische Absichten: sie sorgten für sich allein oder im Kollektiv für ihr persönliches Auskommen und nutzten ihre Beziehungen eigenwirtschaftlich unter der Schwelle staatlicher Kontrolle. Eine Zuweisung von Mitteln für die soziale und gesundheitliche Versorgung der Bevölkerung erfolgte zwar in großem Maße, Wohlfahrt verbreitete sich damit nicht.

Unter unseren Verhältnissen bleibt das Marktgeschehen, auf das sich die Sozialwirtschaftslehre nicht beschränkt, die hauptsächliche Quelle des wirtschaftlichen Auskommens der Bevölkerung, auch der Personengruppen, die zeitweise ein solches Auskommen nicht finden und auf Lohnersatzleistungen oder anderweitige Alimentierung angewiesen sind. Diese Menschen streben wie die bessergestellten nach *Wohlstand*. In dem Maße, in dem er gesellschaftlich erwirtschaftet wird, erweitern sich die Chancen für die *Wohlfahrt* aller (Mechanismen der Teilhabe von Benachteiligten vorausgesetzt). Die kapitalistische Ordnung ist als solche gewiss nicht hilfreich für sozialwirtschaftliche Belange, hindert aber nicht daran, ihnen kontrovers zur kapitalistischen Ordnung nachzukommen.

Ein Antagonismus von Erwerbswirtschaft und Sozialwirtschaft wird nicht postuliert. Die Erwerbswirtschaft stattet die Sozialwirtschaft mit Mitteln und Möglichkeiten aus. Sozialunternehmen verschaffen sehr vielen Menschen Beschäftigung und Einkommen. Es sei deshalb gleich eingangs weiterer Ausführungen bemerkt:

Die Sozialwirtschaft findet in der Erwerbswirtschaft statt.
Historisch entstand die Sozialwirtschaft in einer kapitalistischen Umgebung und die Verknüpfung mit erwerbswirtschaftlichen Strukturen hat mit der Zeit nicht ab- sondern zugenommen. Das generelle Ziel der Eingliederung und Teilhabe wird nur im Anschluss an sie erreicht. Die Erwerbschancen in Unternehmen sind Verwirklichungschancen und bieten den Menschen die Möglichkeit, unmittelbar oder mittelbar ihren Versorgungsbedarf zu decken. Insgesamt führen sie ihr Leben unter den Umständen vorherrschenden Wirtschaftens.

Andererseits finden wir die entwickelte kapitalistische Produktionsweise in einen Hintergrund sozialer Beziehungen eingebunden, ohne die sie nicht dauerhaft leistungsfähig wäre. Deshalb ist die These festzuhalten:

Erwerbswirtschaft findet in einer sozialwirtschaftlichen Umgebung statt.
Der Wohlfahrtsstaat mit seinem Sicherungssystem und die partnerschaftliche Ordnung der Sozialen Marktwirtschaft sind Stütze und Regel für das Geschäftsleben insgesamt. Wie die Menschen versorgt sein wollen und wie sie für sich selber sorgen, bestimmt über ihren erwerbsbezogenen Einsatz. Die Individualhaushalte kommen für den Produktionsfaktor Arbeit auf, den die Unternehmen im Wirtschaftsgeschehen benötigen. Und eine weitgehend deregulierte Marktwirtschaft bleibt auch angewiesen auf hinreichend „soziales Kapital", das in Netzwerken des Miteinanders und Füreinanders von Menschen gebildet wird. Es zeugt nicht nur von einer sozialen Einbettung des Wirtschaftslebens. Dessen Vitalität wird fortwährend sozial generiert, welche Hervorbringung und Leistung in der Gesellschaft infrastrukturell

unterfüttert und eigens „gepflegt" gehört – die Aufgabe der öffentlichen und privaten *Wohlfahrtspflege*.

Abgesehen von informeller Umsorge ist die organisierte Wohlfahrtspflege gefordert, einen sozialen *Bedarf* zu decken. Mit dem Bedarf wird angegeben, was nach einer Zielvorgabe getan werden muss. Objektiver Bedarf bemisst sich nicht nach subjektivem Bedürfnis (vgl. Brock 1998). In Deutschland besteht verfassungsrechtlich ein Leistungsanspruch auf die unbedingt erforderlichen Mittel zur Sicherung der physischen Existenz und eines Mindestmaßes an gesellschaftlicher Teilhabe. Der konkrete, über eine Grundsicherung hinaus vorhandene und nach Lebenslage zu differenzierende Bedarf ist objektiv auszumachen und ein Gut, das zum Beheben eines kommunikativ erhobenen Mangels nötig ist (s. unten Teil 3.6 und zu „Bedarf als soziale Haushaltsentscheidung" Wendt 2011 b, 66 ff.). In der Wohlfahrtspflege erfolgt die Bedarfsdeckung in Diensten am Menschen. Während ein erwerbswirtschaftlicher Betrieb mit einem Input an Produktionsfaktoren einen Output erzeugt, nach dessen Absatz nachfolgende Auswirkungen nicht interessieren, ist sozialwirtschaftlich eine Ausrichtung in umgekehrter Richtung gegeben: Vom gewünschten Outcome her ist die Leistung (der Output) zu bedenken und sind die dafür nötigen Mittel bereitzustellen. Wer die Leistung erbringt und woher die Mittel kommen, bleibt auf jeder Ebene der Aufgabenstellung zu erörtern und im einzelnen festzustellen.

Die Ausgestaltung und Fortentwicklung von Wohlfahrtspflege ist in vielerlei Hinsicht zu bedenken (vgl. Wendt 2014 b). Mit dem Wandel im Sorgen für Wohlfahrt befassen sich politische, zivilgesellschaftliche und fachwissenschaftliche Diskurse. Darunter Diskurse zur Arbeitsmarktpolitik, zur Gesundheits- und Pflegepolitik, zur Familienpolitik, zur Politik der Jugendhilfe, zur Migrationspolitik usw. Und fortwährend gibt es die gesellschaftliche Diskussion darüber, wie Lebensführung heute und morgen gelingen kann und allfällige Probleme vieler Menschen sich bewältigen lassen. Reagiert wird darauf in der sozialwirtschaftlichen Ressourcenallokation, im Sozialleistungsregime und in der Gestaltung der dazu gehörenden Aktivitäten. Die *funktionale* Definition von Sozialwirtschaft bringt sie in Relation zu den *welfare services*, der Vielfalt der wohlfahrtsdienlichen Einrichtungen, Dienste, Veranstaltungen, Projekte und Programme.

Europaweit wird zum Beispiel zur Förderung von Beschäftigung, der Wettbewerbsfähigkeit und des sozialen Zusammenhalts das *soziale Unternehmertum* favorisiert. Die Aufmerksamkeit, die ihm in den letzten Jahren gewidmet wird, lässt fragen, was es zur Sozialwirtschaft beiträgt und wie es in ihren Handlungsrahmen einzuordnen ist. Wer ist, haushaltstheoretisch betrachtet, Wirt in diesem Raum der Betätigung? (s. Abschn. 6.1) Welche Funktion vermag das soziale Unternehmertum zu erfüllen? Welche Güter kann es liefern – oder zu welchen beitragen? Die Soziologie thematisiert „soziale Güter", und es ist zu klären, inwieweit sie Gegenstand sozialwirtschaftlichen Handelns sind und sein können und wie ihre Hervorbringung in Beziehung zur Erstellung wirtschaftlicher Güter zu verstehen ist (Abschn. 5.1). Über Wohlfahrtsproduktion wird im Zusammenhang mit einem nachhaltigen gesamtwirtschaftlichen Wachstum diskutiert, und es ist nicht ohne weiteres klar und hinreichend begriffen, wie und auf welcher Ebene von ihm die Produktion von Wohlfahrt abhängt.

1.5 Gegenstandsbereiche des Theoriediskurses

Das Theorieprogramm der Sozialwirtschaftslehre lässt sich kategorisch dreiteilen in die Gegenstandsbereiche

– organisierte Sozialwirtschaft, das sind die Unternehmen und Veranstaltungen, Einrichtungen und Dienste, *welfare services* jeder Art, die ihren formellen Zweck in der sozialen und gesundheitlichen Versorgung der Bevölkerung haben,
– die in den Einzelhaushalten von Menschen in persönlicher und lebensgemeinschaftlicher Sorgearbeit erfolgende informelle Bewirtschaftung von Wohlfahrt und Versorgung,
– das den gleichen Zielen und Zwecken gewidmete Allokations- und Distributionsgeschehen auf politischer und administrativer Ebene, im wesentlichen strukturiert im Format der öffentlichen Daseinsvorsorge, wie es das wohlfahrtsstaatliche Regime ausgeprägt hat.

Die Dreiteilung kommt überein mit der Unterscheidung sozialwirtschaftlichen Handelns auf der *Makroebene*, der *Mesoebene* und der *Mikroebene*. Allerdings muss auf die Zuordnung der Akteure, der Strukturen und der Aufgaben zu diesen Ebenen näher eingegangen werden, da sie in der Fachdiskussion und in der Literatur keineswegs einheitlich erfolgt.

Gewöhnlich werden die genannten drei Bereiche wissenschaftlich nicht gleichermaßen der Sozialwirtschaft zugewiesen. Für den Makrobereich sieht sich die Theorie der Sozialpolitik zuständig, oder er wird in der Wohlfahrtsstaatsforschung abgehandelt; den Mikrobereich finden wir mit der Problembehandlung auf der Individualebene weithin den Diskursen der Sozialen Arbeit überlassen. Bezogen auf Sozialunternehmen bleibt am Ende eine Betriebswirtschaftslehre als Kondensat für eine Theorie der Sozialwirtschaft auf der Mesoebene übrig. In dieser Konstruktion hätte sie handlungsbezogen das Werkzeug für Unternehmungen im Nonprofit-Sektor zum Inhalt: das Wissen und Können zur Finanzierung und zum Kostenmanagement, zum Personal-, Qualitäts-, Risiko- und Projektmanagement, zum Sozialmarketing und zum Controlling. Und nichts weiter interessiert die Akteure auf der Unternehmensebene tatsächlich. Die Makroebene des Sozialleistungssystems beschäftigt sie nur politisch zur Interessenvertretung und die Individualebene nur ethisch zur Legitimation ihres Aufwands, der gedeckt sein will.

Bliebe die Theorie der Sozialwirtschaft bei jenen Elementen des Unternehmenserfolgs, sie wäre dann unter *business studies* einzuordnen und hätte unter diesen Vorzeichen nur eine Branche der Wirtschaft neben anderen im Blick, unterschieden von ihnen durch den besonderen sozialen Zweck und den (unterstellten) Nonprofit-Charakter der Dienstleistungen. Das einschlägige „Lehrbuch der Sozialwirtschaft" (Arnold/Grunwald/ Maelicke 2014) behandelt hauptsächlich die „*Sozialwirtschaftlichen Organisationen*" als Dienstleistungserbringer. Dort werden, wie in Vorwort der 1. Auflage angegeben, auf der *Makroebene* „rechtliche, makroökonomische und gesellschaftliche Rahmenbedingungen" für die „Handlungsspielräume Sozialwirtschaftlicher Organisationen" abgesteckt (Arnold/Grunwald/Maelicke 2014, 12). Unter diesen Bedingungen agieren die Organisationen zwischen Sozialpolitik und operativer Aufgabenerfüllung. Das genannte Werk behandelt die „Strukturen, Aufgaben und Entscheidungsfelder" der Organisationen auf der *Mesoebene*, während die „Entscheidungsprozesse innerhalb der einzelnen Sozialwirtschaftlichen Organisationen" mit den Funktionen des Managements in der Dienstleistungsproduktion, im Controlling, Marketing und in der Finanzierung auf der *Mikroebene* angesiedelt werden. (ebenda). Diese Zuordnung trifft auch Finis Siegler (2009, 120 ff.). Sie sieht im Gegensatz zum genannten Lehrbuch unter der Mikroebene noch eine fachlich-professionelle und eine individuelle Ebene vor.

Für die Sozialwirtschaftslehre hat die *Individualebene* persönlichen und lebensgemeinschaftlichen Wirtschaftens eine konstitutiver Bedeutung. Jeder einzelne Mensch will auskömmlich leben und sich persönlich entfalten können; er will sozial anerkannt sein und tut dafür eine Menge. Er will gesund bleiben und Krankheiten überwinden; er braucht hinreichend Sicherheit und Schutz und trifft dazu Vorkehrungen. Mit all dem wird der Einzelne zum handelnden Subjekt im sozialwirtschaftlichen Geschehen. Statt nur Empfänger sozialer Leistungen zu sein, tritt er primär als Akteur auf, der für sich selber sorgt und das leistet, was seinem Ergehen nach eigenem Befinden wohl tut. Komplementär und kompensatorisch braucht er dazu Beistand und Hilfen. Nötig werden unter Umständen auch in sein Leben eingreifende Maßnahmen. Über den Einsatz von Mitteln zum individuellen Aus- und Zurechtkommen wird von der Person selber allein oder mit ihren Angehörigen und von der größeren Gemeinschaft und deren Institutionen entschieden, welche entsprechende Mittel verwalten und legitimiert sind, sie bereitzustellen und sie in Form von bestimmten Leistungen zu gewähren. Die Makroebene der Allokation und Distribution von zweckdienlichen Ressourcen pflegt eine Wechselbeziehung zu den berechtigten Nutzern auf der Mikroebene des sozialwirtschaftlichen Geschehens.

In unseren Erörterungen bleiben die leistungserbringenden Organisationen, Dienste und Einrichtungen im Sozial- und Gesundheitswesen der *intermediären* Zone des Versorgungsgeschehens zugeordnet, in der Aufträge abgearbeitet werden, die sowohl auf der Makroebene des Wohlfahrtsregimes als auch seitens bedürftiger Individuen und Personengruppen auf der Mikroebene erteilt werden. Im persönlichen und gemeinschaftliches Ergehen ist das Sachziel sozialwirtschaftlichen Handelns gegeben. Nehmen wir somit den Ausgang unmittelbar von den Menschen und ihrem Wohl, entfaltet die Sozialwirtschaftslehre ein theoretisches Panorama dessen, wie wohlfahrtsdienlich gehandelt wird. Dann ist bedarfs- und zweckbezogen zu betrachten, was Menschen für sich, füreinander und gemeinsam für ihr Wohl tun und welche Vorkehrungen in Staat und Gesellschaft zur Deckung des Bedarfs und in zweckmäßiger Organisation getroffen werden. Was in diesem Rahmen unternommen und veranstaltet wird, ordnet sich funktional und strukturell in ihn ein und hat seine Beweggründe nicht von sich her, sondern hat sie außerhalb des so betrieblich eingerichteten Geschehens in makrosozialen Entscheidungen und in mikrosozialer Betroffenheit.

Die Erwartungen an das soziale Handeln werden von einem Unternehmen mit sozialem Sachziel nicht unbedingt erfüllt. Betriebswirtschaftlich mag das Interesse am Ertrag und eigenem Erhalt dominant werden und es kann zur Annahme von Aufträgen führen, denen das Unternehmen nicht gerecht wird. Im sozialen Handlungsfeld liegt ein Widerspruch zwischen den Unternehmensinteressen nicht nur privat-gewerblicher Betreiber und den Interessen ihrer Auftraggeber nahe. Sozialunternehmen haben unabhängig von der Rechtsform ihrer Träger nachzuweisen, ob und wie sie nach Qualität und Umfang ihre Leistungen erbringen. Danach werden sie im sozialwirtschaftlichen Bezugsrahmen beurteilt.

1.6 Ebenen und Perspektiven der Betrachtung

Sprechen wir in dem beschriebenen Rahmen von dem *„Sozialbetrieb"* im allgemeinen, so *prozessual* – das heißt etwa in dem Sinne, in dem vom *„Bildungsbetrieb"* oder vom *„Kulturbetrieb"* unabhängig von einzelnen Einrichtungen gesprochen werden kann – und nicht strukturell im Sinne einer Firma oder sonst einer Produktionsstätte. Die Szenerie des sozialwirtschaftlichen Geschehens ist institutionell ausgeprägt; aber es kommt darauf an, welches Spiel darin gespielt, welche Zustände in ihm herrschen und welche Absichten verfolgt werden. Als Akteure finden wir auf der *Makroebene* die Gebietskörperschaften, die Wohlfahrtsverbände und weitere, bestimmte Interessen vertretende Organisationen vor, die darauf sehen, wie auf der *Mesoebene* die Arbeitslosen- und Sozialhilfe, Eingliederungsmaßnahmen, die Kinder- und Jugendhilfe oder die Wohnungslosen- und Suchtkrankenhilfe vonstatten gehen. Die Gesellschaft nimmt auf der *Mikroebene* die individuellen Schicksale von Obdachlosen und Drogenabhängigen, die Jugendkriminalität oder die Zunahme von Demenz wahr. Auf dieser Ebene sind die Zustände und Verfahren personen- und gruppenbezogen Gegenstand des professionellen Handelns und der Interaktion der daran Beteiligten.

Nicht übersehen werden dürfen die Wechselbeziehungen der Ebenen aufeinander. Der Sozialstaat verteilt seine Mittel nach Anforderungen im Versorgungsgeschehen und der Artikulation von Interessen in der Bevölkerung, die in der zivilgesellschaftlichen Öffentlichkeit das Geschehen und seine Strukturen kritisch im Blick behält. Die Organisationen und Unternehmen, die auf der Mesoebene zur Ausführung von Sozialleistungen gebraucht werden, melden ihren Mittelbedarf an und mobilisieren ihrerseits die Öffentlichkeit zur Durchsetzung von Forderungen. Den Leistungserbringern wiederum kann auch nicht einfach überlassen werden, wie sie ihren Auftrag erfüllen. Der Staat als Gewährleister kann Rechenschaft verlangen und die Nutzer sind in ihrem persönlichen Verhältnis zu Behandlern, Beratern und Betreuern mit ihren Erfahrungen gefragt.

Verknüpfungen gehören zur Sozialwirtschaft nachgerade von vornherein, but sie doch auf Selbstsorge, Engagement und Eigenarbeit der Bürger. Zumindest als Hilfeerzeuger schließt Volker Brinkmann sie bei seiner theoretischen Eingrenzung des Sozialwirtschaftssektors in die Definition ein: „Das Fachgebiet Sozialökonomie befasst sich mit den Organisationsformen und Produzenten sozialer Hilfeleistungen und deren Finanzierung." (Brinkmann 2010, 3), – wobei anzumerken ist, dass es gute Gründe gibt, „*Sozialökonomie*" nicht mit „Sozialwirtschaft" gleichzusetzen, wie Brinkmann es tut und wie es auch in manchen anderen Publikationen geschieht.

Sozialökonomisch lässt sich die wirtschaftliche Seite der Sozialpolitik beschreiben. Mit sozialökonomischen Analysen blieben wir im wesentlichen auf die Makroebene und den volkswirtschaftlichen Rahmen beschränkt (vgl. Wendt 1999, 53 ff.). Oder wir begäben uns mit dem Terminus in die *economic sociology* – oder *socioeconomics*, wie das Fachgebiet der Sozialökonomik im Englischen auch heißt. Es hat als Sozialwissenschaft im wesentlichen die Relationen von Ökonomie und Gesellschaft resp. von ökonomischem und sozialem Verhalten zum Gegenstand. *Social economy studies* dagegen nehmen institutionell, funktional und prozessual mit dem Wohlergehen von Menschen alle die Akteure, ihre Praxis und ihre Beziehungen aufeinander in den Blick, von denen und in denen wohlfahrtsdienlich disponiert und gearbeitet wird.

Eine Nähe zur Sozialökonomik ergibt sich, wenn sie als ein Projekt „zur Untersuchung gesellschaftlicher Knappheitsphänomene" aufgefasst wird und die „Ökonomik" dabei „als Lehre vom Haushalten, also der rationalen Knappheitsbewältigung" verstanden wird (Finis Siegler/Schönig 2013, 199). Heruntergezont auf die Ebene der Sozialen Arbeit, kann sie als „Intervention und Modus der Sozialpolitik" sozialökonomisch analysiert werden – was heißt, die Soziale Arbeit „in den Kontext staatlich induzierter Güter- und Dienstleistungsproduktion zur Bedarfsdeckung von Menschen in prekären Lebens- und Problemlagen" zu rücken (Finis Siegler/Schönig 2013, 200). Institutionell erscheint die Sozialwirtschaft dann als ein zwischen Sozialpolitik und der Klientel Sozialer Arbeit gestellter Sektor, in dem die Lebenslage und die Wohlfahrtsposition dieser Klientel beeinflusst werden – nach Möglichkeit zum Besseren.

Nach allem findet sich, so wie die Praxis der Sozialwirtschaft heterogen ist, ein wissenschaftlicher Zugang zu ihr von verschiedenen Seiten her. Es gibt für die Theorie voneinander unabhängige Ansätze, den Sachverhalt der Sozialwirtschaft zu erschließen, zu beschreiben und zu verstehen.

- Ein Theorieansatz startet bei den Unternehmen im Feld sozialer Aufgaben und erkennt, dass die Unternehmen in diesem Feld ihr Geschäft nicht unabhängig betreiben, sondern eingebettet sind in stattliche Regulative und in eine zivilgesellschaftliche Dynamik und nicht zuletzt angewiesen sind auf die Mitwirkung der Adressaten ihres Handelns.
- Ein anderer Ansatz fängt bei eben diesen Adressaten an, bei ihrer Sorge um sich und füreinander, woran sich die weitere Gestaltung von Versorgung anschließt.
- Der ökosoziale Ansatz rückt das Versorgungsgeschehen und die Praxis der Wohlfahrtsproduktion in den Entscheidungshorizont individuellen und gemeinschaftlichen Haushaltens. Soziales Wirtschaften wird dem Handeln von Wirten zugeordnet, die Verantwortung dafür wahrnehmen, dass dem Sachziel in der Versorgung von Menschen entsprochen und ihrer Wohlfahrt gedient wird.

Die verschiedenen Perspektiven, in denen der sozialwirtschaftliche Raum betrachtet wird, können zu einem differenzierten Verständnis des Geschehens in ihm beitragen. Gehandelt wird in diesem Raum *rücksichtsvoll*: in Rücksicht auf Lebenslagen, auf das Verhalten von Menschen und auf die Determinanten ihres Ergehens, auf örtliche Verhältnisse, Zustände im Gemeinwesen, auf wirtschaftliches Leistungsvermögen, Nachhaltigkeit und intergenerative Gerechtigkeit. Es ist ein *ökologischer* Bezugsrahmen, in dem sich die Regulative sozialwirtschaftlichen Agierens über das Alltagsgeschäft von Diensten und in Einrichtungen hinaus erklären lassen. „Wohl fahren" lässt sich nur im Lebens- und Systemzusammenhang unseres Gemeinwesens.

Den Rahmen bildet zudem eine volkswirtschaftliche Orientierung. Sie hebt den Gegenstandsbereich der Sozialwirtschaftslehre ab von der in Studien zum Sozialmanagement üblichen betriebswirtschaftlichen Orientierung auf den Unternehmenserfolg und auf den Beitrag zum Bruttoinlandsprodukt sowie zum Wachstum der Wirtschaft insgesamt. Darauf kommt es auf der Individualebene wie im zivilen Raum und auf der politischen Ebene nicht an. Hier wird *sorgebasiert und nicht marktbasiert* sozialwirtschaftlich gehandelt.

Soziale Versorgung bewirtschaften bedeutet nicht so viel, wie „das Soziale" bewirtschaften zu wollen. Das gesellschaftliche Leben reicht mit allem, was es nährt und fördert, über den Zielhorizont des Unterhalts personenbezogener Wohlfahrt hinaus und auf es wirken alle Dimensionen wirtschaftlicher, technischer und natürlicher Verhältnisse ein. Soziale Arbeit richtet sich zwar auch auf die Zustände des Gemeinwesens, auf Integration in jedem Sinne wie generell auf sozialen Zusammenhalt, aber damit werden die Verhältnisse und Zustände selber nicht bewirtschaftet. Auch wird „das Soziale" längst in seiner medialen Verstreuung und Kanalisierung informationsökonomisch verhandelt, kann so nicht mehr von einer Praxis der Mitmenschlichkeit im Sorgen und Versorgen mit Beschlag belegt werden und ist im „medialen Selbst" (Faßler 2014) der Bewirtschaftung durch einen jeden selbst als Sozius einer realen Gemeinschaft entwunden. Wir werden des Sozialen nur insoweit habhaft, als wir es auch sorgend zu bewirtschaften vermögen.

Studie 2: Weiterungen der Sozialwirtschaft

Die Entfaltung der Sozialwirtschaft ist *diachronisch* von den kleinen Kreisen der Gegenseitigkeitsvereinigungen und Genossenschaften im Verlauf von nun fast zweihundert Jahren in den weiten Horizont der sozialen Versorgung „im öffentlichen Interesse" hinein erfolgt. In diesem Horizont erscheint heute *synchronisch* der Betrieb von Sozialunternehmen eingelassen in ein weiter zu fassendes sozialwirtschaftliches Geschehen, das nutzerseitig vom Eigeninteresse des Menschen an seinem persönlichen Wohl bestimmt ist und systemseitig von der gesellschaftlichen Umsorge in sozialen und gesundheitsbezogenen Belangen erfüllt wird. Soziales Wirtschaften funktioniert in der Art und Weise, wie diesen Belangen und dem individuellen und gemeinschaftlichen Wohl entsprochen wird.

Indes nehmen viele Akteure in dieser Szenerie sie ökonomisch nur als einen Ausschnitt im gesamtwirtschaftlichen Geschehen wahr. Das Attribut „sozial" zu ihrem Tätigkeitsbereich ordnet es einer Branche unter anderen Wirtschaftszweigen zu. Wie in den anderen Branchen spezifische Leistungen erbracht werden, scheint die soziale Aufgabenstellung an der Weise des Wirtschaftens nichts zu ändern – und eine besondere theoretische Bemühung darum überflüssig. Erst in einer gegenläufigen Entfaltung der Sozialwirtschaft vom Lebensunterhalt von Menschen und der ihrer Wohlfahrt dienlichen Arbeit her ergibt sich eine begrifflich neue Konstellation, in die sich die Praxis unternehmerischer Akteure einordnen lässt und deren Logik sie sich zu fügen hat.

2.1 Vom Unternehmen her gedacht

Da sie in der Topografie der sozialwirtschaftlichen Landschaft augenfällig hervortreten, drängen sich bei ihrer Betrachtung die *Organisationen* und *Unternehmen* auf, die einem sozialen Zweck gewidmet sind. Dem ökonomisch geschulten, gar mit „dem Geschäft" praktisch befassten Betrachter liegt das institutionelle Verfasstsein der sozialwirtschaftlichen Akteure näher als die funktionale Erörterung sozialen Wirtschaftens im Kontext des Wohlfahrtsgeschehens. In enger Definition zählen traditionell Kooperative, Gegenseitigkeitsvereinigungen, Assoziationen und Stiftungen, sodann gemeinnützige Organisationen und ihnen zugeordnete Unternehmen, welche Dienste für Menschen leisten, zur Sozialwirtschaft. Auf europäischer Ebene wird bevorzugt der Begriff *Sozialunternehmen* gebraucht, der aber mit einem *social business* (Yunus 2008) und dem gewünschten und geförderten „Sozialen Unternehmertum" auch über die Sozialwirtschaft hinausgreift (etwa im Geschäftsbereich des Umweltschutzes). In Deutschland sind institutionell zunächst die Organisationen, Einrichtungen und Dienste der Freien Wohlfahrtspflege gemeint. Wird die Betätigung ihrer Akteure, mit welchen guten und sozial bekömmlichen Absichten immer, als ein Gewerbe betrachtet, gibt die Bezeichnung Sozialwirtschaft dem Charakter der organisierten Wohlfahrtspflege Ausdruck, ein Unternehmensbereich neben anderen zu sein. Der soziale Zweck tritt zurück hinter die Wirtschaftlichkeit und die unternehmerische Art und Weise, in der dieser Zweck verfolgt wird.

Im wirtschaftswissenschaftlichen Mainstream lässt sich, wie in den letzten Jahrzehnten vielfältig erfolgt, das Geschehen im Sozial- und Gesundheitswesen dem *Dienstleistungssektor* zuordnen und so umstandslos in „die Wirtschaft" einordnen. Mit den gemeinten Dienstleistungen wird Beschäftigung generiert, ein konsumierbares Angebot an sozial erwünschten und gesundheitsdienlichen Gütern bereitgestellt, eine Menge Einkommen erzielt und mit ihm zum Bruttoinlandsprodukt beigetragen. Verständlich, dass die Geschäftätigkeit in diesem Bereich unternehmerisch interessant ist. Aus dem Blickwinkel der Pflege von Wohlfahrt und der Gestaltung einer angemessenen Versorgung von Menschen hingegen herrscht ein anderes Interesse vor und kommt mit ihm eine andere Ökonomie zum Tragen. Deren Lehre muss sich aber mit der Tatsache auseinandersetzen, dass auf diesem Gebiet die Ausformung der Dienste und Einrichtungen von ihren Betreibern zunächst, und für viele von ihnen ausreichend, *unternehmerisch* begriffen und in einem marktlichen Umfeld eingeordnet wird.

Aus ihm drängt die Erwerbswirtschaft in den Versorgungsraum. Die Ausdehnung in ihn verspricht ein nachhaltiges Wachstum und einen verlässlichen Gewinn. In Versorgungsraum scheint der Absatz an Gütern, die zum sozialen und gesundheitlichen Ergehen beitragen, kaum begrenzt. Die Verbraucher fragen sie beständig nach. Solange das Angebot öffentlich finanziert wird, gibt es Mitnahmeeffekte auch weit jenseits ausgewiesener Notwendigkeit. Anspruchsberechtigte Gruppen und ihre Interessenvertreter rechnen mit der gebotenen Versorgung – und halten sie stets für unzureichend. Die Sozialunternehmen rechnen ihrerseits mit den Entgelten für ihre Leistungen – und können auch jederzeit belegen, dass mehr getan werden muss und bezahlt werden sollte.

Eine am Bedarf orientierte Sozialwirtschaft widerstreitet beiden Tendenzen: der Kommerzialisierung des Leistungsangebots und dem Konsumismus von Nutzern. Versorgung, die Bearbeitung sozialer Probleme eingeschlossen – von frühen Hilfen bis zur Sterbebegleitung, von materieller Grundsicherung und Hilfe zum Lebensunterhalt bis zur Behandlung chronischer Krankheit –, wird sozialwirtschaftlich im Hinblick auf individuelle und gemeinsame Wohlfahrt begriffen und gestaltet. Zur darauf bezogenen zweckmäßigen Bewirtschaftung der Mittel und Möglichkeiten können die Akteure auf jeder Ebene in einen wechselseitigen Aushandlungsprozess treten. Unbenommen bleibt das offensichtliche Faktum, dass sich mit der Lösung sozialer Probleme Geld verdienen lässt.

2.2 Die Sozialbranche als Ast am Baum der Gesamtwirtschaft

Die personenbezogene Versorgung, die im Sozial- und Gesundheitswesen erfolgt, praktizieren die damit beauftragten Leistungserbringer als Unternehmen unter betriebswirtschaftlichen Gesichtspunkten. Von der Geschäftsführung der Einrichtungen und Dienste wird Sozialwirtschaft (Gesundheitswirtschaft eingeschlossen) oft mit *business administration* in der von ihnen geleisteten Versorgung gleichgesetzt. Blicken wir auf das Programm der in Deutschland alle zwei Jahre stattfindenden *Kongresse für Sozialwirtschaft*, die ein Forum für Führungskräfte sind, finden wir dort in erster Linie betriebswirtschaftliche Fakten und Problemstellungen abgehandelt: Geschäftsstrategien, Finanzierungsfragen, Controlling-Aufgaben, Personalentwicklung. Inhaltlich analog sind die häufigen Kongresse und anderen Veranstaltungen der Gesundheitswirtschaft ausgerichtet.

Als ein Unternehmensbereich verstanden, braucht die Sozialwirtschaft an die Tradition der *économie sociale* gar nicht anzuknüpfen. Sie muss sich auch nicht mit Sozialer Arbeit identifizieren. Die Zuordnung zum „Dritten Sektor" der Wirtschaft reicht zur theoretischen Verankerung aus. Für die Führung der Geschäfte wird das *Sozialmanagement* (bzw. ein Gesundheitsmanagement) vorgesehen. In pragmatischer Betrachtung des Geschehens kann auf eine Differenzierung von Sozialmanagement und Sozialwirtschaft verzichtet werden (mit Unbehagen bei denjenigen, die das Sozialmanagement für die Gestaltung Sozialer Arbeit reservieren und es durchaus nicht der Betriebsführung von Sozialunternehmen überlassen wollen) – oder man nutzt die Begriffe erst einmal ungeklärt zur doppelten Bezeichnung eines Theoriefeldes. Die Ausbildung in den vielen deutschsprachigen Studiengängen Sozialmanagement/Sozialwirtschaft (Boeßenecker/Markert 2014) macht in erster Linie mit Steuerungsinstrumenten für das Handeln von Führungskräften in Sozialunternehmen bekannt, während die Strukturierung von Versorgung und die Bewirtschaftung sozialer Problembewältigung außen vor bleiben. Zugerüstet wird für ein geschäftsmäßiges Handeln in Konkurrenz.

Die *Sozialbranche* stellt sich den Herausforderungen des Marktes, des Wettbewerbs und des gesellschaftlichen Wandels. Sie tritt als ein Wirtschaftszweig unter anderen auf: neben der Touristikbranche, der Logistikbranche, der Textil-, der Automobil- oder der Energiebranche. Sozialwesen und Gesundheitswesen erscheinen geschäftsmäßig neben dem Bauwesen, dem Verkehrswesen oder dem Bankwesen. Die amtliche Statistik erfasst in der *Klassifikation der Wirtschaftszweige* (Destatis 2008) im Abschnitt Q – Gesundheits- und Sozialwesen – nur einen Teil der Tätigkeitsfelder, welche die Branche selber sich zurechnet. Der Beschäftigtenzahl nach ist sie größer als jeder andere, der Einzelhandel ausgenommen. Die Sozialbranche will – unter Betonung ihrer Besonderheiten – als eine leistungsfähige Sparte im Wirtschaftsleben insgesamt mit viel Wachstumspotenzial in ihm gelten. So wird sie denn auch gesamtwirtschaftlich und für die Wirtschaftsentwicklung in Anspruch genommen.

In ihrer genossenschaftlichen Tradition – insbesondere in frankophonen Ländern – ist die Sozialwirtschaft immer auch erwerbswirtschaftlich verstanden worden: Die Arbeitenden haben sich in Kooperativen organisiert, um die Früchte ihrer Arbeit gemeinsam zu ernten und zu teilen. Sie entkommen im solidarischen Miteinander der Lohnabhängigkeit und verwalten ihre Produktionsmittel selbst. Sie nehmen mit ihren güterbezogenen Leistungen an der Warenwirtschaft teil, selbst wenn die herkömmlichen Genossenschaften mit ihrer solidarwirtschaftlichen Verfassung und Selbstversorgung im kapitalistischen System eingekapselt und eingesprenkelt bleiben. Dass diese *member serving organizations* in der Art und Weise ihres Wirtschaftens eigenen Bedarf decken, enthebt ihr Wirtschaften nicht aus den Gesetzmäßigkeiten ökonomischen Handelns allgemein. Es bedurfte nicht erst der Debatte um den Dritten Sektor und des Aufkommens von Sozialunternehmen sensu strictu, um die Einbettung dieses Betätigungsbereiches in das ökonomische Geschehen generell zu erkennen.

Arbeitsplätze im Sozialwesen und im Gesundheitswesen sind Erwerbsgelegenheiten wie alle Arbeitsplätze. Die Menge an Beschäftigungsmöglichkeiten in diesen Bereichen trägt zur Quote der Erwerbstätigkeit bei. Hoch anrechnet man der Sozialbranche zudem, dass in ihm auch viele Menschen beschäftigt werden, die anderswo im Arbeitsmarkt kaum Chancen haben. Für ihre Eingliederung gibt es in Europa überall Sozialunternehmen in unterschiedlicher Rechtsform, die übergangsweise oder auf Dauer Teilhabe am Arbeitsleben bieten. Beschäftigungsförderung liegt zugleich im sozialen Interesse und sie schließt diverse Qualifizierungs- und andere Eingliederungsmaßnahmen ein. Beschäftigungsförderung liegt im volkswirtschaftlichen Interesse und ist ein hauptsächlicher Gegenstand der Arbeitsmarktpolitik.

Diese Feststellungen können *unabhängig von der Sozialwirtschaftslehre* getroffen werden. Sie laufen auch der Sozialwirtschaftslehre nicht zuwider. Ihr Gegenstand und das Handeln in der Praxis sind durch das soziale *Sachziel* bestimmt. Das *Formalziel* effektiven (unternehmerischen) Wirtschaftens – Gewinn und Rendite, zumindest Kostendeckung – lässt sich wie außerhalb auch innerhalb der sozialwirtschaftlichen Sphäre verfolgen. Es betrifft nicht den Inhalt einer Produktion. Dagegen ist der humane und gesellschaftliche Gehalt des Handelns wesensbestimmend im personenbezogenen Versorgungsgeschehen. Die Dominanz des sozialen Sachzieles besteht in der Sozialwirtschaftslehre „von Haus aus". Das heißt, die Aufgabe des auskömmlichen Unterhalts von Menschen und der Förderung und Absicherung ihres Wohlergehens wird von vornherein und unbedingt verfolgt und der Betrieb von Diensten und Einrichtungen wie die Durchführung von Maßnahmen darauf abgestellt. Es wird in Erfüllung der Aufgabe „selbstlos" verfahren. Was sich dabei für die beteiligten Akteure – Organisationen, Unternehmen, Personen – an Einkommen erzielen lässt, ist sozialwirtschaftlich nur insoweit von Belang, als mit dem Erwerb wiederum Unterhalt gesichert wird und Wohlergehen erreicht werden kann.

Jeder Industriezweig sucht seinen ökonomischen Erfolg. Und die Bedingungen für ihn kann man studieren. Wenn im Lehrplan einer Hochschule die Veranstaltung „Ökonomie der Sozialwirtschaft" angezeigt wird, gibt die Formulierung zu verstehen, dass hier ein Bereich von Unternehmen unter betriebs- und volkswirtschaftlichen Gesichtspunkten betrachtet wird. Beim Wirtschaften in einer *welfare industry* (Hobbs 1978, Street/ Martin/Gordon 1979) sind deren Abnehmer oder Empfänger mit ihrem Befinden bloß unter Marketing-Gesichtspunkten interessant. Thema ist das Wohlergehen der Industrie – und das Wohlergehen der Rezipienten nur in der Art und in dem Maße, als es ein Geschäft für die Unternehmen ist.

Deren Gedeihen mag auch darin bestehen, dass die Bedürftigkeit ihrer „Kunden" zunimmt und sie wiederholt oder andauernd die Dienste der Unternehmen in Anspruch nehmen.

2.3 Der Geschäftsbetrieb der Gesundheitswirtschaft

Wie in der sprachlichen Duplizität von Sozialwesen und Gesundheitswesen begegnet uns häufig die *Gesundheitswirtschaft* in Gegenüberstellung zur Sozialwirtschaft. Das mag in der Brancheneinteilung von Unternehmensbereichen angehen, wird aber dem institutionellen und funktionalen Charakter der Sozialwirtschaft nicht gerecht. Diese ist nicht durch die Spezifik der Dienstleistungen gekennzeichnet, während die unternehmerische Gesundheitswirtschaft ihr Geschäftsfeld in gesundheitlichen Belangen hat, die Bildungswirtschaft im Sachgebiet der Bildung, die Freizeitwirtschaft in Produkten zur Gestaltung von Freizeit (vgl. Wendt 2011, 34 ff.). Die genannten Geschäftsbereiche sind inhaltlich durch die Medizinindustrie, den Bildungsbetrieb und das Geschäft mit der Freizeit bestimmt – wohingegen die Sozialwirtschaft insgesamt mit monetären, güterbezogenen und personenbezogenen Leistungen zum materiellen und immateriellen Aus- und Zurechtkommen von Menschen einem sehr unterschiedlichem Bedarf nachkommt, darunter auch solchem in der gesundheitlichen Versorgung, an Bildungserfordernissen und in freier Lebensgestaltung. Als Überbegriff bietet sich *Wohlfahrt* an, womit aber über die Nennung von Lebensqualität und Humanvermögen hinaus keine inhaltliche Festlegung auf den einen oder anderen Bedarf verknüpft ist.

In der *Gesundheitswirtschaft* werden Güter und Dienstleistungen zum Erhalt und zur Wiederherstellung von Gesundheit erstellt und vermarktet. Ungeachtet ihrer Besonderheiten lässt sich von der Unternehmenspolitik in der Gesundheitswirtschaft (vgl. Wendt 2012) viel über das Verhältnis von Erwerbswirtschaft und Bedarfswirtschaft lernen. Jener große Bereich, dem sich volkswirtschaftlich 2013 in Deutschland 11,3 % des Bruttoinlandsprodukts und fast 5,2 Mill. Beschäftigte zurechnen ließen, wird vom Bundesverband der deutschen Industrie (BDI) von Produktionsbereichen der Pharmazeutischen Industrie, der Biotechnologie und Medizintechnik her begriffen. Gesundheitswirtschaft dehnt sich von daher weit über die direkte gesundheitsbezogene Versorgung von Menschen aus. Diese soll nur den „Kernbereich" bilden: „Im Kernbereich der Gesundheitswirtschaft (KGW) werden diejenigen Gütergruppen mit ihren Leistungen zusammen-

gefasst, die derzeit im Gesundheitswesen verwendet und erstattet werden."
(BDI 2013a, 88). Dies geschieht im gesetzlichen Sozialleistungssystem
mit den Krankenkassen und Pflegekassen als Leistungsträgern. Die Haus-
arzt- und Facharztpraxen, Krankenhäuser, Pflege- und Rehabilitationsein-
richtungen sind die Leistungserbringer. Der BDI spricht jenseits dieses
Kernbereichs von *industrieller Gesundheitswirtschaft* und fasst darunter
Unternehmen, „die als wirtschaftlichen Schwerpunkt folgende Güter pro-
duzieren: Pharmazeutische Erzeugnisse, Medizintechnische Geräte, sonstige Waren des KGW" (ebenda). In einer Studie des BDI zum „Ökonomischen Fußabdruck" ausgewählter Unternehmen der industriellen Gesundheitswirtschaft wird definiert: „In der Erweiterten Gesundheitswirtschaft
(EGW) werden Güter zusammengefasst, die bisher in offiziellen Statisti-
ken nicht dem Gesundheitssektor zugeordnet werden, jedoch einen Ge-
sundheitsbezug haben und aufgrund einer subjektiven Kaufentscheidung
erworben werden. Dies sind Dienstleistungen privater Einrichtungen, bio-
logische und funktionelle Lebensmittel, Dienstleistungen für Sport, Fit-
ness und Wellness und sonstige Gesundheitsdienstleistungen des Erweiterten Bereichs." (ebenda)

Eine soziale Bewirtschaftung liegt in diesem Verständnis fern. Vom
Ausschuss für Gesundheitswirtschaft des BDI wird danach gestrebt, das
Gesundheitssystem zu deregulieren, den Wettbewerb im Gesundheitssystem und Innovationen in ihm zum Wachstum dieses Wirtschaftsbereiches
zu fördern (BDI 2013b, 7). Dafür kann ein Unternehmerverband wohl eintreten; jedoch von den Werten her, die im Schutz und in der Erhaltung von
Gesundheit realisiert werden sollen, muss dieser Erfolg in der Gestaltung
des Gesundheitssystem bestimmend sein und nicht die Gewinnerzielung in
ihm (Reich 2004). Staatliche Regulierung ist schon insoweit geboten, als
die solidargemeinschaftliche Finanzierung des Systems eine gerechte Allokation der Ressourcen gebietet, wobei Fehlanreizen zur Über- und Unterversorgung auf der Anbieterseite und ungleicher Risikoverteilung sowie
opportunistischem Verhalten (Moral Hazard) auf der Nachfrageseite ent-
gegengewirkt werden muss.

Was sozial unter Einsatz von sächlichen und finanziellen Mitteln und
von Personal unternommen wird, darf aus der Perspektive der *health care
industry* als ein Geschäft wie jedes andere betrachtet und prinzipiell auch
mit Aussicht auf Profit betrieben werden. Der Nutzen für die Menschen
steht indes nicht in direkter Beziehung zum Absatz an Gesundheitsgütern.
Und der marktliche Wettbewerb verhindert nicht selten angemessene Lösungen, statt sie zu fördern. Unternehmen der stationären Versorgung si-

chern ihre Bettenbelegung auch zu Lasten ambulanter und häuslicher Versorgung. Deren Ausbau kommt zum Beispiel in der Psychiatrie nicht voran, wenn hauptsächlich die Finanzierung der Bettenbelegung das Budget der Leistungsträger beansprucht. Gesundheitliche Prävention wird vernachlässigt, weil sich an ihr für Dienstleister kaum etwas mit Gesundheitsbildung verdienen lässt. Es sei denn, es handelt sich um Screening-Verfahren zur Früherkennung, die zur Krankheitsvermeidung kaum nutzen. Viel verdienen lässt sich auch mit Überdiagnostik, an die sich eine Menge unnötiger Behandlungen anschließt.

Richtet sich in einem anderen als dem markt- und unternehmensbezogenen Verständnis von Gesundheitswirtschaft der Blick auf die sozialen Prozesse in der Bewältigung von Gesundheitsproblemen, bewegen wir uns wieder im sozialwirtschaftlichen Horizont. Zu gestalten ist hier auf der Führungsebene zum Beispiel der Übergang von traditionell stationärer Versorgung Kranker und Pflegebedürftiger in ambulante Versorgung und in eine weitestmöglich häusliche Versorgung. Mit diesem Übergang wandeln sich die Beziehungen von Professionellen, Patienten, Angehörigen und freiwilligen Helfern zueinander und es wandeln sich die Settings der Zusammenarbeit. Nahräumlich greifen formelle Netze der Versorgung auf die informelle Vernetzung von Betroffenen und Beteiligten über. Das Finanzierungssystem muss sich z. B. in der Pflege oder der Psychiatrie mit neuen Formen der Pauschalierung anpassen. Stationäre Einrichtungen werden zu Zentren der Kompetenz in einem engeren oder größeren Sozialraum. Darin kann die formell organisierte Gesundheitsversorgung auch ihre sozialwirtschaftliche Funktion in Beziehung auf die individuelle und gemeinschaftliche gesundheitsbezogene Lebensgestaltung wahrnehmen.

Der geschäftige Medizinbetrieb, für sich genommen, versteht sich erwerbswirtschaftlich auf die Ausweitung seiner Verrichtungen – weniger zum Nutzen von Patienten als vielmehr auf Kosten der Solidargemeinschaft. Der Medizinbetrieb muss sich sozialwirtschaftlich fragen lassen, warum beispielsweise die Häufigkeit der Arztbesuche in Deutschland viermal größer ist als in Schweden oder inwieweit das Behandlungsvolumen durch Ausweitung von Diagnosen, Festlegung niedriger Grenzwerte und Schaffung neuer Krankheitsbilder gesteigert wird, woran neben den Ärzten als selbständigen Unternehmern die Pharmaindustrie oder – bei Pathologisierung von Unverträglichkeiten – die Nahrungsmittelindustrie verdienen. Eine sozialwirtschaftliche Prüfung des Bedarfs an Versorgung erfolgt unabhängig von Unternehmensinteressen, wenn für die Bedarfsprüfung vorgesehene Institutionen sich ihnen gegenüber behaupten können und eine gesellschaftliche Debatte dazu durchsetzungsmächtig genug ist.

2.4 Ökonomisch ohne Ökonomismus

Kritisch wird die Geschäftstüchtigkeit von Gesundheits- wie von Sozialunternehmen als Beleg für die *Ökonomisierung* des humandienstlichen Handlungsbereichs betrachtet. Der Erfolg im Markt gewinnt die Oberhand über die Moral des Helfens. Es wird der betriebswirtschaftlichen Logik mit aus ihr abgeleiteten Effektivitäts- und Effizienzkriterien unterworfen. Übertragen auf Staat und Gesellschaft soll Ökonomisierung bedeuten, dass überall die (monetäre) Abrechenbarkeit und Verwertbarkeit darüber bestimmen, was getan und was gelassen wird.

Für die Theorie zerreißt der Ökonomismus die Verknüpfung des Sozialen mit dem Wirtschaften im Begriff der Sozialwirtschaft. Die ihrer Praxis eigene produktive Solidarität wird mit der unternehmerischen Rationalität konfrontiert, die im ökonomischen Kalkül auf berechenbaren Gewinn setzt. Eckart Pankoke hat auf die dem Doppelbegriff „Sozial-Wirtschaft" inhärenten Spannungen und Vermittlungen zwischen wirtschaftlicher Rationalität und sozialer Qualität verwiesen; sie müssten von den Akteuren im Feld ihres Handelns ausgehalten werden: „Die Konfrontation und Kombinatorik unterschiedlicher Motivationen, Kompetenzen, Mandate treibt sozialwirtschaftliche Akteure in Doppelbindungen, Rollenkonflikte und Sinnkrisen." (Pankoke 2008, 434) Die programmatische Doppelbindung zwischen „inkongruenten Perspektiven" kommt aber nur zustande im betriebswirtschaftlichen Übergriff auf die soziale Aufgabe. Die im sozialen Lebens- und Handlungszusammenhang erfolgende Bewirtschaftung von Versorgung lässt diesen Ökonomismus nicht zu bzw. entmischt den Beweggrund, die Zuständigkeit, das Mandat und das Formalziel betriebswirtschaftlicher Entscheider von den sozialwirtschaftlichen Dispositionen und ihrem Sachziel.

Die Ökonomisierungsthese wird allerdings von sozialprofessioneller Seite oft mit dem Aufkommen des Begriffs der Sozialwirtschaft selbst in Verbindung gebracht: Es erfolge mit der Ökonomisierung des sozialen Handlungsbereiches eine Auslieferung von helfenden Beziehungen unter Menschen an den Kommerz. Mitmenschliche Zuwendung werde zur Ware. Wissenschaftlich wird ein Übergriff der ökonomischen Theorie auf Gebiete außerhalb ihrer originären Zuständigkeit konstatiert. Die Herrschaft des Kapitals setze sich durch; ein „ökonomischer Imperialismus" komme zum Tragen (Radnitzky/Bernholz 1987; vgl. Grossbard-Shechtman/Clague 2002), wie er insbesondere in der neoklassischen Mikroökonomie von Gary Becker (1976) ausgeübt worden sei.

Wider einem derartigen Ökonomismus, demzufolge alles menschliche Handeln, soziale Beziehungen, Bildung, Gesundheit und Arbeitsbereitschaft als im Markt und nach seiner Logik verwertbare Wirtschaftsfaktoren zu betrachten sind, tritt die Sozialwirtschaftslehre nachgerade an (vgl. Wendt 2011 b). Ökonomismus bedeutet, eine im ethischen Sinne wertfreie, allzuständige Ökonomie zu behaupten. Der Ansatz der Sozialwirtschaftslehre dagegen ist auf eine Heimholung und „Resozialisierung" der Ökonomie in primärer Zuständigkeit für ein auskömmliches und gelingendes Leben gerichtet. *Ökonomie der Gesundheit* heißt somit die Wertschöpfung, die einerseits dem Einzelnen durch sein gesundheitsbezogenes Verhalten gelingt und andererseits fürsorglich für Menschen mit den effektiven und effizienten Verrichtungen im formellen Gesundheitssystem erreicht wird.

Generell geht es im ökosozialen Sinne um *Erhalt* und um *Entwicklung*. Dazu wird beim Haushalten in der individuellen und gemeinschaftlichen Lebensführung angefangen. Wie darin über Mittel verfügt und Bedarf gedeckt wird, ist der Ausgangspunkt, vom dem in näherer Bestimmung fortgeschritten wird zur – wiederum individuellen und gemeinschaftlichen – Allokation von Ressourcen per Erzielung von Einkommen, Nutzung sozialer Infrastruktur, informeller Unterstützung und formeller Dienste. Erst bei letzteren, also im institutionalisierten Leistungsgeschehen, ist das Wirtschaften in Eigensorge verlassen und der Übergang in die Betriebswirtschaft dienstleistender Unternehmen und die gesamtwirtschaftlich relevante Bereitstellung von Versorgung vollzogen.

Der methodologische Ausgangspunkt der sozialwirtschaftlichen Theorie ist die *Besorgung gemeinsamen Lebens*, zu der knappe Mittel eingesetzt und zweckmäßig verwendet werden. Es handelt sich hier nicht einfach um ein Postulat, dessen Geltung ohne weitere Begründung beansprucht wird. Wenn sozial gewirtschaftet wird, fallen Allokations- und Distributionsentscheidungen, für die bei Verwendungskonkurrenz abzuwägen ist, was sie gesellschaftlich und individuell bewirken sollen und welche Folgen sie tatsächlich haben. Mittel und Möglichkeiten liegen immer schon vor, und zu berücksichtigen sind Entscheidungen, die anderweitig bereits getroffen wurden. Gemeinsames Leben erfolgt unter Akteuren, die dieses Leben führen und zu ihm in wirtschaftlich relevanter Weise beitragen, auch während sie, bevor sie und nachdem sie Adressaten materieller und persönlicher Zuwendung waren und sind.

Menschen sind aufeinander angewiesen und existieren in einer gemeinsamen Umwelt, und in dieser Abhängigkeit finden sie ihr Auskommen in materieller wie in immaterieller Hinsicht. Sie werden versorgt. Statt dabei aber im Passiv an eine (nutzenmaximierende) Konsumtion zu denken, ist aktiv das versorgende Handeln in produktiver Funktion wahrzunehmen. Insoweit sie nicht selbst für sich und füreinander das erstrebte Produkt erstellen können, treten die Akteure auch in Tauschrelationen ein, in denen sie ihre Arbeitskraft, ihr Leistungsvermögen und selbsterzeugte Güter gegen Lohn und anderweitig vorhandene Güter eintauschen. Der soziale Prozess erweitert sich zu einem Marktgeschehen (mit der Gefahr, von ihm verschlungen zu werden). Die Vorgängigkeit des sorgenden Handelns bleibt unberührt. In der Konsequenz wird nicht eine Versorgungswirtschaft der Erwerbswirtschaft eingeordnet, sondern umgekehrt diese unter Gesichtspunkten der Versorgung und des Wohls des Einzelnen und der Gesellschaft betrachtet.

2.5 Der Markt der Humandienstleistungen

Die Unterstellung des Erwerbshandelns unter die Versorgungsaufgabe ist zunächst eine rein theoretische und betrifft die methodische Ausrichtung der Sozialwirtschaftslehre. Naturgemäß zeigt sich das Marktgeschehen davon unbeeindruckt und der Verkehr on Waren und Dienstleistungen verläuft mit oder ohne ein soziales Etikett. Und zweifellos erfüllt, was sozial und gesundheitsbezogen in Diensten und Einrichtungen geleistet wird, im herrschenden Wirtschaftssystem in Hinblick auf die Risiken, die es für die Menschen mit sich bringt, komplementäre und kompensatorische Funktionen. Die Mittel dafür werden in einem *welfare regime*, wie ihn der Sozialstaat ausgebildet hat, aus gesamtwirtschaftlichen Erträgen bezogen. Die Empfänger von Transferleistungen können ihrem Bedarf entsprechend die Dienste im Sozial- und Gesundheitswesen konsumieren. Darauf richtet sich das Angebot im Versorgungssektor ein: Es ist viel zu tun, und folglich lässt sich im *social business* eine Menge unternehmen.

Geschäft ist Geschäft – und da macht es zuerst einmal keinen Unterschied, ob eine Beratung bei psychosozialen Problemen in Anspruch genommen, ein Platz in einem Heim geboten, ein Pflegedienst geholt, ein Fahrdienst für behinderte Menschen und Kinderbetreuung bereitgestellt wird oder andererseits eine Ferienreise und Finanzdienstleistungen verkauft oder beim Einkauf von Möbeln oder Lebensmitteln beraten wird. In Form einer *Dienstleistung* legitimiert sich, marktökonomisch verstanden, ein soziales Angebot für Menschen in Beziehung auf eine gegebene oder zu erschließende Nachfrage nach einer solchen Leistung. Der Humandienst reiht sich in die Vielfalt von Dienstleistungen im Wirtschaftsleben ein. Man mag bei den sozialen und gesundheitsbezogenen Dienstleistungen die Besonderheit, dass sie gemeinnützig und nicht vorrangig auf monetären Profit ausgerichtet sind, dafür in Anspruch nehmen, sie einem Dritten Sektor neben Markt und Staat zuzuordnen, auf die Aktiva und Passiva des Geschäfts muss man hier wie dort sehen.

Soziale Leistungen werden heutzutage zunehmend auf Wohlfahrtsmärkten angeboten. Auf ihnen überlässt der Staat dem Ausgleich per Angebot und Nachfrage, was er mit seinem Sicherungssystem nicht oder nicht mehr bereitstellt. Der Begriff *Wohlfahrtsmarkt* ist im angelsächsischem Raum schon seit längerem im Gebrauch (Taylor-Gooby 1999, vgl. Taylor-Gooby 2004) und benennt dort das Privatisierungsgeschehen, mit dem sich der Wohlfahrtsstaat zu sanieren sucht. Selbstständige Leistungserbringer stellen sich dem Wettbewerb, und der „Kunde" hat die Wahl unter ihnen. Er löst auf dem Markt nicht nur Leistungen ein, zu denen er berechtigt ist. Das Angebot besteht darüber hinaus in finanziellen Anlagemöglichkeiten, mit denen der Kunde, solange er kaufkräftig genug ist, selber seine Wohlfahrt unterhalten kann. Die Rente ist nicht mehr sicher; also sollen sich die Bürger eigenverantwortlich um Produkte kümmern, die zur Vorsorge angeboten werden. Sie begeben sich auf den Versicherungsmarkt – und spezielle Dienste offerieren ihnen der Seniorenmarkt, der Pflegemarkt und der Gesundheitsmarkt mit seinen Wellness-Produkten. Unternehmen wissen über den Bedarf hinaus ihre Kunden mit Zusatzangeboten zu locken, die einen „Mehrwert" für sie generieren (Bruhn/Hadwich 2014).

Betrieblich werden im sozialen Sektor vorwiegend *personenbezogene* Dienstleistungen erbracht. Diese haben ihren Markt, werden angeboten und nachgefragt und können eben wie andere Dienstleistungen in Handel und Verkehr, im Unterhaltungsgewerbe und im Finanzsektor marktökonomisch betrachtet werden. Die vermarktlichten Dienstleistungen werden vom (mit Kaufkraft ausgestatteten) Kunden erworben und konsumiert. Es dürfte insoweit erst einmal nicht erforderlich sein, in gesonderter Weise von Sozialwirtschaft zu sprechen. Beraten, geholfen, behandelt und persönlich bedient wird allerorten und nicht nur unter sozialen Vorzeichen. Reduziert auf Dienstleistungen, entbehrt die Wohlfahrtspflege ökonomisch eines eigenen Charakters, und dermaßen erscheint für die ihre Leistungen erbringenden Sozial- und Gesundheitsunternehmen der Begriff der Wohlfahrtspflege überhaupt entbehrlich.

Nun sind aber Humandienstleistungen in der sozialen und gesundheitlichen Versorgung, die direkt den körperlichen, seelischen und sozialen Zustand von Menschen betreffen und in Interaktion mit ihnen vollzogen werden, durchaus zu unterscheiden von Dienstleistungen, mit denen ein materielles oder immaterielles Produkt gefertigt und geliefert wird. Derlei Dienstleistungen werden ohne Ansehen einer Person für Kunden hergestellt und von ihnen zur beliebigen Nutzung bezogen, während die anderen Leistungen in der Notwendigkeit erbracht werden, etwas für der persönlichen und gemeinschaftlichen Sorge verwiesene Menschen tun zu müssen, egal ob im familiären Haushalt oder in ambulanten oder stationären sozialen Kontexten. Das kann auch zwangsmäßig geschehen und ist dann durchaus kein erbetener Dienst. Generell zielen personenbezogene soziale Dienstleistungen auf die Lebenssituation von Menschen, auf ihre Lebensqualität, Befähigung, persönliche Entfaltung und Teilhabe. Es ist ein Unterschied, ob in der Gastronomie dem anspruchsvollen Kunden Gerichte serviert werden oder ob sozial- und gesundheitsdienstlich für und mit kranken Menschen eine Diät abgesprochen wird. Allerdings kann der Lieferservice „Essen auf Rädern" sowohl zu abhängigen Bedürftigen kommen als auch von souveränen Kunden bestellt werden. Was ihrer Bequemlichkeit dienlich sein mag, sichert im anderen Erbringungskontext häusliche Versorgung bei Behinderung oder Gebrechlichkeit und damit den Verbleib im eigenen Haushalt. Mit diesem Sachziel hat der Dienst seine Funktion im Sozialleistungssystem.

Damit es seinem Zweck nachkommt, muss das Versorgungsrepertoire z. B. in der Jugendhilfe oder in der Behindertenhilfe personen- und problembezogen angepasst werden. Für Anbieter einzelner Dienstleistungen ist es von Vorteil, wenn Nachfrager nehmen, was sie bekommen können. Bei dieser Situation bleibt es, solange nicht Leistungsverträge die Versorger zu neuen Arrangements zwingen, die einem komplexen und individuellen Bedarf angemessen sind. Der Weg dahin führt nicht über den Markt der Dienstleistungen, sondern über die Kooperation der auf das soziale Sachziel verpflichteten Beteiligten.

Der Vorrang ambulanter Hilfen vor stationärer Versorgung ist gesetzlich festgeschrieben. Tatsächlich nehmen aber in Deutschland in der Jugendhilfe die Inobhutnahmen und Heimunterbringungen in den letzten Jahren stetig zu (bei rückläufigen Anteil junger Menschen an der Gesamtbevölkerung). Immense finanzielle Aufwendungen für die kommunalen Kostenträger sind die Folge. Die vermehrten Unterbringungen haben ihren Grund im Mangel an alternativen flexiblen Hilfestellungen für Familien und Alleinerziehende. Für die Klärung, wessen sie und wessen junge Menschen wirklich bedürfen, fehlt es an Personal und Zeit. Die Jugendämter kommen den Problemen (und den Anforderungen des Kinderschutzes) im akuten Krisenfall nur mit einer Herausnahme von Kindern aus der Familie nach.

Auf die schwierige Situation für den Leistungsträger stellen sich Sozialunternehmen, gemeinnützige wie gewerbliche, mit ihrem Angebot an Heimplätzen ein. Mit ihnen floriert im Markt der Jugendhilfe das Geschäft. *Sozialwirtschaftlich* zu betrachten ist dagegen nicht primär die Marktfähigkeit der stationären Dienstleistungen nach Qualität und Preis, sondern welcher Bedarf bei den Zielpersonen der Hilfen zur Erziehung besteht und wie er sich, gesteuert vom Leistungsträger, decken lässt. Dabei verschiebt sich auf der Aggregatebene der Leistungsbilanz der Aufwand von der Fremdunterbringung zur Arbeit mit Eltern und ihren Kindern und von akut notwendigen Interventionen zu andauernder und mehrseitiger Unterstützung.

In der Folge dürfte den Anbietern anderweitiger Leistungen Geschäft entgehen. Dagegen bekommt der kommunale Leistungsträger mehr zu tun (behält dafür aber auch eine Menge Geld, wenn man die monatlichen Kosten von 5000 Euro oder mehr für einen Heimplatz bedenkt). Die Verschiebung in der Aufgabenverteilung „rechnet sich" bei Berücksichtigung des Gewinns an Handlungsvermögen und Lebensqualität in Familien für Eltern und Kinder. Die Rechnung wird in der Praxis gewöhnlich nicht aufgemacht, weil nur auf aktuelle Problemlösungen im Betrieb der Jugendhilfe gesehen wird und die familiäre Lebensführung nicht als „Unternehmen" und produktiver Faktor zählt. Der Dienst oder die Einrichtung agiert getrennt von ihr; das Angebot bleibt ein Geschäft für sich.

Zurückgenommen wird mit diesem Befund nicht die Aussage: Personenbezogene Sozialleistungen lassen sich auch im Bezugsrahmen der Sozialwirtschaft als Dienstleistungen betrachten. Die Theorie läuft indes Gefahr, im Dienstleistungsdiskurs unter der Hand ihren Gegenstand zu verlieren. In der Bewirtschaftung guten Ergehens haben die vielfältigen Dienstleistungen ihre Funktion, sie bestimmen aber je für sich weder über das Ergehen noch über die Angemessenheit, in der die Mittel dafür eingesetzt werden. Fokussiert die Sozialwirtschaftslehre das Sachziel der Wohlfahrtsdienlichkeit, kann sie nicht bei isolierter Betrachtung der Erbringung von Leistungen und bei der Versammlung von Unternehmen bleiben, die auf diesem Gebiet tätig sind, und nicht bei dem Markt, auf dem Services angeboten werden. Die wissenschaftliche Untersuchung muss über sie hinaus sich der Interaktion, ihrem Gefüge und dem ganzen Geschehen widmen, in dem und durch das Wohlfahrt zustande kommt, wie sie gefördert und wie ihren Beeinträchtigungen begegnet wird.

2.6 Das Wohlfahrtsgeschehen steuern

Wer ist angesichts der Vielfalt der Akteure zuständig für Wohlfahrt und von wem und wie wird die darauf gerichtete Praxis „regiert"? Die Antwort darauf ist wiederum nicht in der Enge des Betriebs bestimmter Unternehmen zu suchen. Um Wohlfahrt kümmern sich der Staat und die Kommunen mit ihrer Sozialpolitik und in der sozialen Infrastruktur ihrer Daseinsvorsorge, dazu zivile Organisationen mit bürgerschaftlichem und freiwilligem Engagement in ihnen und außerhalb von ihnen und nicht zuletzt die Bürger selbst in eigener Daseinsvorsorge und Problembewältigung. Kurz und zugespitzt: Staatsführung auf der einen und Lebensführung auf der anderen Seite regulieren die Wohlfahrt. Beiderseits nicht primär ökonomisch, sondern aus politischen bzw. aus privaten Beweggründen.

Sozialpolitik erfordert ökonomische Entscheidungen. Wird von staatlicher Seite zum Beispiel mehr elementarpädagogische Förderung von Kindern gewünscht, ist darüber zu disponieren, in welchem Umfang Mittel für welche Maßnahmen eingesetzt werden sollen. Für gelingende Übergänge von der Schule in den Beruf sind neue Dienste mit eigenem Budget einzurichten. Inklusion in der Beschulung von Kindern mit einer Behinderung hat die Umwidmung vorhandener Unterrichtsstätten zur Folge. Die Unterstützung Pflegebedürftiger durch technische Assistenzsysteme (Stichwort „Ambient Assisted Living") erfordert die Prüfung gewerblicher Angebote, ihrer Finanzierung und ihres Einsatzes, um Fehlinvestitionen zu vermeiden (vgl. EY/Danish Technological Institute 2013). Pflegestärkungsgesetze bringen eine Ausweitung und Flexibilisierung von Leistungen mit sich, für welche wiederum die „pflegewirtschaftliche" Ressourcenallokation anzupassen ist.

Die sozialpolitischen Zielsetzungen werden nicht ohne entsprechende strukturelle Dispositionen erreicht: Darauf hebt in Deutschland zum Beispiel das „Gesetz zur Verbesserung der Versorgungsstrukturen in der gesetzlichen Krankenversicherung" von 2011 ab. Für eine flexiblere Jugendhilfe werden neue Strukturen in der Kinderbetreuung gebraucht (Stichwort Familienzentren). Das Übergangsmanagement vom Strafvollzug in Beschäftigung und soziale Eingliederung baut u. a. auf ein Entgegenkommen von Arbeitgebern. Häusliche Pflege setzt in vielen Fällen eine Wohnungsanpassung voraus, die finanziell gefördert sein will.

Auf der anderen Seite sind die Menschen, für die solche strukturellen Neuerungen und Regelungen vorgesehen werden, in ihrer persönlichen und familiären Lebensführung gefordert, ökonomische Entscheidungen in Hinblick auf ihren Einsatz für Angehörige wie für sich selber zu treffen. Welche Möglichkeiten nutzen Eltern zur Förderung ihrer Kinder und wie viel Aufwand ist dafür nötig? Reichen die materiellen und immateriellen Unterstützungsangebote für Pflegende bei den gegebenen Belastungen in der häuslichen Pflege aus? Inwieweit ist freiwillige Mitarbeit im Sozialraum tragfähig und welche Wertschöpfung kann mit ihr erreicht werden? Neue Formen gemeinschaftlichen Wohnens muten denen, die sich darauf einlassen, Anpassungsleistungen zu. Vernetzung im Wohnumfeld wiederum schafft Sozialkapital, das sich als produktiver Faktor intern und bei lokaler Problembewältigung einsetzen lässt.

Angesichts ständig steigernder Kosten im Sozial- und Gesundheitswesen rückt dieses informelle Vermögen und die Möglichkeit in den Blick, damit neue und bessere und zudem kostengünstigere Problemlösungen zu erreichen. Unter dem Stichwort „radical efficiency" wird von der Londoner *Innovation Unit* empfohlen, eine neue Partnerschaft mit den Nutzern von Diensten zu suchen und von ihrer Lebenssituation her mit den bei ihnen persönlich, familiär oder nachbarschaftlich vorhandenen Ressourcen zu arbeiten (Gillinson/Horne/Baeck 2010, 2 f.). Dieser Ansatz verlangt einen Einstellungswandel bei auf ihren Betrieb fixierten Dienstleistern. Innovative Projekte beginnen zumeist außerhalb des routinierten Betriebs, und an deren Beispiel lässt sich zeigen, wie eine strategische Umsteuerung ökonomisch zu operativen Verbesserungen und ein günstigeres Verhältnis von Kosten und Nutzen führt.

Das Verhältnis der Akteure und ihr Beitrag zur Erfüllung des Sachziels in Belangen der Wohlfahrt ist ohnedies ein dynamisches. Die Steuerung der sozialen und individuellen Daseinsvorsorge ändert sich im Zeitverlauf. Beobachtet und international vielseitig diskutiert wird ein Wandel der „governance of welfare" (Jessop 1999, Glendinning/Powell/Rummery 2002, Brugnoli/Colombo 2012). Dabei geht es um die Thematik der „changing definitions of welfare; the changing institutions responsible for its delivery; and the practices in and through which welfare is delivered" (Jessop 1999, 351). Wie und mit welchen Verfahren und Mitspielern wird das Wohlfahrtsgeschehen reguliert? Von welcher Seite, auf welchen Ebenen, in welchen Bereichen und unter welcher Beteiligung wird das Wohlfahrtsgeschehen "regiert"?

Zu thematisieren sind die Art der Konfiguration und die Weise der Koordination institutionellen, kollektiven und individuellen wohlfahrtsdienlichen Handelns in etablierten Institutionen, kommunalen Einrichtungen, Selbsthilfevereinigungen, in Unterstützungsnetzwerken, mit Initiativen und Projekten und mit Kontrakten. Sie alle sind zur „mixed economy of welfare" zu rechnen. Ihre Mischung ist keine ungeordnete und beliebige, sondern ist mit Normen belegt, reguliert, wertebasiert und unterliegt einer ständigen Auseinandersetzung darüber, inwieweit sie angemessen, gerecht, unzureichend und zu verbessern ist. Gemischte und „hybride" Wohlfahrtsproduktion ist in den letzten Jahren hinreichend untersucht und beschrieben worden (Evers 2005, vgl. Wendt 2010 b).

Die Steuerung gemischter Leistungserbringung hat anzuerkennen und hinreichend zu berücksichtigen, dass Menschen als Partner in dieser Produktion ohnehin füreinander und für sich sorgen. Sie gehören einer Lebensgemeinschaft an, in der auf die eine oder andere Weise für materiellen und immateriellen Unterhalt gesorgt wird. Der Einsatz von verfügbaren Mitteln, von Zeit, Kraft und Fertigkeiten dafür erfolgt auch in der informellen Sphäre der Alltagsbewältigung nicht spontan und ungesteuert, sondern überlegt, zielgerichtet, plan- und zweckmäßig. Welche Aufgaben zu erledigen sind und wer oder was dafür heranzuziehen ist, verlangt nach Disposition. Die eingesetzten Komponenten werden in ihrer Verwendung genutzt. Weil sie knapp sind, muss man sie einteilen. Mit ihnen wird informell wie formell gewirtschaftet.

Um den materiellen Unterhalt zu erlangen und sichern, nehmen Menschen am Wirtschaftsleben teil und suchen in ihm nach Erwerb, gewöhnlich in Form bezahlter Beschäftigung nach den Möglichkeiten, die der Arbeitsmarkt bietet. Privathaushalten fließen die Mittel zum Unterhalt der ihnen angehörenden Personen zum allergrößten Teil auf diese Weise zu. Gegebenenfalls leiten sich Lohnersatzleistungen aus dem Arbeitsverhältnis ab, und im Schatten der Erwerbswirtschaft bieten sich einige weitere Gelegenheiten zur informellen Erzielung von Einkommen. Für die Bewirtschaftung der Ressourcen zum individuellen und lebensgemeinschaftlichen Unterhalt ist es einerlei, woher die Mittel stammen. An der Art und Weise ihrer Verwendung beweist der Einzelne zu seiner *sozialen Selbstbestimmung* auch seine *ökonomische Selbständigkeit*. Wie jene besteht diese auch insoweit, als sie irrationale Entscheidungen einschließt, zu schlechten Ergebnissen führen, beeinträchtigt sein und misslingen kann.

Im Leben von Menschen heißt *wirtschaften* Verantwortung tragen. Karl Polanyi hat in diesem Verständnis die *substanzielle* Bedeutung von Wirtschaft, auf menschliche Tätigkeit bezogen, von einer formalen Bedeutung im gängigen Wirtschaftsbegriff abgehoben: „In seiner sachlich-materiellen Bedeutung ist das Wort ‚wirtschaftlich' von der Abhängigkeit hergeleitet, in welcher wir Menschen in bezug auf unseren Lebensunterhalt von Natur und Mitmensch stehen. Der Hinweis ist dabei auf die gegenseitigen Einwirkungen zwischen dem Menschen einerseits und seiner naturhaften und gesellschaftlichen Umgebung andererseits, insofern diese Einwirkungen mit seiner materiellen Bedürfnisbefriedigung zusammenhängen." (Polanyi 1979, 209 f.) Geht es formal um den rationalen Einsatz von Mitteln für alternative Zwecke, bestimmt substanziell das Erfordernis die Inanspruchnahme von Mitteln. So ist sie begründet und so wird sie verantwortet. Wirtschaft erscheint hier als „eingerichteter Prozess", in dem die Deckung von Bedarf organisiert ist.

Wohlfahrtsbezogen trifft im substanziellen Sinne (persönliches) Wirtschaften auf (institutionelles) Wirtschaften. Personen setzen in ihm Ressourcen ein und Leistungsträger tun es. Es besteht eine wechselseitige Abhängigkeit. Gegenüber dem eingeführten wohlfahrtsstaatlichen Versorgungssystem ist zu erkennen, dass dessen Adressaten diejenigen Leistungen, die das System vorhält, zum großen Teil selbst erbringen. Seien es Erziehungsleistungen, Pflegeleistungen oder Bildungs- und Eingliederungsleistungen. Das Wohlfahrtsregime rechnet auch damit, dass dies geschieht. Das Versorgungssystem wäre im Sozial- und Gesundheitswesen völlig überfordert, müsste es das leisten, was Familien und einzelne Menschen für sich und Angehörige alltäglich erbringen. Selbst professionelle Expertise wird ersetzt durch informelle Selbsthilfe. Beispielsweise gewinnt im Gesundheitsbereich die online verfügbare Information und Beratung ständig an Bedeutung und es wird zum Normalfall, dass (potentielle) Patienten sich selber orientieren, testen und sich selber mit Medikamenten versorgen. Sozialwirtschaftlich wird diese eigenständige Bedarfsdeckung nicht außer Acht gelassen werden können, mag auch im Bedeutungsrahmen der Sozialwirtschaft der Begriff der Gesundheitswirtschaft auf die liefernden Unternehmen beschränkt bleiben. Die soziale Bewirtschaftung von Gesundheit ist ihre Sache nicht.

2.7 Verteilte Leistungserbringung

Die Szene der Sozialwirtschaft ist erfüllt von einer großen Menge vielfältigen nebeneinander erfolgenden und aufeinander bezogenen Handelns zum Wohl von einzelnen Menschen und des Gemeinwesens. Es gibt staatliche und kommunale Institutionen, freie Vereinigungen, administrativ zuständige Stellen, Interessenvertretungen, politische und fachliche Gremien, Initiativ- und Selbsthilfegruppen, Stiftungen, stationäre Einrichtungen, ambulante Dienste, die Professionellen und ihre Netzwerke, die Freiwilligen und bürgerschaftlich Engagierten. Sie alle sind auf unterschiedlichen Ebenen und in ihren jeweiligen Domänen beteiligt an der Produktion von Wohlfahrt. Dieses große Geflecht wird von oben nach unten von Sozialpolitik durchzogen und von unten nach oben von Lebensführungspolitik („life politics" nach A. Giddens); hinzu kommt die Interessenpolitik der nebeneinander intermediär beteiligten Akteure. Sie mischt sich ein in das Verhältnis von Staat und Bürgern, von gesetzlichen Leistungsträgern und anspruchsberechtigten Leistungsempfängern. Diese Relation durchmisst den Raum der sozialen Versorgung und bildet in ihm die dritte Dimension diametral zur horizontalen Erstreckung der Sozialwirtschaft.

Unter Gesichtspunkten der Bewirtschaftung nehmen die genannten Akteursgruppen entgegengesetzte Positionen ein. Im deutschen Sozialleistungssystem ist zwischen der „Gewährung" und der „Ausführung" von Leistungen zu unterscheiden. Sozialleistungsträger *gewähren* sie, während Dienstleister, vor allem die der frei-gemeinnützigen Wohlfahrtspflege, personenbezogene Leistungen *ausführen*. Den Leistungsträgern obliegt es, die Erbringung solcher Leistungen zu kontrollieren. Leistungsträger schließen nach Prüfung von Angeboten mit Dienstleistern Leistungsverträge bzw. vergeben an sie Aufträge zur Leistungserbringung. Die öffentliche Wohlfahrtspflege ist auf kommunaler Ebene ebenfalls ausführend tätig (z.B. auf dem Gebiet der Kindertageseinrichtungen), lässt den frei-gemeinnützigen Anbietern nach dem Subsidiaritätsprinzip aber insoweit einen bedingten Vorrang, als sie von eigenen Maßnahmen absehen soll, wenn entsprechende Leistungen seitens der freien Wohlfahrtspflege erbracht werden (vgl. § 4 SGB VIII und § 5 SGB XII). Privat-gewerbliche Anbieter kommen hinzu und pochen auf einen gleichberechtigten Marktzugang.

Da nun persönliche und familiäre Daseinsvorsorge der öffentlichen Daseinsvorsorge vorangeht und die häuslichen Akteure als Partner in der gemischten Produktion von Wohlfahrt wahrgenommen werden, lassen sie sich über ihre Leistung für sich selber hinaus auch in die Leistungserbringung für Andere einbinden. Dabei erfolgt eine Transformation informeller Sorgearbeit in die Erstellung formeller Versorgung. Ein gutes Beispiel dafür ist die *Tagesmutter*: Zur häuslichen Versorgung eigener Kinder unternimmt es eine Frau, Tagespflege in der Betreuung anderer Kinder anzubieten und sich insoweit in das System der Kinder- und Jugendhilfe zu fügen. Die wirtschaftlichen Dispositionen der Tagesmutter kreuzen sich mit den wirtschaftlichen Dispositionen des Hilfesystems, für das der Einsatz von Tagesmüttern sich nicht nur deutlich kostengünstiger als ein Platz in einer Kindertagestätte rechnet, sondern beim Mangel an Fachpersonal in den Einrichtungen auch gesucht ist. Und manch eine angestellte Erzieherin entscheidet sich, nach Mutterschaft zu ihrer Balance von Familie und Beruf als Tagesmutter weiterzuarbeiten.

Tagesmütter sind ein sozialwirtschaftlicher Faktor und sie haben einen Erwerb. Allerdings zählt ihre Erwerbstätigkeit insofern nicht, als sie weder Arbeitnehmerinnen noch Arbeitgeber sind. Ihre Tätigkeit ist nicht meldepflichtig im Sinne der Gewerbeordnung und sie ist keine sozialversicherungspflichtige Beschäftigung. Sie können allerdings auch im Angestelltenverhältnis tätig sein. Und Eltern werden zu Arbeitgebern einer Tagesmutter, wenn sie diese in einem geringfügigen Beschäftigungsverhältnis zur Betreuung eines Kindes heranziehen. Finden sich mehrere Tagesmütter zu einer gemeinsamen Kinderbetreuung zusammen (z.B. in einem „Kindernest"), unterscheidet diese Versorgungsform nur noch wenig von einem institutionell vorhandenen Hort. Die verschiedenen Varianten der häuslichen Tagespflege belegen die hybride Natur der Sorgearbeit, die in formelle Versorgung eingebunden wird.

Der sozialwirtschaftliche Übergang aus dem privaten Raum und Haushalt in den öffentlichen Raum und sozialen Haushalt vollzieht sich auch auf andere Weise. *Bürgerschaftliches Engagement* bietet viele Beispiele. In Berlin-Neukölln gibt es seit Jahren den Einsatz von *Stadtteilmüttern*. Im Rahmen des Programms „Soziale Stadt" und einer Beschäftigungsmaßnahme werden Frauen aus türkischen und arabischen Migrantenfamilien darin geschult, andere Familien ausländischer Herkunft in Kindererziehungs-, Schul- und Gesundheitsfragen zu beraten. Das Quartiersmanagement im Stadtteil steuert den Einsatz. Es werden von öffentlichen Dienststellen schwer erreichbare Familien aufgesucht, sodass zu deren Integration beigetragen werden kann. Gleichzeitig haben die Stadtteilmütter einen Gewinn an Kompetenzen, Selbstbewusstsein und Persönlichkeitsentwicklung und sie werden an eine Erwerbstätigkeit herangeführt. Sie können ihre Ausbildung als Sozialassistentinnen abschließen. Stadtteilmütter gibt es inzwischen auch andernorts, und vergleichbare Mitwirkungsmuster finden sich in der Jugend- und Schulsozialarbeit wie im Jugendbegleiter-Programm in Baden-Württemberg. In der Pflege werden Alltagsbegleiterinnen zur Versorgung von Demenz-Kranken eingesetzt. Die Justiz baut in der Bewährungshilfe auf ehrenamtlich Helfende und kommt auch in der gesetzlichen Betreuung nicht ohne ihren Einsatz aus.

Übergänge von sozialer Betätigung und Leistungserbringung im eigenen persönlichen Lebenskreis in institutionelle Versorgung sind ausbaufähig. Steigende Leistungserwartungen und individualisierte Problemlösungen einerseits und demografisch bedingt Personalengpässe in Diensten und Einrichtungen andererseits nötigen dazu. Sozialwirtschaftlich sind neue Arrangements zu projektieren und zu gestalten, in denen die Handlungspotenziale in Individualhaushalten und im sozialen Dienstleistungssystem zusammengeführt werden und sich einander ergänzend nutzen lassen.

2.8 Soziales Haushalten

Versorgungsbelangen kommen primär die Menschen selber und auf der Aggregatebene der Staat mit seinen Unterorganisationen nach. Dienstleister sind frei, sich solcher Belange anzunehmen. Sie sind prinzipiell austauschbar und müssen selber sehen, wie sie Anforderungen entsprechen und damit ihr Unternehmen betreiben können. Im Sinne der herrschenden Ökonomie bewegen sich Dienstleister im Sozial- und Gesundheitswesen gleich anderen Unternehmen in einem Markt, in dem Angebote der Versorgung auf Nachfrage – woher auch immer und wie auch immer begründet – treffen. Soweit sich Sozialunternehmen um hinreichend Absatz kümmern und sich im Wettbewerb behaupten müssen, agieren sie wie Erwerbsunternehmen generell. Die Versorgungsfunktion allerdings steht in keiner festen Beziehung zum Erwerb. Die Aufgabe der Versorgung kann sehr gut erfüllt werden ohne materiellen Ertrag für das Unternehmen. Es mag aber auch Gewinn erzielen auf Kosten der zu leistenden Versorgung.

Eine Arztpraxis in der Großstadt funktioniert ökonomisch, ist die Praxis erst einmal für die Versorgung zugelassen, indem sie betriebswirtschaftlichen Erfordernissen nachkommt. Zu ihnen gehören die Auslastung durch eine hinreichende Zahl von Patienten, möglichst auch Privatpatienten, das Personalmanagement, die Refinanzierung der technischen Ausstattung, usw. Die örtlichen gesundheitsbezogenen Versorgungsbelange wird die einzelne Hausarzt- oder Facharztpraxis selektiv wahrnehmen, auch weil andere Praxen vorhanden sind, welche jene Belange zum anderen Teil erfüllen können. Ob das insgesamt geschieht, ist eine Frage an die Bedarfsprüfung und Bedarfsplanung, für die in Deutschland die Kassenärztlichen Vereinigungen zuständig sind, die vom Gesetzgeber einen Sicherstellungsauftrag erhalten haben. Als selbständige Unternehmer verfolgen die Ärzte nicht das gleiche Interesse. Sie haben nicht das sozialwirtschaftliche Sachziel im Blick, Überversorgung wie Unterversorgung zu vermeiden. Deshalb ist auch die Politik gefordert, mittels verschiedener Maßnahmen die ärztliche Versorgung auf dem flachen Land zu gewährleisten, wie sie jüngst mit dem deutschen Versorgungsstärkungsgesetz vorgesehen sind.

In der herkömmlichen Ökonomie zählt allerdings nur, was die Ärzte als Unternehmer zum Bruttoinlandsprodukt beitragen und nicht, was die Patienten an ärztlichen Leistungen konsumieren. Das Produkt Gesundheit kommt aber bei ihnen zustande; gesundheits- und sozialwirtschaftlich sind die Strukturen und Prozesse der Versorgung dazu da, Gesundheit mit möglichst guten Resultaten zu erhalten oder wiederherzustellen. Umso wichtiger ist es für die Sozialwirtschaftslehre, nicht vom Unternehmen her zu denken und etwa bei der Ertragssituation von Medizin- oder Sozialunternehmen anzufangen und damit „das Pferd von hinten aufzuzäumen". Das Versorgungsgeschehen beginnt in Personenhaushalten, wird in Haushalten des Sozialstaats reguliert und verbreitet sich sodann komplementär und kompensatorisch außerhalb von ihnen in den Dienstleistungen, die im Sozial- und Gesundheitswesen geboten und auch verkauft werden.

Aus dem Blickwinkel der für sich selbst Sorgenden generieren sie in eigenem Handeln alltäglich ihr Wohl. Aus der Perspektive einer sozialökologisch verstandenen Mikroökonomik leisten sie in ihrer „haushälterischen Tätigkeit" eine alltägliche „Versorgungsarbeit", in der es um das „alltägliche Herstellen von Lebensmöglichkeiten" geht (Biesecker/Kersting 2003, 204). Dazu verständigen sie sich über ihre Präferenzen und über die Chancen, ihnen zu folgen. Haushaltend treffen sie Entscheidungen über den Einsatz von Mitteln und weisen sie den Zwecken ihres Handelns zu. Haushalten ist ein Allokationsverfahren. Dabei mag die Erwartung, dass der Einzelne rational genug zu entscheiden weiß, was er braucht und was ihm gut tut, in vielen Fällen nicht angebracht sein. Es kommt auch nicht immer darauf an, dass rational entschieden wird. Gesundheit geht nicht gleich verloren, wenn ab und an gegen sie gesündigt wird. Junge Menschen schlagen auch mal „über die Stränge", ohne dass es ihnen weiter schadet.

Fehlentscheidungen lassen sich korrigieren. Individuelle Präferenzen liegen nicht fest. Handelt jemand aus Unvermögen andauernd gegen sein Wohl, gibt es im Betreuungswesen so etwas wie eine unterstützte Entscheidungsfindung. In einer freien Gesellschaft gebietet das Prinzip der Differenz auch und ist mit der Anerkennung von Diversität verbunden, dass das Individuum allein oder lebensgemeinschaftlich mit Anderen über sich und sein Wohl bestimmt.

Die Selbstbesorgung und die materiellen, physischen und mentalen Mittel, die dafür im persönlichen oder familiären Haushalt vorhanden sind, reichen in vielen Fällen für ein individuell gutes Ergehen nicht aus. Auch ohne in einer gesundheitlichen oder sozialen Notlage zu sein, braucht der Mensch unter modernen Lebensverhältnissen eine ständige Zurüstung zumindest an Information und Rat und den Zugang zu diversen Einrichtungen und Diensten. Nicht nur um den Risiken, denen jeder Einzelne ausgesetzt ist, begegnen zu können, wird die umfängliche öffentliche Daseinsvorsorge mit den Infrastrukturen betrieben, welche zur individuellen und gemeinschaftlichen Wohlfahrtsproduktion gebraucht werden.

In der sozialen Infrastruktur übergreifen die Sozialwirtschaft und die *öffentliche Wirtschaft* einander. Die Gebietskörperschaften unterhalten Beratungsstellen, Bildungseinrichtungen, Kindergärten, Krankenhäuser; sie ermöglichen im Personennahverkehr der Bevölkerung die auch sozial relevante Mobilität; sie kümmern sich um die Wohnungsversorgung; sie wirken mit der Sozialverwaltung per Jugend-, Sozial- und Gesundheitsämtern in der personenbezogenen Leistungserbringung durch Humandienste mit. Frei-gemeinnützige und gewerbliche Anbieter sind im kommunalen Umfeld darauf angewiesen, dass ihnen aus dem öffentlichen Haushalt die Mittel für ihr Wirken zukommen. Das ändert sich auch nicht, wenn bei einer Subjektförderung zunächst die Leistungsberechtigten die Mittel in die Hand bekommen, die sie dann für die Dienstleistungen einsetzen. Die Empfänger haben zuvor ihre Abgaben an die öffentliche Hand und ihre Beiträge an öffentlich-rechtliche Leistungsträger bezahlt, sodass sich der Kreislauf von Haushalt zu Haushalt schließt.

Unabhängig von der infrastrukturellen Zurüstung auf kommunaler Ebene gewährleistet die Systematik der Wohlfahrtsproduktion im großen und ganzen der *Sozialstaat*. In seinem Haushalt bzw. in den Haushalten der für die Versorgung zuständigen Gebietskörperschaften und anderen Sozialleistungsträgern werden die benötigten Mittel bereitgestellt. *Das sozialwirtschaftliche Geschehen vollzieht sich in der Beziehung dieser Haushalte auf die Individualhaushalte der Angehörigen des staatlich organisierten*

Gemeinwesens unter Zwischenschaltung bzw. Nachschaltung intermediärer Organisationen und ihrer betrieblichen Haushalte, die für die Vielfalt der Dienstleistungen in Anspruch genommen werden. (Vgl. zum Primat des sozialen Haushalts Wendt 2011 b, 43 ff.)

Zur Absicherung allfälliger Risiken sind außerhalb der persönlichen Haushalte in Form solidargemeinschaftlichen Haushalten die *Versicherungen* vorhanden. Sie entstanden als selbstorganisierte Interessenverbände; im Sozialstaat bilden sie zumeist öffentlich-rechtliche Körperschaften, in welche die Versorgungsaufgaben quasi aus dem staatlichen Haushalt ausgelagert sind. Die gesetzlichen Sozialversicherungen mit ihren Zweigen Krankenversicherung, Rentenversicherung, Arbeitslosenversicherung, Unfallversicherung und Pflegeversicherung finanzieren sich aus Beiträgen ihrer Mitglieder und mit staatlichen Zuschüssen aus Steuern. Freiwillige Versicherungen kommen hinzu. Mit ihnen hat sich ein vielfältiges kommerzielles Geschäft entwickelt. Obwohl ursprünglich eine sozialwirtschaftliche Domäne, kann die *Versicherungswirtschaft* heute als ein Modell für die Durchdringung von Erwerbs- und Sozialwirtschaft betrachtet werden.

Funktional leisten Versicherungen, die gesetzlich für die Bürger vorgesehen sind, Dienste im allgemeinen sozialen Interesse. Sie werden zur Haushaltung in der Daseinsvorsorge gebraucht. Für die Europäische Kommission bilden sie nach ihrer Definition in der Mitteilung KOM(2006) 177 eine der beiden Gruppen der Sozialdienstleistungen, nämlich „die gesetzlichen Regelungen und ergänzenden Systeme der sozialen Sicherung (betriebliche Systeme oder solche auf Gegenseitigkeit) zur Absicherung elementarer Lebensrisiken in Bezug auf Gesundheit, Alter, Arbeitsunfälle, Arbeitslosigkeit, Ruhestand, Behinderungen", wohingegen in der anderen Gruppe die „persönlichen Dienstleistungen" im wesentlichen die Beschäftigungsförderung, die Jugendhilfe, Wohnungshilfen sowie die Altenpflege und Behinderteneingliederung umfassen (Kommission 2006, 4).

Während die ökonomischen Relationen in der einen wie in der anderen Gruppe haushaltsbezogen bleiben, sind berufsmäßig Personen im Sozial- und Gesundheitswesen dafür angestellt, die zur Versorgung der Sache nach nötigen Leistungen zu erbringen. Die Adressaten der Versorgung sind auch in dieser Hinsicht nicht untätig, sondern in Interaktion mit den Professionellen ihrerseits Produzenten eigener Wohlfahrt. Die Individualhaushalte bilden oftmals zu ihrer Versorgung selber Mehrpersonenhaushalte von familiären Lebensgemeinschaften bis hin zu Genossenschaften als *member serving organizations* und diese erbringen neben personenbezogenen Leistungen auch güterbezogene und immaterielle Leistungen zum Wohl ihrer Angehörigen. Auf der Organisationsebene sind die gemeinnützigen Dienstleister „für Andere" gut beraten, in Koalitionen aufzutreten, um gewichtiges Partner der öffentlichen Hand zu sein. Die Verbände der Freien Wohlfahrtspflege sind historisch diese Funktion im Zusammenwirken mit dem Staat gewonnen (vgl. Wendt 2014). Die Verbände versammeln nicht in erster Linie Sozialunternehmen, sondern die sie tragenden Vereinigungen. Sie können gesamtverbandlich als gemeinnützige Mitgliederorganisationen zivilgesellschaftlich als große Stakeholder auftreten. Auch gewerbliche Versorgungsunternehmen treten nicht allein auf, sondern sind in kleineren Vereinigungen und großen Verbänden miteinander verbunden und werden von ihnen im Wettbewerb um Ressourcen vertreten.

Ziehen wir für die theoretische Reflexion ein Fazit: *In dem Maße, in dem im Begriff der Sozialwirtschaft in der gemischten Produktion von Wohlfahrt weit ausgeholt wird, entfernt er die Bewirtschaftung der Versorgung aus dem Geschäftskreis der dienstleistenden Unternehmen.* Welche Bedeutung besitzt die Theorie dann noch für deren Praxis? Die Bewegung des Begriffs folgt dem sozialwirtschaftlichen Sachziel und Auftrag, dem das einzelne Unternehmen im Handlungsfeld entsprechen will und soll. Wird darauf gesehen, wozu Personen selber in der Lage sind oder was Familien leisten, kann sich das Angebot der Unternehmen in „Diensten am Menschen" darauf ausrichten und komplementär oder kompensatorisch, genutzt werden. Der Fortschritt der Theorie öffnet den Blick auf Prozesse gesellschaftlicher und individueller Lebensführung und deren Entwicklungschancen resp. auf die Dynamik von Wohlfahrt, statt dass sich die Theorie dem Status quo einer *welfare industry* anpasst. Die Gestaltungsaufgabe der organisierten Sozialwirtschaft ergibt sich aus ihrem Sachziel; es wird von den in ihre Gestaltung einbezogenen Akteuren geteilt.

In diesem Zusammenhang ist eine Bemerkung zur Funktion des *Sozialmanagements* in der Sozialwirtschaft angebracht. Sie nimmt es in ihrer prozessualen Dimension für die Gestaltungsaufgabe auf der betrieblichen Ebene in Anspruch. So wie im antiken Oikos der *oikonomos* als Verwalter und Manager des Geschehens im Haushalt verstanden wurde, gehört zum haushaltenden Handeln im größeren Versorgungsbetrieb ein Versorgungsbzw. das Sozialmanagement. Der Begriff wird vielfältig verwendet und unterschiedlich verstanden. Zu leiten und zu steuern ist nicht nur innerhalb von Organisationen und Unternehmen der Sozialwirtschaft. Weiter gefasst, muss im ganzen Gefüge und an vielen Stellen des Leistungsgeschehens im wohlfahrtsstaatlichen Regime organisiert, verwaltet, geleitet und geplant, kontrolliert ausgeführt, Qualität erreicht und gesichert werden. In diesem Sinne nimmt das Sozialmanagement eine Wendung zum „Management des Sozialen" (Grunwald 2009): es schließt zur Bewirtschaftung all dessen auf, was sozial zur individuellen und solidargemeinschaftlichen Wohlfahrt humandienstlich vorgesehen ist.

Die einzelnen Modelle und Konzepte des Sozialmanagements (Wöhrle 2012) sollen hier nicht näher betrachtet werden. Es sind die besonderen Steuerungsanforderungen in der Sozialwirtschaft, welche die Mehrdeutigkeit des Begriffs bedingen: Die Aushandlungsvorgänge und das Entscheidungsgeschehen auf der Makro-, Meso- und Mikroebene des Geschehens beziehen mehrere Stakeholder ein, die mitwirken wollen und sollen; sie bringen (als Leistungsträger, Leistungserbringer und Leistungsnehmer oder als Genossen einer ihre Mitglieder bedienenden Vereinigung) eigene Ressourcen mit, über die im sozialwirtschaftlichen Prozess disponiert wird; sie agieren (als Beiträger und auch als Konkurrenten) in horizontaler Beziehung nebeneinander und (zwischen den Ebenen des Staates, intermediärer Organisationen und professionell Handelnder) in vertikaler Beziehung vor- und nachgeordnet. Die Steuerung greift im sozialwirtschaftlichen Prozess aus auf das Leben und die Lebensführung von Menschen und auf sie, ihr Sorgen in ihren Verhältnissen und mit ihrem Verhalten, muss sich das System der sozialen und gesundheitlichen Versorgung managerial einstellen.

Studie 3: Sorgen und Versorgung

Die herkömmliche Ökonomik der Generierung von Nutzen sieht vom persönlichen und gemeinschaftlichen Leben ab. Sie konzentriert sich auf Input-Output-Beziehungen von Marktteilnehmern. Deren Verhalten wird vom Markt und unpersönlich von seinem Preismechanismus bestimmt. Im Grenzfall der digitalisierten Finanzwirtschaft verläuft die Nutzengenerierung ganz ohne Beteiligung von Personen. Anders in einer Auffassung von Sozialwirtschaft, die sich nicht aus dem Verkehr und dem Absatz von Waren in einem Markt, sondern aus der Sorge von Menschen und von ihrem sorgenden Handeln herleitet. Sie sind darin keine Ware (etwa als Arbeitskraft) und nicht Objekt eines kommerziellen Geschehens, sondern Akteure in produktiven Beziehungen, die potenziell ihrem Wohl zuträglich sind. Dem dient auch die generalisierte Sorge umeinander, wie wir sie im System der sozialen und gesundheitlichen Versorgung institutionalisiert vorfinden.

Persönliche *Sorge* und sozial veranstaltete *Versorgung* durchdringen einander. Zur begrifflichen Abgrenzung sei vorläufig festgehalten (Näheres im Abschn. 3.4): Menschen sorgen sich und sie werden von anderen Menschen versorgt, z.B. Kinder von ihren Eltern oder Pflegebedürftige von ihren Angehörigen. Das Eintreten füreinander ist ein Ausdruck von Zugehörigkeit, in der wir eine biopsychosoziale Grundgegebenheit erkennen. Menschen nehmen aneinander Anteil an ihrem Ergehen, wobei die Teilhabe daran nicht nur eine Vorgabe für ihr Verhalten bedeutet, sondern sich auch mit diesem Verhalten realisieren kann. Eine formell veranstaltete Integration und Inklusion wird erst erforderlich, wenn und insoweit sie nicht schon lebensgemeinschaftlich ohne besondere Vorkehrungen vorhanden ist und man sie aus Gewohnheit praktiziert.

Neben der informellen Versorgung, Unterstützung und Teilhabe, welche eine Person, eine Familie oder andere Lebensgemeinschaft selber zu besorgen in der Lage ist, gibt es formell organisierte Versorgung von kompetenter Seite. Die zuständigen Organisationen beschäftigen in der personenbezogenen Versorgung professionell sorgende Fachkräfte, die mit ihrem Wissen und Können in spezifischer Weise Versorgungsaufgaben erfüllen bzw. anderen Menschen helfen, solche Aufgaben für sich zu erfüllen. Kommt die Funktion hinzu, übergeordnet dafür zu sorgen, dass die Verteilung und Abstimmung der Aufgabenerledigung zweckmäßig geregelt ist und mit Erfolg vonstattengeht.

Versorgung schließt Sorgen, Anteilnahme und Teilhabe ein. Nicht nur, indem in den Institutionen der Versorgung, in Einrichtungen und Diensten, von Menschen professionell für andere Menschen gesorgt wird, sondern auch, insoweit die Institutionen sich darauf verlassen, dass die Adressaten ihres Handelns sich selber um sich kümmern und in dieser Sorge auch die ihnen gebotenen Leistungen zu nutzen vermögen. Ökonomisch kommt es entschieden darauf an, wie viel an Problembewältigung den Menschen in Eigensorge und freier Selbstbestimmung überlassen bleibt und wie im Verhältnis dazu versorgende Einrichtungen und Dienste ihre Leistungen dermaßen gestalten, dass sie die Befähigung der individuellen Nutzer zur selbständigen und selbstaktiven Bewältigung und sozialen Teilhabe stützen und stärken.

3.1 Subjekte sozialen Wirtschaftens

Zuvörderst ist der einzelne Mensch das *Subjekt* eines Wirtschaftens, das sein eigenes Auskommen und Fortkommen betrifft. Er ist, mit anderen Worten, der *Wirt* seines Ergehens. Der Einzelne, und gegebenenfalls seine Familie, trifft täglich Entscheidungen über den Einsatz seiner Zeit, seiner Kräfte und seiner Mittel: welche Aufgaben er sich vornimmt, wie er sich bildet, woran er arbeitet, wo er sich sozial einbindet oder sich anschließt, worin er sich engagiert und was er genießen will. Bei all dem orientiert er sich in seiner Umwelt, lässt sich von ihr anregen und nutzt ihre Potenziale zur Realisierung seiner Vorhaben. Das Individuum ist nicht völlig autonom in seinen Entscheidungen, bleibt aber unbeschadet von heteronomen Einflüssen auf seine Lebensführung und bei aller Abhängigkeit das Subjekt seines auf den eigenen Unterhalt bezogenen Handelns.

Die moderne Lebens- und Arbeitswelt bringt mehr Selbständigkeit mit sich und erfordert überall Eigenaktivität. Tendenziell wird der Mensch zu einem „Lebensunternehmer" (Bröckling 2007, 65). Er findet sich aufgerufen, sich selbst in einem Umfeld von zu bewältigenden Aufgaben zu verwirklichen. Im Beschäftigungssystem ist eine „Subjektivierung von Arbeit" zu beobachten (Modaschl/Voß 2003), auf deren Chancen und Zwänge sich der Einzelne mehr oder minder bereitwillig oder notgedrungen einlässt. Betriebliche Prozesse nutzen das subjektive Potential von Beschäftigten; zur Flexibilisierung der Erwerbsarbeit wird die Flexibilität der Arbeitnehmer, ihre Eigenverantwortung und Selbstorganisation erwartet.

Die Selbstrationalisierung, die der moderne Arbeitsprozess von den an ihm Beteiligten fordert, geschieht auch außerhalb der Erwerbsarbeit in einer von vielfältigen Möglichkeiten einerseits und von Risiken und Unsicherheit andererseits bestimmten individuellen Lebensführung. Man muss sich absichern, Prioritäten setzen, sich selber und seinen ganzen Lebenszusammenhang organisieren. Die Bewirtschaftung der Arbeitskraft im marktlichen Umfeld setzt sich über die Work-Life-Balance, auf welche die Beschäftigten selber zu achten haben, fort in der Ökonomie des Alltagslebens, in dem auch die Belastungen der Erwerbsbiographie zu tragen und gesellschaftliche Leistungserwartungen auszuhalten sind. Wie mit ihnen die Erwerbswirtschaft auf das persönliche und familiäre Zurechtkommen im Leben übergreift, so zieht die Bewirtschaftung des individuellen und lebensgemeinschaftlichen Handlungsvermögens die Gegebenheiten des Arbeitslebens, die Möglichkeiten einer Karriere und den damit verbundenen Gewinn oder Erhalt von Anerkennung und Wertschätzung in ihr Kalkül ein. Der Einzelne *unternimmt* eine Menge in den Kontexten seines Lebens, ohne dass er dazu im erwerbswirtschaftlichen Sinne ein selbständiger Unternehmer sein oder werden muss.

Von einer *Subjektbasierung der Wirtschaft* her kann im sozialwirtschaftlichen Diskurs auch das Verständnis von Erwerbswirtschaft aufgezäumt werden. Die individuelle Teilhabe an ihr ergibt sich aus eigenem Antrieb, so sehr auch die Möglichkeiten, die sich zum Erwerb bieten, nicht von der persönlichen Motivation und Handlungsmächtigkeit bestimmt werden, sondern objektiver Natur und strukturgegeben sind. Selbstgestaltung ist, wenn sie über den engen Kreis privater Besorgungen ausgreift, immer beschränkt und schließt Fremdbestimmung ein. Im Rahmen objektiv gebotener Möglichkeiten und vorhandener Hindernisse sind dem Individuum Verwirklichungschancen (Capabilities) verfügbar, mit denen es die Freiheit hat, nach eigenen Präferenzen sein Leben zu führen.

Damit wird zurückgenommen, dass die Ökonomie des Marktes mit ihrem Begriff des Wirtschaftens dazu herhält, die Sozialwirtschaft bloß als eine Branche unter anderen im Erwerbsgeschehen wahrzunehmen und die Versorgung und das Sorgen von Menschen mit dem Begriffsinventar des Kommerzes und der Betriebswirtschaft aufzuzäumen. Nicht aus kommerziellem Interesse und aus der Nutzenmaximierung des *homo oeconomicus* wird das Verständnis von Sozialwirtschaft abgeleitet, wohingegen aus der sozialen Eingebundenheit eines erweiterten Selbst die Geschäftigkeit des Menschen und sein Streben nach Einkommen verstanden werden kann.

3.2 Eigenwirtschaft und Erwerb

Dass Menschen einem Erwerb nachgehen, gehört zu ihrer Sorgeökonomie. Sie brauchen den materiellen Unterhalt; sie wollen Erwerbssicherheit, suchen aber auch Erfüllung in der Arbeit und in ihrem Beruf. Im Mikrokosmos der Selbstverwirklichung spielen die Berufstätigkeit und die Arbeitswelt eine zentrale Rolle. Der monetäre Wert der Arbeit und ihr ideeller Wert sind in dem Bestreben des Menschen verbunden, sein eigenes Leben sinnvoll zu gestalten. Diese Absicht bewegt ihn, wenn auch nicht durchweg zweckrational. Sorgeökonomie wird nicht als eine berechnende Art und Weise zu dem Zweck betrieben, einen Gewinn abzuschöpfen, und besteht auch nicht in einer Ausnutzung von Natur und Mensch. Für unseren Diskurs lässt sich festhalten:

Paradigmatisch vereinnahmt die Theorie der sorgebasierten Sozialwirtschaft das Erwerbsgeschehen in Umkehrung der zu beobachtenden Vereinnahmung der Sozialwirtschaft durch die Erwerbsökonomie.

Die Moderne hat die Subsistenzwirtschaft hinter sich gelassen; seither wird das Leben individuell und gemeinschaftlich erwerbsbasiert geführt. Das Streben nach Einkommen macht uns zu Marktteilnehmern. Auch sonst liegen Beweggründe, durch Geschäfte im Markt etwas zu gewinnen, außerhalb des Marktes und nicht in der Geschäftstätigkeit vor. Man muss sich schon auf dieses Handeln eingelassen haben, um bei ihm zu bleiben und im Markt der Waren und des Kapitals ein Heil zu suchen. Auch als bloße Konsumenten sind wir keine passiven Empfänger des Warenangebots. Den Gütern, die der Markt dem Einzelnen zur Verfügung stellt, stehen seine Dispositionen gegenüber, mit denen individuell über ihren Gebrauch entschieden wird, mögen die Beweggründe auch wenig rational sein und oft unreflektiert bleiben. Was der Einzelne überhaupt unternimmt, ist mit persönlichen Motiven unterlegt, die in der Maslowschen Bedürfnishierarchie von der Erfüllung physiologischer Grundbedürfnisse bis zur Selbstverwirklichung reichen. Wir können uns jeden Einzelnen in Sorge um sich und seinen gemeinschaftlichen Lebenskreis als individuellen Akteur denken, der zu seiner und zu gemeinsamer Versorgung geschäftstätig ist. Er bewegt sich in der Erwerbswirtschaft und im Markt um seines und des gemeinsamen guten Ergehens willen.

Die zu beobachtende Transformation des Arbeitsmarktes führt dazu, dass immer mehr Menschen ihre berufliche Tätigkeit selbständig organisieren und sie – auch in abhängiger Beschäftigung – außerhalb einer festen Betriebsstätte ausführen. Sie integrieren ihre Arbeit in ihre alltägliche Lebensführung, vereinbaren sie auch mit Partnerschaft, Familie und Freizeitgestaltung. Bei hinreichender Qualifikation sind sie in der Lage, die Erwerbstätigkeit nach eigenen Belangen und Bedarfen zu gestalten. Kurz: Das berufliche Engagement ergibt sich aus der Selbstsorge und trägt zur Versorgung bei. Generalisiert man diese Entwicklungstendenz, lässt sich die Erwerbswirtschaft auf ihre Chancen hin besehen, die sie dem individuellen Zurechtkommen und der persönlichen Wohlfahrt bietet. Angepasst an die Rationalisierungen des Arbeitslebens, ergibt sich für die Strategie eigener Lebensführung eine spannungsreiche Beziehung von Beschäftigung, in der ein Arbeitnehmer zum „Arbeit*unter*nehmer" (Frey/Grill 2012) wird, zur diese Beschäftigung umschließenden alltäglichen Daseinsbewältigung. Konzipieren lässt sich auf der Individualebene ein „Lebensbewältigungsmodell, das sich *situativ*, offen und flexibel auf ständige Veränderungen einstellt", wobei man einen Gewinn an Zeitsouveränität „durch eine hochflexible Vermengung von ‚Arbeit' und ‚Leben' erkauft, wozu personale Stabilität und anspruchsvolle Gestaltungsleistungen unerlässlich sind" (Frey/Grill 2012, 92).

Der rationale Mitteleinsatz zur Gestaltung eigenen Lebens inklusive der Bewältigung der Anforderungen des Beschäftigungssystems will geübt sein. Vielen Menschen gelingt er nicht ohne weiteres, und sozialwirtschaftlich ist hierzu auf Verwirklichungsmöglichkeiten zu sehen, die vorhanden sind oder etwa durch Ausbildung, Förderung und anderweitige Unterstützung zu erschließen sind. Es muss sozial eine Menge in Infrastruktur, in kompensatorische und komplementäre Dienste investiert werden, um Übergänge in Arbeit zu ermöglichen und um die Pflege und den Erhalt der Beschäftigungsfähigkeit zu erreichen. Mittelbar eröffnen sozialwirtschaftliche Dispositionen bestimmten benachteiligten oder vulnerablen Personengruppen die Perspektive des Arbeitslebens, der Teilhabe an ihm und einen Entwicklungsweg in ihm.

In ihrer Mikrologik setzt hier gewissermaßen die Sozialwirtschaft die Erwerbswirtschaft in die Klammer, statt dass wie sonst in der Makrologik der Erwerbswirtschaft die Sozialwirtschaft in die Klammer gesetzt wird. Der Arbeitsmarkt wird sozialwirtschaftlich genutzt zur persönlichen Entfaltung und Daseinsvorsorge. Mag sich der Einzelne hinreichend ausbilden, um den Anforderungen und Möglichkeiten im Arbeitsmarkt entsprechen zu können: er bietet Gelegenheit und lässt sich instrumentalisieren, um dem eigenen Lebensentwurf entsprechend voranzukommen und sich zu versorgen. Indes ist der Arbeitsmarkt im ganzen noch nicht zu einem Wohlfahrtsmarkt geworden; er wird es auch sobald nicht werden.

Dem Arbeitsmarkt gegenüber gibt es aber Wohlfahrtsmärkte mit Versorgungsfunktion. Auch für diese Märkte gilt, dass der Einzelne direkt auf ihnen als Nutzer und als Beiträger auftreten kann. Wohlfahrtsmärkte sind in den letzten Jahrzehnten entstanden, seitdem der Staat bei konkurrierenden Anbietern die Vergabe von Aufträgen optimieren will und die Bürger zu ihrer Versorgung vermehrt auf privatwirtschaftliche Angebote verweist. Der Staat delegiert (Morgan/Campbell 2011) die Ausführung der Daseinsvorsorge auf einen Markt, in dem die leistungsberechtigten Nutzer als Einkäufer auf die leistungserbringenden Sozial- und Gesundheitsunternehmen treffen.

Nun interessiert hier nicht der durch die Vermarktlichung entstandene Wettbewerb der Anbieter, sondern die Tatsache, dass im Wandel der Wohlfahrtsstaatlichkeit die Nachfrager zu Subjekten ihrer Versorgung nach Wunsch und Wahl in eigener Verantwortung werden. Entstanden sind Märkte u. a. für Versicherungsprodukte – insbesondere zur privaten und betrieblichen, kapitalgedeckten Altersvorsorge, Märkte für Gesundheits- und Pflegedienstleistungen. (Vgl. zur Erörterung von Wohlfahrtsmärkten Nullmeier 2002, Blank 2011, Willert 2013.) Auch wer keine Arbeit hat, kann zur Beschäftigungsförderung auf einen sozialen Markt verwiesen werden, der besondere Angebote zur Eingliederung vorhält (Finn/Lange 2010). Eigene Sorge und persönliches Sichkümmern sind als Treiber einer individualisierten interaktiven Bedarfsdeckung erkannt.

3.3 Lebenshaushalt und Wohlfahrt

Insoweit die neoklassische Mikroökonomie das Wohlergehen von Menschen als einen produktiven, zu bewerkstelligenden Vorgang begreift, generiert sie dieses Gedeihen aus der Nutzung von Einkommen bzw. aus der Verfügung über Ressourcen. Der Mensch hebt sich mit ihnen bzw. in der Nutzung von Gütern über die Armutsgrenze. Fällt sein Einkommen unter diese Grenze, kann es ihm nicht gut ergehen. „Poverty is the counterpart of well-being. Hence poverty may also be defined as lack of welfare" (Hagenaars/van Praag 1985, 140). Indes streben Menschen mit geringem Einkommen mindestens so sehr nach Wohlergehen wie materiell besser gestellte Menschen. Arme kaufen sich auch bei Knappheit in der Ernährung einen Fernseher und ein Smartphon, weil es ihnen damit subjektiv eher gut geht als etwa mit einem Mehr an gesunder Kost.

Mikroökonomisch erscheint Wohlfahrt wie Zufriedenheit und Glück als Output der Ressourcennutzung resp. der Verwertung von Gütern und Dienstleistungen. Bei Armut mangelt es daran, wobei im ökonometrischen Bemühen, den Mangel zu messen, immerhin erkannt wird, dass nicht das Geldeinkommen selber oder allein über das Befinden von Menschen bestimmt. „In ‚economic' definitions of poverty, poverty is defined as lack of (household) resources, for instance measured by total household income. In 'social' definition, reflected in the term 'social exclusion' often used in the poverty programs of the EC, the emphasis is put on the lack of participation in society. Indicators of social exclusion may be bad housing, bad health, inadequate education, lack of participation, etc." (Hagenaars/Vos/Zaidi 1998, 26) In die gleiche Richtung argumentieren aus der Empirie ihrer evidenzbasierten Armutsbekämpfung Banerjee und Duflo: Den Armen fehlt es oft an entscheidungsrelevanter Information, die sie für ihre Lebensführung in größerem Maße brauchen als Begüterte, die leichteren Zugang zu Information und Hilfestellungen haben (Banerjee/ Duflo 2011, 268 f.). Der Mangel beschränkt die Freiheit und damit die Chancen (Capabilities) zur Verwirklichung eines selbstbestimmten Lebens (Sen 2000).

Bei Betrachtung aus der sozialen Perspektive bzw. sozialwirtschaftlich vom Haushalt einer Person oder Familie her sind zwar auch materielle Grundbedürfnisse der Nahrung, Kleidung und des Obdachs unbedingt zu befriedigen, die Wohlfahrt des einzelnen Menschen aber beinhaltet eben viel mehr – beginnend mit sozialer Teilhabe, mitmenschlicher Zuwendung, Gesunderhaltung und Bildung und Integration ins Arbeitsleben. Gute Arbeit gehört zum guten Leben. Wohlfahrt startet – oder ist von vornherein beeinträchtigt – beim Kind und Heranwachsenden mit erlebter Zugehörigkeit und Angenommensein, Gesundheitsförderung, Erfahrungsspielraum und Lerngewinn. Der Lebenshaushalt, in dem der Einzelne Verwirklichungsmöglichkeiten (capabilities) wahrnehmen kann, ist für ihn durchaus *ökonomisch* der produktive Zusammenhang, in dem die persönliche Wohlfahrt generiert, in ihrem Zuschnitt bestimmt und ausgeprägt wird. Und zwar von der Person selber in dem sozialen Zusammenhang in dem sie lebt. „Wohlfahrtsproduktion resultiert auf der Individualebene aus dem Zusammenspiel von Eigentätigkeit und Opportunitätsstrukturen, also aus der Nutzung konkreter Lebenslagen" und der Chancenstrukturen, die in ihnen räumlich und institutionell gegeben sind (Kaufmann 2009, 276).

Wo Mangel an Chancen ist, suchen eigenaktive Menschen anderswo nach ihnen. Davon zeugen global zu beobachtende Wanderungsbewegungen von jeher. Die Migranten, die aus Afrika nach Europa streben, suchen hier den Erwerb, den sie in ihrer Heimat nicht finden. Sie sind in dem Sinne „Wirtschaftsflüchtlinge", dass sie zur Versorgung ihrer Familie daheim und zur eigenen Versorgung in Europa arbeiten wollen. Analog verhält es sich mit der Tätigkeit von Pflegekräften, die aus Osteuropa oder aus Asien nach Deutschland kommen und hier auch dringend gebraucht werden. Häufig illegal als „Haushaltshilfen" privat beschäftigt, helfen solche *care workers* damit ihrem eigenen entfernten Haushalt und leisten anderweitig nicht zu erbringende häusliche Pflege (vgl. Karakayali 2010). Viele kommen aber auch, um sich eine eigene Existenz als Pflegekraft aufzubauen (Christensen/Guldvik 2014). Die Ökonomie der Zuwanderer zu eigener Wohlfahrt trifft auf die Ökonomie der Gesellschaft, in der sie aufgenommen werden.

Während die einen unterwegs sind, um anzukommen, leben die anderen in den entwickelten Ländern in einem gut ausgestatteten Gebäude der sozialen Sicherung, in einem Versorgungsstaat, wie er sich in der Idee des schwedischen „Volksheims" ausgeprägt hat. Darin eingewöhnt, können die Menschen in ihrem persönlichen Haushalt mit den Mittel und Möglichkeiten größeren Sozialhaushalts rechnen, und sie tun es zumindest in Alltagsbelangen ihres Beratungsbedarfs oder der Kinderbetreuung in aller Selbstverständlichkeit – bei monetären Leistungen nicht selten auch unter Ausnutzung gut gemeinter Regelungen.

Selbst unter günstigen Umständen sozialstaatlicher Absicherung nutzen Personen für die Erzielung ihrer Wohlfahrt aber zuvörderst ihre eigenen Kräfte, ihre Zeit und ihre Beziehungen. Geld und mit ihm beschaffte Güter oder Dienste werden (jenseits der Befriedigung elementarer Notdurft) eingesetzt in die persönliche Lebensgestaltung. Insoweit sie nicht gelingt und Menschen durch eigene und äußere Beeinträchtigungen, Behinderungen und belastende Ereignisse überfordert sind, tritt zur Eigensorge komplementär oder kompensatorisch die formell zu beanspruchende oder eine informell erreichbare Versorgung. Das System formeller Unterstützung richtet sich seinerseits ökonomisch umso besser auf diese Funktion ein, als es dem Lebenshaushalt ihrer Adressaten zugeschnitten wird – dem Aufwachsen von Kindern und Jugendlichen, der Entfaltung des Familienlebens, der Passung von Arbeit bzw. Berufsweg und persönlicher Lebensgestaltung, der Kompensation allfälliger Belastungen und Krisen, usw. Was in diesen Zuschnitt gehört, folgt einer eigenen Logik der Angemessenheit, der in sozialwirtschaftlichen Arrangements entsprochen werden kann.

3.4 Wertschöpfung am Menschen

Die sozialwirtschaftliche Logik läuft der erwerbswirtschaftlichen Logik entgegen. Ist diese zentrifugal absatzbezogen und der Verkäufer ihr gewinnorientierter Proponent, so werden in der Sozialwirtschaft zentripetal Mittel herangezogen und eingesetzt für Nutzer, die sie nötig haben. Versorger spielen die Hauptrolle in der organisierten Sozialwirtschaft – und zentripetal ihnen gegenüber die Sorgenden, für die und von denen der Wert (Wohlfahrt im Sinne von Lebensqualität und Humanvermögen) erzeugt wird, der mit dem sozialwirtschaftlichen Sachziel im Blick ist. In der produktiven arbeitsteiligen Sozialwirtschaft stellt *Wertschöpfung am Menschen* den Erfolg dar, nicht dagegen abschöpfbarer Gewinn als monetäre Wertschöpfung, also Ansammlung von Geldwert. Gewerbliche Leistungserbringer sind von der Erzeugung des humandienstlichen Erfolgs nicht ausgenommen, und auch die gemeinnützigen können im Versorgungsgeschehen ein Entgelt bei der Abgabe von Dienstleistungen an Kunden verlangen, die mit ihnen für sich oder für andere die Wertschöpfung am Menschen realisieren.

Im Mainstream der Wirtschaftslehre kommt den Adressaten von Dienstleistungen im Sozial- und Gesundheitswesen gesamtwirtschaftlich wie einzelwirtschaftlich die Rolle von *Verbrauchern* zu. Sie haben Bedürfnisse – und Wirtschaften heißt entscheiden, mit welchen Gütern diese Bedürfnisse befriedigt werden. Die Adressaten *konsumieren* ein Angebot. Sie setzen ihr Einkommen dafür ein. Dabei gibt es keine direkte Beziehung zwischen einem Bedürfnis, das sich meldet, und der Wohlfahrt einer Person. Die herrschende Ökonomie hält sich bei dem Nutzen auf, den die Güter stiften; die Menge der Bedürfnisse wird mit der Menge der Güter zu ihrer Befriedigung abgeglichen. Im Interesse des Güterabsatzes ist der Komplex und Prozess des Wohlergehens irrelevant.

Die Menschen erscheinen so nicht mit ihrem Tun und Lassen als Erzeuger ihrer Wohlfahrt. Wohlfahrtsproduktion wird nur mit der Generierung von Nutzen aus dem Gebrauch und Verbrauch von Gütern ermessen. Die Nutzer gelten im Verhältnis zu den soziale und gesundheitsbezogene Leistungen anbietenden Versorgern als Ko-Produzenten nur insoweit, als sie für die Fertigstellung einer Leistung bzw. den abschließenden Erfolg an ihnen vollzogener Interventionen gebraucht werden. Auf der *betrieblichen* Ebene ist in der Tat die Kundenbeziehung relevant: es gibt Unternehmen, die sich auf soziale Produkte und Gesundheitsgüter verstehen, und es gibt Auftraggeber, für die der Auftragnehmer als Dienstleister ein Output erstellt, der von ihnen abgenommen wird. Dennoch unterscheidet sich das Tauschverhältnis in der Sozialwirtschaft wesentlich von dem warenwirtschaftlichen.

Es gelten für Dienste am Menschen soziale Normen für alle Beteiligten und für das Produkt, an dem sozial und gesundheitsbezogen gearbeitet wird. Ein Leistungsträger verantwortet es; er trägt Gewähr für dessen Erstellung. Dass sie angemessen erfolgt, verantworten die Dienstleister. Ihnen und dem Träger gegenüber sind Leistungsempfänger in einer Lage, welche sie selber verantworten und welche die menschliche Gemeinschaft in Verantwortung zieht. Diese Gemeinschaft inkorporiert die sozialen Normen, denen in Verteilung von Verantwortung entsprochen wird. Abgedeckt von ihr und von den dazu getroffenen Entscheidungen können Sozial- und Gesundheitsunternehmen ihr Geschäft betreiben. Es hat seinen Platz und erfüllt seine Funktion in einem *solidargemeinschaftlichen* Programm. Im Rahmen dessen, was produziert werden soll, machen die Unternehmen ihr Angebot und finden sie ihre Abnehmer. Die Geschäftsbeziehung ist in das Produktionsregime von Wohlfahrt eingebettet, in dem auf der Individualebene die Menschen je für sich und gemeinsam Produzenten ihrer Wohlfahrt sind und in dem ihnen gegenüber auf der Makroebene das politische und zivile Gemeinwesen die Daseinsvorsorge und Wohlfahrtspflege organisiert.

Gewöhnlich wird die Ökonomie der Dienste am Menschen unter dem Gesichtspunkt der *Subsidiarität* betrachtet. Und das heißt auch erst einmal wieder: Versorgung *kostet*. Die soziale Daseinsvorsorge wird aus öffentlichen Mitteln finanziert und ihre Leistungen kommen kompensatorisch oder komplementär einzelnen Menschen zugute. Sie werden als Konsumenten der Dienstleistungen wahrgenommen. Sozialwirtschaftlich dagegen ist vom Menschen als primären Produzenten seiner Wohlfahrt auszugehen. Von daher lässt sich das Prinzip der Subsidiarität gewissermaßen umkehren: Personen und ihre kleinen Lebensgemeinschaften statten das Gemeinwesen mit den Vermögen aus, die gesamtwirtschaftlich gebraucht und eingesetzt werden. Teils organisieren Individuen allein oder gemeinschaftlich diesen Einsatz selber oder sie fügen sich in vorhandene Systeme der Betätigung und nutzen die Möglichkeiten, die in ihren Strukturen bestehen. Indem sie das tun, bleibt die Zentripetalität der Versorgung bestimmend: Allein und gemeinsam agieren sie *für sich selbst*.

Isoliert erfolgt ihr Handeln nicht; sie bewegen sich in einem natürlichen und sozialen Umfeld. Das nehmen sie als Produzenten ihrer Wohlfahrt in vielfältiger Hinsicht in Anspruch. Ihre Einbettung wie die Wechselseitigkeit, in der eine Person und ihre Mitwelt im Bezugsfeld des Lebens einander herausfordern, werden in der *ökosozialen* Theorie (Wendt 2010) thematisiert – und deren Ansatz ist dazu da, die Ökonomie in diesem Bezugsrahmen zu erfassen – statt das Wirtschaften prinzipiell als Kommerz zu begreifen und es in die Freiheiten egoistischen Gewinnstrebens im Markt zu entlassen. Im ökosozialen Paradigma gilt *Wirtschaften als ein haushaltendes Geschehen*.

Wirtschaften heißt über die Verwendung knapper Mittel zu entscheiden. Aber wofür? Im konkreten Lebenszusammenhang dient ein Mitteleinsatz zur Befriedigung alltäglicher Bedürfnisse. Menschen ernähren sich, setzen ihre Fähigkeiten in ihrer Arbeit ein, kommunizieren und kultivieren ihre Beziehungen untereinander, sie gehen unterschiedlichen Interessen nach, bilden sich, spielen auch und unterhalten sich. Diese Tatbestände wie überhaupt die Bestrebungen und die Leidenschaften, die uns im Leben bestimmen, *sind als solche nicht ökonomischer Natur*. Wird sozialer Umgang gepflegt, ein Buch gelesen oder Sport getrieben, haben diese Betätigungen einen Sinn und einen Wert für sich allein. Sie geben nicht vor, ihren Grund in der Sorge für Unterhalt und Auskommen zu haben. Im individuellen Tun und Lassen liegt gewöhnlich die sozialwirtschaftliche Reflexion fern. Aber der zu den täglichen Aktivitäten nötige Mitteleinsatz will bedacht sein: der Aufwand an eigenen Kräften, an verfügbarer Zeit, an materieller Ausstattung. Immer dann natürlich, wenn es daran mangelt. Wirtschaften heißt mit knappen Mitteln umgehen.

Will der Einzelne in einer Situation, kurz oder längerfristig oder überhaupt in seinem Leben zurechtkommen, ist Umsicht und Überlegung gefragt. Er lernt und übt sie – zumeist, weil er in einer Umgebung aufwächst, in der immer schon haushaltend mit einiger Umsicht und Überlegung gehandelt wird. Fehlt es ihm an dieser Erfahrung, trifft ihn umso härter die Realität des Lebens, in der er sich zu behaupten hat. Für seine Daseinskompetenz findet der Einzelne vitale Ressourcen bei sich selber, zum größeren Teil aber materiell und immateriell in der gemeinschaftlichen Umwelt und ihren Infrastrukturen, die es ihm ermöglichen zu kommunizieren, zu arbeiten, einzukaufen und sich in den eigenen vier Wänden wie außerhalb von ihnen einzurichten.

Wie sich das eine und das andere machen lässt, das sind Haushaltsfragen. Sie werden im Alltag vom einzelnen Menschen ständig in mehr oder minder rational, bewusst oder unbewusst, auch emotional und intuitiv getroffenen Entscheidungen beantwortet. Der Einzelne hat Wünsche und verfolgt Lebensziele, für die sich der Einsatz subjektiv und auch objektiv lohnt. Die darauf gerichtete Führung des Lebens wird in Rücksicht auf die Ressourcen, die dafür verfügbar sind, sich im Umfeld in Anspruch nehmen oder sich erschließen lassen, zu einer ökonomischen Aufgabe. Jedenfalls ist in all den Fällen, in denen mit Entscheidungen, die man auf soziales und gesundheitliches Ergehen hin trifft, Versorgungsprobleme gelöst oder bewältigt werden, der sozialwirtschaftliche Handlungsrahmen eröffnet. Es wird mit angemessenen Entscheidungen, die versorgende Institutionen, Stellen und Personen treffen, zum individuellen Wohlergehen beigetragen. Damit indirekt auch zum gemeinschaftlichen Wohl, weil der Einzelne selbstaktiv solchen sozialen und gesundheitsbezogenen Versorgungsbelangen nachkommt, die hilfsweise solidargemeinschaftlich zu bewältigen wären.

Mehr noch: Individuelle Aktivitäten in informellen Netzen und formell organisierten Beziehungen des Zusammenlebens in Nachbarschaften, im Wohnumfeld, in einer Kommune und im Arbeits- und Geschäftsleben bilden soziales Kapital, das wiederum zur Bewältigung sozialer Probleme und in persönlicher Lebensgestaltung nutzbar ist. In manchen ethnischen Gruppen und Milieus lässt sich das Geflecht informellen Austauschs kaum trennen von Beschäftigungsverhältnissen, die den materiellen Unterhalt sichern. Oder umgekehrt: der Erwerb und Unterhalt und die soziale Absicherung ergeben sich „unter der Hand" in informeller Vernetzung. Generell kann aus dem Gefüge individueller Aktivitäten ein intermediäres, sozial wie ökonomisch und ökologisch bedeutsames, Geschehen erwachsen, das zur kollektiven Daseinsvorsorge beiträgt. Im kommunalen Rahmen geht oft von Vereinen und einzelnen Initiativen eine Akkumulation öffentlichen Sorgens um die Lebenssituation der Bürger und die Entwicklung des Gemeinwesens aus. Daran anschließen kann *Urban Governance* (Pierre 1999) per Netzwerkbildung mit lokalen Akteuren und per Aufgreifen und Fördern der zivilen Partizipation bottom-up. *Prozesse der Sozialwirtschaft gehen in Vernetzung vonstatten.*

3.5 Die Semantik des Sorgens

Im gewöhnlichen Verständnis heißt *wirtschaften* in einer arbeitsteiligen Gesellschaft Güter erstellen und in Bedienung einer Nachfrage liefern. Es handelt sich dabei um ein Geschehen im Fluss, und in Stromgrößen bemisst sich der Umfang des Wirtschaftens. Güter werden gegen Geld und Geld wird gegen Güter getauscht. Wenn dabei ein Gewinn abfällt, ist gut gewirtschaftet worden, kann in der *business administration* bzw. von der Betriebswirtschaftslehre unterstellt werden. Fangen wir dagegen mit dem auf ein Wohl gerichtetes individuelles und gemeinschaftliches Handeln an, fällt alles, was unternommen wird und somit das gewöhnliche Wirtschaften unter ein sozial zu verstehendes Handeln und in eine Ökonomie des Sorgens von und für Menschen. Wenn der „unit act" der Erwerbswirtschaft im Waren- und Geldverkehr die „*Zahlung*" ist (Luhmann 1988, 52), ist der „unit act" der Sozialwirtschaft „*sorgen*".

Die semantische Differenz ist beträchtlich. Dem Sorgen ist im Gegensatz zur Zahlung keine Substanz eigen. Sorgen lässt sich nicht verdinglichen. Es ist immateriell, aber geladen mit menschlicher Zuwendung, mit viel Bedenken, Umsicht, Rat und Tat. Tätiges Sorgen ist kommunikativ und auch emotional. Es wird Gefühlsarbeit geleistet. Der abstrakten Operation der Zahlung steht ein lebendiges Sichkümmern und Bemühen gegenüber. Das menschliche Dasein ist (nach Heidegger) davon bestimmt, sich in beständiger Sorge zu vollziehen. Es ist eine Sorge um sich und eine Lebenssorge in der Welt mit Anderen und für Andere. Impliziert ist, woraufhin gesorgt wird. Ethik und Ökonomie gehen in der Sorge eine Verknüpfung ein: der Einsatz hat seinen Grund in der guten Absicht, etwas für eigenes, fremdes und gemeinsames Wohl zu tun.

Während umgangssprachlich ein Zustand der Sorge negativ als eine Last verstanden wird und mit Befürchtungen und Kummer konnotiert ist, wird positiv in der Aktivität des Sorgens das eifrige Bestreben deutlich, mit dem der sorgende Mensch eine Aufgabe übernimmt und sich in einem besorgenden und in fürsorglichem Tun einsetzt (vgl. zur Geschichte der Sorge, *care* Reich 1995). Es gibt einzelne Sorgehandlungen (*caring activities*) und es gibt eine andauernde informelle und formell organisierte Sorgearbeit (*care work*). Informell findet sie vor allem im privaten Raum statt, bleibt unbezahlt und ist herkömmlich ökonomisch nicht im Blick. Formell ist sie ein strukturiertes Geschehen und wird in institutionalisierter Form in Einrichtungen und Diensten unternommen und betrieben: Sorgen findet im weiten Feld des Sozialwesens und des Gesundheitswesen in einem *Versorgungsgeschehen* statt. Die Ökonomie dieses Geschehens schließt das Wirtschaften der in ihm tätigen Leistungsträger und Leistungserbringer ein, ist aber nicht mit ihm identisch. Wie insgesamt sozial und gesundheitsbezogen gesorgt und soziale Daseinsvorsorge mit Ressourcen ausgestattet wird, kann durchaus zur Misswirtschaft bei den von ihnen zehrenden Veranstaltern und in den Einrichtungen und Diensten führen.

Betrachten wir die Ökonomie der Sorge im privaten Bereich, sind wir zu einer weiteren Differenzierung genötigt: Im alltäglichen Tun und Lassen bestimmen äußere Anforderungen, Erwartungen, Routinen, auch momentane Impulse und Befindlichkeiten das individuelle Verhalten. Eine sorgende Einstellung reicht über die jeweilige Veranlassung des Verhaltens hinaus. Man kann mit ihm hier und jetzt auch *sorglos* bleiben. Die ökonomische Logik des Sorgens beginnt erst mit der Reflexion des Zusammenhangs, in dem das Handeln von Akteuren mit dem persönlichen oder gemeinsamen Unterhalt des Lebens und seiner Entfaltung in zeitlicher Erstreckung und mit einem guten Ergehen steht.

Die semantische Weite der Begriffe der *Sorge* und des *Sorgens*, lat. *cura*, engl. *care* bzw. *caring*, erlaubt übrigens in der Interpretation der *Pflege von Wohlfahrt* abzusehen von dem Wortgebrauch im Fachbereich der Pflege und im dienstlichen oder häuslichen pflegerischen Handeln. Die Sorge ist habituell der Spezifik dieses Handelns vorausgesetzt. In der Sorge wird überlegt und entschieden, wie zu handeln ist. Der Gegenstand der Sorge ist das Wohl eines Menschen, einer Familie oder einer anderen Bezugsgruppe – und darüber hinaus im ökologischen Sinne des Zustandes der Welt, in der wir leben: „everything needs care" (O'Hara 2014, 37). Das Sorgen gilt in seiner Verlaufsform der Wohlfahrt – in ihrem nach dem Wohl strebenden Verlauf. Der Zusammenhang von Wohlfahrt und Sorge rührt aus der Notwendigkeit her, sich um das Wohl zu bemühen, für es Sorge zu tragen. Was im einzelnen zu tun ist, ergibt sich im Rahmen einer Umsicht, die über naheliegende Aktivitäten oder sich anbietende Maßnahmen hinausreicht. *Sorge um den Menschen* hebt sich von ihnen ab. Es ist die Sorge einer Person um sich, die kollektive Sorge einer Gemeinschaft um ihre Angehörigen und damit zugleich auch um den Zustand der Gemeinschaft. Ihre und die individuelle Wohlfahrt bleibt eine Aufgabe, was immer hier und jetzt unter gegebenen Umständen und Erfordernissen getan wird.

In dieser Abgehobenheit ist auf der Makro- und Mesoebene der Wohlfahrtspflege auch das System der Versorgung zu betrachten, gegliedert in einzelne „care systems" – in Bereiche von *health care, social care, child care, elder care, occupational care* etc. Auf das Gemeinwesen bezogen kann danach ein *community system of care* definiert werden als „all services, goods, and other means of assistance (whether public or private) that are available to the community for addressing the needs of its members" (Collautt 2005, 29). Die organisierte Sorge hat ihre Ausstattung und ihre Strukturen, in denen sie beständig und in unpersönlicher Verfassung in Anspruch genommen werden kann.

Sorgen und Versorgung stehen in einer Wechselbeziehung zu einander und gehen in einander über. Eine andauernde Sorge erfordert eine Differenzierung des Tätigwerdens, erfordert informell wie formell Entscheidungen über den Einsatz von Kräften, Zeit und Mitteln. Die Dispositionen bringen eine Ressourcenallokation mit sich und manageriale Praktiken des Organisieren, Planens, der Entscheidungsfindung und der kontrollierten Ausführung. Versorgung besteht in dieser Bewirtschaftung des Sorgens. Es gewinnt in der Versorgung seine sozialwirtschaftliche Gestaltung – in Gemeinschaften, Genossenschaften und Dienstleistungsorganisationen. Am Ende in Unternehmen, welche nicht mehr die in ihnen sich vollziehende Sorgearbeit als Wirtschaften, sondern nur noch den Unternehmenserhalt, das Bestehen im Wettbewerb mit anderen Unternehmen und die Zahlungsfähigkeit als wirtschaftlichen Auftritt und Erfolg abgesehen vom sozialen Ertrag verstehen.

3.6 Sorgesituationen und ihre informelle Bewirtschaftung

In einem erweiterten Verständnis von Sozialwirtschaft stehen sich in ihr eine organisierte *Versorgung* im Sozialleistungssystem mitsamt weiterer Bereichen des Gesundheits- und Sozialwesens und das *sorgende* Handeln von Menschen gegenüber, welche die Dienste im Versorgungssystem in Anspruch nehmen oder ohne sie auskommen und sie damit entlasten. Während die organisierte Versorgung formal unternommen und betrieben wird und ihre Leistungen in einer Kosten-Nutzen-Relation erbracht werden, scheint das persönliche Sichkümmern von Menschen untereinander dem ökonomischen Kalkül in der Versorgung und zu deren Steuerung nicht unterworfen.

Auf einzelne Akte des Helfens trifft das sicherlich zu. Aber Sorgesituationen sind zumeist komplex; für ihre Bewältigung ist eine Menge an Rat und Tat nötig, die der einzelne Mensch aufbringen oder sich von anderer

Seite „besorgen" muss. Ohne Abstimmung mit ihm bleiben helfende Interventionen oft genug dysfunktional und kontraproduktiv, mithin unwirtschaftlich. Der Ressourceneinsatz will überlegt sein und, wenn er in Konsultation und Kooperation mit mehreren Beteiligten erfolgt, umsichtig betrieben werden. Für das manageriale Vorgehen in diesem Zusammenhang habe ich das Konzept der *Sorgeberatung* (care counselling) eingeführt (Wendt 2009), in der bezogen auf persönliche Lebensführung und kooperative Problem- und Situationsbewältigung gefragt wird: „was lässt sich machen?", „wie kommen wir voran", „wie werden wir mit einer Problematik fertig?" Die Abstimmung schließt ökonomische Entscheidungen ein, die auf die Vermögen der Beteiligten, so oder anders zu handeln, und auf ihren Haushalt Bezug nehmen.

Der Theorieansatz beim Sorgen von Menschen und bei ihren Sorgen ist generell einer bei den Einzelhaushalten von Personen bzw. primären Lebensgemeinschaften, daran anschließend in Funktion einer Solidargemeinschaft die Sorge- und Versorgungsaufgaben von Kommune und Staat. Im genuin gemeinschaftlichen Haushalt bestimmen Zusammenhalt und Abhängigkeit von Personen über ihren Einsatz in der Besorgung ihres Wohlergehens. Kommune und Staat sind institutionell darauf eingerichtet, es zu sichern und die Besorgung im erforderlichen Umfang zu organisieren und zu steuern. Bindungen, Verpflichtungen und Umsicht charakterisieren die Ökonomie des sorgenden Einsatzes.

Die häusliche Wohlfahrtsproduktion besteht prozessual, wie sehr sie auch durch außerhäusliche Erwerbsarbeit materiell fundiert ist, überwiegend in der unbezahlten Sorgearbeit, die größtenteils von Frauen geleistet wird. Mit dieser Thematik hat sich ausführlich die *feministische Ökonomik* befasst, und sie hat damit auch die Theorie der Sozialwirtschaft genährt (vgl. Wendt 2007, 66 ff.). Informelle soziale Versorgung war immer und bleibt der Quellgrund des Wirtschaftens (Power 2004). Die Sorge, die Eltern ihren Kindern angedeihen lassen, bedeutet mit der Ausbildung von Humanvermögen eine beständige volkswirtschaftliche Wertschöpfung. Berechnet wird sie nicht. Sie wird einfach vorausgesetzt. Die unbezahlte häusliche Arbeit scheint der kapitalistischen Verwertung so frei zur Verfügung zu stehen, wie sie in ihr unsichtbar, stumm und abgespalten bleibt; in Wirklichkeit ist ihre Leistung knapp – und wird in immer größerem Maße in Kontexten der Versorgung gebraucht. Es gibt ein zunehmendes „Sorgedefizit" als Mangel an informellen wie an formellen personalen Versorgungsressourcen (Zimmerman 2012, 66 ff., vgl. Aulenbacher/Dammayr 2014).

Ausgehend von den Lebenszusammenhängen von Frauen und den häuslichen Sorgesituationen hat u. a. das „Netzwerk Vorsorgenden Wirtschaftens" mit der ethischen Grundfrage „Wie wollen wir in Zukunft zusammen leben?" Ansätze einer Care- bzw. Sorgeökonomie entwickelt (vgl. Busch-Lüty u.a. 1994, Netzwerk 2013). Sie begreift Wirtschaften von ihrer Basis in der sozialen Regeneration und Reproduktion her. Diese stellt die primäre Produktivität dar, an die sich das Erwerbsleben – im besten Falle orientiert am Lebensnotwendigen – anschließt. Die Separation der Binnensphäre der Reproduktion von der Sphäre der Marktökonomie außen wird als der eigentliche Sündenfall des ökonomischen Denkens wie der ökonomischen Praxis begriffen. Die Sorgearbeit soll nicht länger aus dem Wirtschaftsleben ausgegliedert werden, sondern in ihm anerkannt und, so wird gefordert, auch ihrem Wert entsprechend vergütet werden. Im Grunde stelle Care in dem Umfang, in dem die feministische Wissenschaft Care konzipiert, den regenerierenden Kontext dar, in dem alle produktiven Aktivitäten zustande kommen und auch wieder vom Menschen genutzt werden können. (O'Hara 2014, 39)

Insoweit die „vorsorgende Wirtschaft" per Pflege des Zusammenlebens, Haushaltsführung, Kindererziehung, Krankenbetreuung usw. ständig die Voraussetzungen dafür schafft, dass die Erwerbswirtschaft quasi betriebsfähig bleibt, kann von der Sorgeökonomie eine allgemeine Wirtschaftstheorie hergeleitet (Knobloch 2008, Knobloch 2013) und kapitalismuskritisch diskutiert werden (Baumann u. a. 2013). Mit dem Konzept des Vorsorgenden Wirtschaftens wird der „Weg zu einer Ökonomie des Guten Lebens" beschritten (Biesecker u. a. 2000). Die tragende Rolle der Sorgearbeit erweist sich in ihrer Ausdehnung von der individuellen Sorge für sich und andere im privaten Raum über informelle Aushilfen und professionelle Fürsorge in die ganze gesellschaftliche Organisation von Versorgung. Oder wie es im Care-Manifest der Initiative *CareMachtMehr* heißt: „gute Care-Strukturen sind für uns alle die Grundlage eines guten Lebens" (CareMachtMehr 2013, 325).

Nach Ulrike Knobloch untersucht die *Sorgeökonomie* (engl. care economics), „in welchem Umfang Sorgearbeit in einer Gesellschaft geleistet wird, wie die Arbeitsteilung von Sorgearbeit individuell und gesellschaftlich organisiert ist, wer konkret die Sorgearbeit leistet und für wen sie geleistet wird" (Knobloch 2013 b, 10). Den Sorgetätigkeiten stehen die Bedingungen gegenüber, unter denen sie in der Gesellschaft erfolgen. Zusammengefasst bilden diese Bedingungen ein *Sorgeregime*, zu verstehen als „die Gesamtheit institutioneller und politischer Regelungen zur Gestaltung von Sorgebeziehungen, angefangen bei den Normen und Werten, die bis heute die Aufgabenverteilung prägen, bis hin zu politischen Regelungen der Finanzierung und anderen Formen der Anerkennung von Sorgearbeit" (Knobloch 2013 b, 10). Institutionell werden Staat, Markt, Nonprofit-Sektor und die privaten Haushalte als die vier strukturellen Bereiche genannt, in denen Sorgearbeit angeboten wird. Sie sind für Knobloch Gegenstand einer kritischen Wirtschaftstheorie, „die weder die Geschlechter- und Machtverhältnisse noch die Arbeits- und Vermögensverteilung als gegeben hinnimmt, sondern sie auf der Grundlage allgemein gültiger ethischer Kriterien wie sozialökonomische Menschenrechte und ein gutes Leben für alle kritisch analysiert" (Knobloch 2013 b, 15).

Die Wirtschaftstheorie des Sorgens ist diskursiv und folgt dem sozialen Wandel. „Die Sorgeökonomie beschäftigt sich mit den Schnittstellen zwischen bezahlter und unbezahlter Sorgearbeit und den vielfältigen Verlagerungsprozessen zwischen den vier Sektoren, in denen Sorgearbeit angeboten wird" (Knobloch 2013 b, 19). Hingewirkt werden soll auf eine angemessene und zukunftsfähige Verteilung dieser Arbeit sowohl zwischen den Geschlechtern, als auch zwischen Beschäftigungssystem und Familienleben sowie der privaten und der öffentlichen bzw. gemeinschaftlichen Sphäre der Versorgung.

Bei aller Überschneidung mit dieser Sorgeökonomik bzw. der sozialökologisch ausgerichteten Programmatik Vorsorgenden Wirtschaftens bietet die Sozialwirtschaftslehre, wie bereits betont, keine Alternative zur vorherrschenden Marktökonomik, will nicht an ihre Stelle treten, blickt aber in ihrer theoretischen Fundierung in der Sorgeökonomie der Frauen auf eine in den Abhängigkeiten des Lebens fundierte Versorgung. Sie fängt nicht bei der Symmetrie der Tauschbeziehungen (von Angebot und Nachfrage) im Markt an, sondern hält die Asymmetrie personenbezogenen Sorgens (die einen brauchen etwas und die anderen geben im Miteinander) für fundamental (Jochimsen 2003, Jochimsen 2013). Beschränkt sich die Analyse von Sorgetätigkeiten auf Abhängigkeitssituationen, in denen unmündige Kinder, kranke oder behinderte Familienangehörige oder pflegebedürftige alte Menschen darauf angewiesen sind, dass sie versorgt werden, wird „ein Bild von *Verletzlichkeit* auf der einen und von *Verantwortung* auf der anderen Seite" gezeichnet (Jochimsen 2003, 41). Diese Gegenüberstellung ist indes nicht die Prämisse sozialen Wirtschaftens.

Akte der Versorgung – mit Lebensmitteln, mit Rat, in der Pflege, Erziehung, Behandlung, Unterstützung usw. – stellen einseitige Transfers dar, solange sie nicht im größeren Zusammenhang gemeinsamen Sorgens betrachtet werden. In eben diesem Zusammenhang – der Gestaltung von Versorgung, ihrer Einrichtung in einem Haushalt und mit den dazu gehörenden Allokations- und Distributionsentscheidungen – wird das Sorgegeschehen zur Angelegenheit der Sozialwirtschaft. Historisch ist im Diskurs von Akteurinnen der Frauenbewegung ab 1890 dieser Übergang einesteils in der Ausprägung von *Home Economics* durch Ellen Swallow Richards (vgl. Stage/Vincenti 1997, Wendt 1986) vollzogen worden. Das geschah damals bereits ökologisch inspiriert. Im häuslichen Lebenskreis wird in geschickter Bewirtschaftung von Mitteln und Möglichkeiten der familiäre und individuelle Unterhalt besorgt. Andererteils ließ sich von der häuslichen Befähigung zur Bewältigung der ökonomischen und sozialen Probleme im größeren gesellschaftlichen Rahmen der USA nach 1900 übergehen – so mit der Konzeption von *social housekeeping* oder *civic housekeeping* insbesondere im Kreis der Frauen um Jane Addams. Vom häuslichen Wirtschaften ausgehend, wurde der soziale Einsatz als eine Erweiterung häuslicher Kompetenz interpretiert. Auf kommunaler Ebene hieß *municipal housekeeping*, dass Frauen sich der Lebensverhältnisse in einer Stadt annahmen, sich um kindergerechte Einrichtungen, um Bildungsmöglichkeiten, Arbeiterschutz und gerechte Entlohnung kümmerten (vgl. Beard 1915). Weibliche Haushaltsführung, wie sie daheim in Übung war, sollte im kommunalen und im weiteren politischen Umfeld zu Geltung gelangen – entgegen seiner kapitalistischen Vereinnahmung. „A city is in many respects a great business corporation, but in other respects it is enlarged housekeeping." (Addams 1910, 116)

Die Genderspezifik der häuslichen Sorgearbeit charakterisiert aber nicht die Ökonomik der Sorge und des Sorgens grundsätzlich. Sie ist tiefer verankert. Von Anbeginn sind menschliche Lebensgemeinschaften Versorgungsgemeinschaften gewesen. Die Tatsache, dass im vormodernen „ganzen Haus" zumeist die männliche Autorität des *oikonomos* bestimmend war, änderte nichts an den Erfordernissen der Bewirtschaftung des Unterhalts der Angehörigen des Haushalts samt der Gestaltung ihrer Beziehungen im Zusammenleben. Mit ihnen muss hausgehalten werden und dabei ergibt sich, um was im einzelnen man sich zu kümmern hat.

Grundgegebenheit der Organisation von Sorgearbeit auf der Individualebene sind Abhängigkeiten: Wenn der Unterhalt, das Zurechtkommen und die Bewältigungsmöglichkeiten von Personen beschränkt sind (bis hin zur Unfähigkeit), haben sie es nötig, dass andere Personen helfend für sie eintreten. Die (asymmetrische) Ausgangssituation der Sorgetätigkeit muss nicht unbedingt darin bestehen, dass auf der einen Seite Machtlosigkeit und Schwäche vorhanden ist, *Verletzlichkeit* gegeben und auf der anderen Seite *Verantwortung* übernommen wird, wie Maren Jochimsen die klassische Sorgesituation beschrieben hat. Ich kann auch in eigener Sorge und Verantwortung Hilfen komplementär und kompensatorisch zu einer gegebenen Verfügungs- oder Handlungsunfähigkeit heranziehen und von Angehörigen erwarten, dass sie entsprechend sorgend handeln (wobei ein Beweggrund die Verletzlichkeit der Familie, der ich angehöre, sein mag).

Jochimsen hat für die Organisation von klassischen Sorgetätigkeiten in der Pflege, Betreuung, Erziehung und alltäglichen Unterstützung drei Komponenten benannt: eine Motivations-, eine Arbeits- und eine Ressourcenkomponente. Jochimsen betont, dass diese Komponenten erst *zusammen* „die Bereitstellung einer effektiven Sorgeleistung" sichern:

> „Die *Motivationskomponente* einer Sorgesituation umfasst dabei die zur Ausführung einer Sorgeleistung nötige Motivation, die *Arbeitskomponente* umfasst die angemessene Bereitstellung einer konkreten Sorgeleistung durch die sorgende Person für die umsorgte Person und schafft zwischen diesen beiden eine Sorgebeziehung. Die *Ressourcenkomponente* umfasst die zur Bereitstellung der Sorgetätigkeit bzw. die zur Aufrechterhaltung der Sorgebeziehung erforderlichen materiellen, finanziellen und zeitlichen Ressourcen. Sie kann von einer Person (innerhalb oder außerhalb der Sorgebeziehung) oder von Personengruppen bzw. Institutionen außerhalb der direkten Sorgebeziehung wahrgenommen werden." (Jochimsen 2003, 46)

Die genannten Komponenten fundieren das informelle helfende Handeln wie auch die institutionalisierte und professionelle personenbezogene Hilfe und Unterstützung. Frei von der direkten Abhängigkeit im Zusammenleben wird von extern mit Dienstleistungen Versorgung bewerkstelligt. Für die Beziehung von Sozialleistungsträger und Leistungsempfänger ist keine persönliche Motivation erforderlich. Der Beweggrund für eine sozialrechtlich zu gewährende Leistung ist personenneutral und ein politischer. Ihn bestimmen Vorstellungen von sozialer Gerechtigkeit und sozialer Sicherheit. Mit der dazu nötigen Allokation und Distribution von Mitteln muss zur Bewirtschaftung top-down auf ihren effektiven und effizienten Einsatz gesehen werden – bei den Dienstleistern, die mit den Mittel arbeiten, und bei den Leistungsempfängern, dass sie diese nutzen können und wirklich nutzen.

Wirtschaften beginnt, bevor es im Markt auftritt. Diese Sicht ist, wie ausgeführt, mit dem herkömmlichen Wirtschaftsverständnis nicht vereinbar. Es herrscht weiterhin auch im Sektor sozialer Dienstleistungen vor, wo Unternehmen mit ihrem Angebot eine Nachfrage befriedigen, sich um Aufträge bemühen, Finanzierungsmöglichkeiten suchen, Marketing betreiben, um Kunden zu gewinnen und zu binden, und ihre Effizienz steigern wollen, indem sie ihre internen Abläufe optimieren, mit weniger Personalaufwand mehr Kunden „abfertigen" oder mit zusätzlichen Verrichtungen an ihnen den Ertrag erhöhen. Wenn sich derart Wirtschaftlichkeit erweist, erscheint alles, was Kunden der Unternehmen und potentielle Empfänger von Sozialleistungen in ihrem eigenen Haushalt und mit Erfolg für sich selber tun, kontraproduktiv.

Mit Selbsthilfe, die nichts zum Kreislauf von Waren und Geld beiträgt, ist im gewerblichen Sozial- und Gesundheitsmarkt naturgemäß kein Wachstum zu haben. „Hilfe zur Selbsthilfe" wird zwar als grundlegendes Ziel im Sozialleistungssystem angegeben, aber ernsthaft und nachhaltig verfolgt, entzöge dieses Ziel Sozialunternehmen die Existenzgrundlage. Sie leben von mehr und nicht von weniger Pflegefällen, mehr und nicht weniger Rehabilitation, von vielen Hilfen zur Erziehung, mannigfaltigen Eingliederungsmaßnahmen, mehr und nicht weniger Suchtmittelabhängigen, Arbeitslosen etc. Mag sich Soziale Arbeit vornehmen, im Erfolgsfall überflüssig zu werden, der Dienstleistungen anbietende Betrieb teilt diese Absicht bei Gefahr seines Untergangs nicht. Im gewohnten Wirtschaftsverständnis konterkariert er seine Aufgabe, sein soziales Sachziel – wo immer es dem Formalziel, „wirtschaftlich" zu sein, zuwiderläuft.

Der paradoxen Situation einer in Unternehmen fundierten Sozialwirtschaft entkommt nur ein Ansatz, der nicht bei ihnen, sondern bei den Aufgaben beginnt, wie sie sich sozialwirtschaftlich stellen. Es sind objektive Aufgaben der Versorgung. Bei ihnen ist nicht von vornherein entschieden, wie sie erfüllt werden. Den Subjekten ist anheimgestellt, darüber in eigenem und gemeinsamem Interesse umsichtig und vorausschauend zu befinden. Die Entscheidung gehört einem *Zirkel des Sorgens und Versorgens* an. Im Sorgen wird der Blick nach vorn gerichtet. Man *sorgt vor*, indem Kräfte, Zeit und Mittel eingeteilt werden für Zwecke, die im Zeitverlauf zu erfüllen sind, um in seinem Fortgang „wohl zu fahren". *Vorsorge ist schlechthin wirtschaftlich.* Was dabei an Versorgung erreicht wird, ist die Basis für nachfolgendes Versorgtsein und weiter mögliche Entwicklung. Dem Zirkel des Sorgens und der Versorgung gilt zuvörderst die Aufmerksamkeit im sozialwirtschaftlichen Diskurs. In diesem Zirkel vollzieht sich ein anderer Wirtschaftskreislauf als der gesamtwirtschaftliche (erweiterte geschlossene) Wirtschaftskreislauf – in dessen Güter- und Geldströme er aber einzubeziehen ist.

Auf der Mikroebene des Handelns bleibt der Betrieb, in dem es organisiert sein mag, außen vor. *Gesorgt wird subjektzentriert*: ich sorge persönlich für mich selbst und für andere Personen, denen ich verbunden bin oder für die ich privat oder beruflich Verantwortung trage. *Versorgung erfolgt objektzentriert*: Es gibt einen Bedarf und darauf bezogene Aufgaben. In ihre Erledigung kann ich mich sorgend einsetzen, andere Personen mögen daran beteiligt sein. Versorgung ist sachlicher Natur. Um den Erfordernissen nachzukommen, wird Sachverstand eingesetzt. In der Objektwelt der Versorgung verständigen sich die sorgenden Subjekte über die Art und Weise, wie die Aufgaben verteilt und erfüllt werden, oder sie finden als Berufstätige ihre Arbeit bereits geregelt vor. Mit der Komplexität von Versorgung und vielseitiger Beteiligung an ihr nimmt der Steuerungsbedarf zu – und wird zu einem besonderen Erfordernis der Besorgung. Dafür ist auf der Aggregatebene das *Care Management* vorgesehen, während auf der Individualebene das Programm des *Case Managements* in vielen Bereichen des Sozial- und Gesundheitswesens verwendet wird, um eine komplexe Problematik zu meistern, deren Lösung oder Bewältigung sich hinzieht.

Sozialunternehmen benötigen ein Care Management, um ihre Funktion als Versorger zu erfüllen. Sie kümmern sich um Nöte und Probleme von Menschen und bieten ihnen Bewältigungs- und Lösungsmöglichkeiten für soziale und gesundheitsbezogene Probleme und Nöte. Auf der politischen Makroebene bringt die sozialwirtschaftliche Aufgabe der *Versorgungsgestaltung* mit sich, dass unabhängig von versorgenden Unternehmen allokative und distributive Entscheidungen herbeigeführt werden. Die öffentliche Hand betreibt im Rahmen der Daseinsvorsorge und sozialen Infrastrukturentwicklung in der Kommune oder in einer Region eine *Bedarfsplanung* auf den verschiedenen Gebieten des Sozialleistungssystems. Zum Beispiel ist in der medizinischen Versorgung zu erkunden, wie viel Hausärzte ein Landkreis benötigt. Sind genügend vorhanden, werden keine weiteren Praxen zugelassen; andernfalls wird die Niederlassung weiterer Ärzte gefördert. Im Bildungsbereich sind analoge Planungen nötig, angefangen bei der Ausstattung eines Wohngebiets mit elementarpädagogischen Betreuungsplätzen und Fördermöglichkeiten. Bürgerbeteiligung ist erwünscht. Soweit sie stattfindet, kreuzen sich wiederum persönliche und familiäre Haushaltsgesichtspunkte mit öffentlichen Haushaltsdispositionen. Eltern wollen einen Kindergarten in Wohnungs- oder Betriebsnähe; Gebietskörperschaften können nach anderen Prioritäten entscheiden, weil sie übergeordnet auf eine angemessene Verteilung von Versorgungsmöglichkeiten zu achten haben.

Die öffentliche Hand will und kann aber in einem demokratischen Gemeinwesen und angesichts der Komplexität von Wirkungszusammenhängen nicht alleine über Angemessenheit befinden. Sie sucht die Beteiligung der Bürger und der zivilen und institutionellen Akteure. Für den Prozess der Regelung und Steuerung des Zusammenwirkens unter und mit den Beteiligten ist der Begriff der *Governance* eingeführt. In unserem Kontext wird allgemein von *welfare governance* und spezifischer von *care governance* gesprochen. Strategisch und operativ wird Versorgung gestaltet und „regiert", damit sie bedarfsgerecht und in ihrer Qualität nach vereinbarten Standards erfolgt. In dieser Beziehung sind „Wirtschaften" und „Regieren" eins. Von unverbundenen Einzelentscheidungen wird in der Steuerung eines Versorgungsgeschehens zu dessen kontinuierlichen Beherrschung und Bewirtschaftung fortgeschritten.

3.7 Den Bedarf bewirtschaften

Sozialwirtschaft ist Bedarfswirtschaft. Die ökonomische Kategorie *Bedarf* ist von zentraler Bedeutung für die Ausrichtung sozialwirtschaftlichen Agierens (s. dazu ausführlich Wendt 2011 b, 66 ff.). Bedarf bezeichnet das für die Behebung eines Mangels objektiv Nötige. Eine bedarfsgerechte Versorgung ist eine, die darauf eingerichtet und dafür ausgestattet ist, den konkreten Erfordernissen im humandienstlichen Bereich nachzukommen. Ein bedarfsgerechtes Handeln setzt Kriterien voraus, nach denen über einen Bedarf „recht und billig" entschieden werden kann. Das können im privaten Bereich subjektiv beliebige Kriterien sein, ethisch vertretbare im mitmenschlichen Umgang, fachliche im Bereich formaler Versorgung, rechtlich festgelegt im Sozialleistungssystem – und ökonomische über all dort, wo eine Zuteilung aufgrund knapper Mittel rational zu entscheiden ist (vgl. Deutsch 1975).

Im historischen Entwicklungsprozess konnte es ein explizit sozialwirtschaftliches Handeln in Zeiten der vormodernen Subsistenz nicht geben, weil ein Bedarf nicht extra zu ermitteln und auszuweisen, nicht gesondert zu beanspruchen und nicht extra zu bedienen war. Der zu bewirtschaftende Lebenszusammenhang bestand hausgemeinschaftlich im *Oikos*. Was in ihm materiell oder immateriell an Rat und Tat nötig war, brauchte nicht von außen erkundet und festgestellt werden. Unterstützung konnte höchstens erwarten, wer aus diesem Zusammenhang gefallen war.

Nach der Auflösung des „ganzen Hauses" versicherten sich freigelassene und lohnabhängige Menschen der gegenseitigen Unterstützung zuerst in *friendly societies* in England und in *mutuelles* in Frankreich. Diese Vereinigungen dienten der materiellen Bedarfsdeckung im Notfall. Sie boten eine Absicherung und eine Versorgung, welche den *labouring poor*, den Handwerkern und Arbeitern, die sich zu ihnen zusammenschlossen, „von Haus aus" nicht mehr gegeben war. Geworfen in die Ausbeutungsverhältnisse des Fabrikwesens, suchten die Betroffenen den Hort der Solidarität und eigener gemeinsamer Verfügung über den Lohn ihrer Arbeit: Sozialwirtschaft nimmt ihren Anfang bei einer Bedarfsdeckung losgelöst von der häuslichen Sphäre, in der die nötige Versorgung allein und autark nicht geleistet werden kann. Sozialwirtschaftlich wird fortan diese Versorgung in Gesellschaft organisiert. Die Solidarvereinigungen bildeten soziale Binnenräume, in haushaltender Verwertung des Arbeitsprodukts – in Versorgungsarbeit – geschieden von der sie umgebenden Logik der Marktrationalität (für die nur ein mit Kaufkraft verbundenes Bedürfnis zählt und mit Lieferung einer Ware bedient wird).

Erweitert auf die „Organisation der Arbeit" leisteten im 19. Jahrhundert Genossenschaften verschiedener Art eine gemeinschaftliche Bedarfsdeckung. Sie boten ihren Mitgliedern einen ökonomischen Ausweg aus Armut bzw. verhinderten Verarmung. Sozialwirtschaft trat in jener Zeit eigenständig in Form von Kooperativen, der Produktivgenossenschaften und der Gegenseitigkeitsgesellschaften in Erscheinung und bezog mit ihnen gegenüber der kapitalistischen Produktionsweise Stellung. (Vgl. zur historischen Entwicklung der Sozialwirtschaft Wendt 2014 a).

Im 20. Jahrhundert übernahm der Wohlfahrtsstaat die Deckung des Bedarfs der Bürger an sozialer Sicherheit per öffentliche Daseinsvorsorge. Sie schließt materielle Absicherungen („services in cash") und immaterielle Dienste („services in kind") ein. Mit den Fortschritten der kapitalistischen Produktionsweise einerseits und der Krise und Umsteuerung im Wohlfahrtsstaat andererseits tritt in einer „zweiten Moderne" eine tendenziell zunehmend plurale Gestaltung von Versorgung auf, in der die Akteure des Sorgens wechselseitig in Beziehung aufeinander Aufgaben und Verantwortung teilen. Dabei nähert sich im zivilen Raum die kooperative Gestalt der frankophonen *économie sociale* der unternehmerischen Gestaltung von sozialer Versorgung an und verbindet sich partiell mit ihr (beispielhaft in den italienischen Sozialgenossenschaften). Die Geschlossenheit sozialen Wirtschaftens in Mitgliedervereinigungen löst sich in einem offenen *Raum verteilter Wohlfahrtsproduktion* auf, die heutzutage auf vielerlei Weise formell organisiert oder informell ablaufend, mehr oder minder abgestimmt, fragmentarisch oder vernetzt stattfindet. Mit diesem Übergang aus dem Bezirk der „vier Familien" der *économie sociale* in den Produktionssektor sozialer Versorgung insgesamt ist soziales Wirtschaften in Europa erst so recht in den politischen Diskurs und in die Dynamik gesellschaftlicher Prozesse geraten.

Mit der beschriebenen Entwicklung ist eine Ausdifferenzierung von Bedarf verbunden. Er will fortan eigens definiert sein; Bedarfsdeckung wird in das Sachziel organisierter sozialer Betätigung gezogen. Eine Produktivgenossenschaft bedient ihre Mitglieder mit Beschäftigung und dem Einkommen, das sie zum Lebensunterhalt brauchen. Die Genossen bestimmen über ihren (gemeinsamen) Bedarf und setzen für dessen Erbringung ihre Arbeitskraft ein. Im Sozialleistungssystem des Wohlfahrtsstaates hingegen sind Bedarfe nach Art und Umfang vielseitig. Sie werden auf der personalen und auf der betrieblichen Ebene festgestellt. Ein Bedarf kann kurzfristig vorhanden sein und zum Beispiel im Krisenfall hoch sein. Bedarfe sind nach Recht und Gesetz bei Behinderung oder Pflegebedürftigkeit längerfristig gegeben und variieren mit der Zeit und den Umständen. Bedarfe in der Kinder- und Jugendhilfe sind von anderer Art als in der Suchtkranken- und Wohnungslosenhilfe. Auf kommunaler und staatlicher Ebene ist die *Sozialplanung* dafür zuständig, im Rahmen der Daseinsvorsorge die infrastrukturellen Bedarfe zu ermitteln und das Vorgehen zu ihrer Deckung auszuarbeiten.

Beim einzelnen Menschen und in Lebensgemeinschaften ist der Bedarf an Unterstützung und an Behandlung von Problemen eine bewegliche Größe. Oft ist erkennbar, wie dieser Bedarf unter ungünstigen Verhältnissen wächst. Bei vielen Kindern in bildungs- und einkommensschwachen Familien ist abzusehen, dass es ihnen an Verwirklichungsmöglichkeiten fehlt und fehlen wird und dass deshalb später der Bedarf an Hilfen zur Behebung von Defiziten und zum Ausgleich von Benachteiligung groß sein wird. Die dann gebotenen Hilfen nutzen auch nicht in dem Maße, in dem sie präventiv geleistet genutzt hätten. Einer Person eigene sowie erworbene Verwirklichungsmöglichkeiten sind der Nutzung von außen gebotener Verwirklichungsmöglichkeiten vorausgesetzt. Hier sei auf die von Martha Nussbaum (1990, 228) getroffene Unterscheidung zwischen internen und externen Capabilities verwiesen:

> „Internal capabilities are conditions of the person (of body, mind, character) that make that person in a state of readiness to choose the various valued functions. External capabilities are internal capabilities plus the external ma-

terials and social conditions that make available to the individual the option of that valued function. Internal capabilities are promoted, above all, by schemes of education, by health care, by appropriate labor relations."

Ohne hinreichend eigene Handlungsmächtigkeit (agency) realisiert eine Person viele Chancen nicht, die sich ihr objektiv bieten. „Nicht mächtig" ist sie damit der vorhandenen Bildungsmöglichkeiten oder Arbeitsgelegenheiten, weshalb zur Förderung erst wieder an der Person, ihren Einstellungen und ihrem Verhalten angesetzt werden muss. Langzeitarbeitslose sind schwer in das Beschäftigungssystem zu reintegrieren: Maßnahmen sind angebracht, dass es gar nicht erst zur dauernden Arbeitslosigkeit kommt.

Ökonomisch erscheint es füglich angebracht, prekären Lebenslagen bereits in ihrem Entstehen entgegenzuwirken – und einen Bedarf an Förderung im Vorfeld jener Lagen mit den dann gegebenen Leistungsansprüchen anzuerkennen. Das rechtsförmige System der Versorgung bedient in erster Linie diese Leistungsansprüche und fördert nicht eine Gestaltung von Lebensverhältnissen, in denen Menschen an Handlungsfähigkeit gewinnen und mit diesem Vermögen im Alltag besser zurechtkommen. Eine solche Arbeit zur nachhaltigen Besserung individueller Lebenslagen geht über erzieherische oder therapeutische Bemühungen hinaus und müsste managerial mit den Personen einzeln oder in Gruppen erfolgen, wird jedenfalls nicht mit einem monetären Nachteilsausgleich erledigt.

Der herkömmlichen ökonomischen Logik nach werden Sozialleistungen auf Grund eines Rechtsanspruchs *konsumiert*. Der Aufwand dafür soll möglichst eingedämmt werden. Im sozialwirtschaftlichen Verständnis sind die Nutzer in der Führung ihres Lebens *produktive* Akteure. Mit angemessenen Leistungen kann ihre Produktivität erschlossen werden; somit rechtfertigt sich in der Pflege von Wohlfahrt ein entsprechender rechtzeitiger, proaktiver Aufwand. Er ist nicht reaktiv auf eine eingetretene Notlage hin für einen festgestellten Bedarfsfall zu betreiben, sondern ist im Feld zu verbessernder Lebensverhältnisse – von Kindern und Jugendlichen vor ihrem Scheitern, von Familien gegen ihre Verdrängung an den Rand der Gesellschaft, von Hochaltrigen vor stationärer Pflege – vorzusehen. Gegenüber kurativen Interventionen sind aber Prävention und Rehabilitation gewöhnlich unterfinanziert. So wird in der öffentlichen Jugendhilfe viel Geld in die Pflichtleistungen der Hilfen zur Erziehung gesteckt, während offene Angebote und präventiv aufsuchende Maßnahmen als „freiwillige Leistungen" der Kommunen gelten, für die sie wenig Geld übrig haben. Hier ist eine Umsteuerung gefragt (Görtz/Janssen 2015).

Ein Bedarf lässt sich als der Aufwand an Mitteln verstehen, der zur Erreichung eines Zieles erforderlich ist. Auf der Makroebene der sozialpolitischen Entscheidungen wird zum Beispiel von einer bedarfsgerechten Versorgung in dem quantitativen Sinne gesprochen, dass Plätze, Dienste, Behandlungs- und Betreuungsmöglichkeiten in einem bestimmten Umfang gebraucht werden. Die Bevölkerung fragt die Angebote entsprechend nach. Oder Dienste sollen meritorisch vorgehalten werden, weil ihre potentiellen Nutzer sie nicht von sich aus in hinreichendem Maße heranziehen. Auf die Individualebene herunterbrechen lässt sich der überindividuell festgestellte Bedarf auf Grund von bestimmten Indikatoren auf die Lage eines Menschen (oder einer Bedarfsgemeinschaft). Liegen sie vor, kann einer Person oder Familie der Anspruch auf eine Dienstleistung, einen Platz oder eine Behandlung zugebilligt werden. Was individuell *angemessen* ist, hängt von der ganzen Situation ab, in der die Betroffenen leben. Deshalb kann auch von gegebenen Verhältnissen her bestimmt werden, was personenbezogen zu leisten ist. Und wenn viele Menschen in gleicher Situation bzw. in örtlich gegebenen vergleichbaren Verhältnissen leben, erscheint es wirtschaftlich, diese zum Gegenstand einer Versorgungsgestaltung resp. von *care management* zu machen.

Soziale Entwicklungen und soziale Lagen bedingen einen unpersönlichen sozialen Handlungsbedarf, wenn entweder ein auf sie bezogener Versorgungsauftrag bereits vorliegt oder wenn in öffentlicher Diskussion festgestellt wird, dass einer Entwicklung oder einer Lage mit einem angemessenen Handeln begegnet werden sollte. Ein sozialer Handlungsbedarf besteht auf der Aggregatebene von Verhältnissen und führt zu Programmen, Projekten oder Maßnahmen, mit denen ihnen begegnet wird. Ob damit die Deckung eines personenbezogenen Bedarfs an Versorgung erreicht wird, zeigt sich in der Praxis erst im Erfolg des einen oder anderen Vorhabens.

3.8 Zur Bewirtschaftung des Sozialraums

Mit der Gemeinwesenorganisation (community organizing), fortgesetzt in Formen der Gemeinwesenentwicklung und Gemeinwesenplanung, wurde zuerst in den USA und dann in anderen Ländern begonnen, Bedarfslagen der Bevölkerung in einem Territorium zum integralen Gegenstand Sozialer Arbeit zu machen. Die Bewohner werden dabei zu Partnern kooperativer Gestaltungsprozesse. Auf sie, die Lebenszusammenhänge vor Ort und die Nutzung der darin vorhandenen Ressourcen orientiert eine „Gemeinwesenökonomie" (Elsen 1998, 19f.). Sie schließt einerseits an die Solidarwirtschaft vom Genossenschaftstyp an und kann andererseits zu einer raumbezogenen Verbindung von Wirtschaftsförderung und Wohlfahrtspflege übergehen.

Unter der Devise „vom Fall zum Feld" (Hinte/Litges/Springer 1999) hat Wolfgang Hinte für die professionelle Soziale Arbeit den Handlungsansatz der *Sozialraumorientierung* entwickelt, der auf die Ressourcen und Aktivposten setzt, die in einem territorialen Rahmen vorhanden sind. Sie lassen sich für die Gestaltung individueller Hilfearrangements nutzen, eingebettet in die Kooperation lokaler formeller Akteure und informell Engagierter. In der „lokalen Wohlfahrtslandschaft" (Bannink/Bosselaar/Trommel 2013) treffen öffentliche Dienste mit ihren Fachvertretern sowohl auf etablierte Wohlfahrtsorganisationen und deren professionell Engagierten als auch auf örtliche Interessengruppierungen, auf freiwilliges und bürgerschaftliches Engagement und gemeinschaftliche Selbsthilfe.

Die Interaktion der Akteure in „gemischter Wohlfahrtsproduktion" und die durch sie stattfindende Vernetzung und Bildung von Sozialkapital hat eine belebende und motivierende Wirkung auch auf zunächst nur passiv Teilnehmende. Insbesondere bleiben die Adressaten von Hilfen auf der Ebene nahräumlicher Kommunikation nicht bloße Objekte der Versorgung. Sie werden im Sozialraum auf ihren Versorgungsbedarf angesprochen, bevor bei ihnen fürsorglich interveniert wird. Fünf Prinzipien charakterisieren nach Hinte das *Fachkonzept* Sozialraumorientierung (Hinte/Treeß 2011, vgl. Fürst/Hinte 2014):

1. Ausgangspunkt sind der Wille und die Interessen leistungsberechtigter Menschen.
2. Aktivierende Arbeit hat grundsätzlich Vorrang vor betreuender Tätigkeit („Arbeite nie härter als Dein Klient").
3. Bein der Gestaltung einer Hilfe spielen personale und sozialräumliche Ressourcen eine wesentliche Rolle.
4. Aktivitäten sind immer zielgruppen- und bereichsübergreifend angelegt.
5. Vernetzung und Integration der verschiedenen sozialen Dienste sind Grundlage für funktionierende Einzelhilfen.

(Hinte 2014, 959). Diesem Fachkonzept nach können junge Menschen und Familien in prekären Verhältnissen erreicht werden, bevor aus ihrer Situation eine Krise erwachsen ist, die nur noch mit massiven Eingriffen, Experteneinsatz und kostenintensiver Fremdunterbringung gemeistert werden kann. Indes bedeutet das Fachkonzept kein Sparprogramm (Fehren/Hinte 2013). Es wird nur statt in einen Leistungskonsum in Befähigung und Verwirklichungsmöglichkeiten investiert, wozu die Zentrierung darauf Voraussetzung ist, wie die Einzelnen sich im Leben bewegen, was sie wollen und wofür sie sich aktiv einzusetzen bereit und in der Lage sind.

Die fallübergreifende Arbeit kann nicht nur in der Jugend- und Sozialhilfe zu mehr Anpassung des Versorgungssystems an die Lebenswelt seiner Adressaten führen. Eine populationsbezogene Gesundheitsversorgung erlaubt eine bessere Verbindung von kurativen mit präventiven Maßnahmen. Dazu werden auf der Makroebene eines Versorgungsraumes die zuständigen Akteure zusammengeführt, wonach von den Diensten in diesem Raum eine auf den spezifischen Bedarf bestimmter Personengruppen abgestellte Versorgung erfolgt, die auf der Mikroebene individuell zu differenzieren ist. Die personenbezogene Behandlung wird somit in eine populationsbezogene Prävention eingebettet, während diese sich an den Bedarf im Einzelfall anpasst. Es gibt in verschiedenen Ländern derartige Vorhaben. (Alderwick/Ham/Buck 2015) So das aus einer Ärzteinitiative 2005 entstandene Projekt „Gesundes Kinzigtal" (Hommel 2013). Es finanziert sich nach einem mit der AOK Baden-Württemberg abgeschlossenen Vertrag zur populationsorientierten Integrierten Versorgung über den erzielten Gesundheitsnutzen der Versicherten.

Naturgemäß müssen bei einer Sozialraumorientierung im Gesundheitswesen wie im Sozialwesen, speziell in der Behinderten- und in der Jugendhilfe, die Modalitäten der Finanzierung angepasst werden. Es gibt auf der Individualebene Erfahrungen mit verschiedenen Formen der Pauschalierung und des Persönlichen Budgets. Auf der Organisationsebene führen Global- und Sozialraumbudgets die fachliche und die finanzielle Verantwortung zusammen. Für beauftragte Leistungserbringer schaffen solche Budgets einen Spielraum in der Zuordnung von Mitteln zur fallspezifischen und zur fallunspezifischen Arbeit und sie haben den Vorteil einer freien Verteilung des Personaleinsatzes – während bei einer einzelfallbezogenen Abrechnung per Fachleistungsstunden die Neigung besteht, Hilfen über den Bedarf hinaus zu vermehren oder zu verlängern. Dass eine Änderung der Finanzierungsmodalitäten sozialrechtlich (zum Beispiel in der Jugendhilfe) nur schwer zu machen ist, muss nicht daran hindern, sie auf einzelne Aufgaben bezogen neu auszuhandeln.

Die Nutzer werden bei der Regulierung ihres Bedarfs gebraucht. Was ein Individuum über seine materielle Grundsicherung hinaus nötig hat, ergibt sich in seiner Lebensführung, die Bewältigung von Belastungen eingeschlossen. Dem Einzelnen mag vorgemacht werden (in jedem Sinne dieses Wortes), was er an professioneller Unterstützung, an Fachdiensten, Heilmaßnahmen und Medikamenten braucht. Als Subjekt seiner Wohlfahrt, und ggf. zu deren Beförderung einbezogen in eine Soziale Arbeit, disponiert er selber darüber, was ihm gut tut. Soziale Arbeit soll „Hilfe zur Selbsthilfe" leisten: Wie eine Person sich selber hilft, steht aber nicht in der Verfügung Anderer. Wenn ein Bedarf weiterem absehbarem Bedarf abhelfen soll, muss er in einem Aushandlungsprozess flexibel an die Art und Weise angepasst werden, in der sich jemand zu seiner Wohlfahrt (konkreter: zu seiner persönlichen Entwicklung, in der Bewältigung einer Krise, zu seiner Ausbildung, zur Eingliederung in Arbeit, zu seiner Gesundung usw.) verhält und bewegt.

Sozialwirtschaftlich ergibt sich der personenbezogene Handlungsbedarf gewissermaßen als eine „Stromgröße" im Zeitverlauf. Die internen Verwirklichungsmöglichkeiten ändern sich und die externen sind auch nicht beständig gegeben. Somit ist Bedarf nicht als eine „Bestandsgröße" aufzufassen. Administrativ mag es geboten sein, einen Bedarf zu einem bestimmten Zeitpunkt festzustellen und ihn – per *service in cash* – in dieser Fixierung zu decken. Um bei Behandlungen, insbesondere medizinischen, zu entscheiden, welche Mittel erforderlich sind, bietet sich das Kriterium der *Wirksamkeit* an. Individuell ist sie vor Einsatz der Mittel allerdings auch nicht festzuschreiben. Man hält sich, *evidence-based*, an bisherige, bei vielen Patienten gewonnene Erfahrungen. Bei auf den Lebensvollzug gerichteter Sozialer Arbeit, pflegerischer Versorgung oder Maßnahmen zur Rehabilitation ändert sich in ihrem Verlauf der Bedarf – und zwar unstetig in Wechselwirkung mit dem Verhalten ihrer Adressaten. Strategien des Empowerments, der Orientierung an Stärken einer Person, sind ökonomisch zu empfehlen, weil damit mehr Selbsthilfe möglich und weniger ersatzweise Fremdhilfe nötig wird.

Die öffentliche Daseinsvorsorge wird am Ende „personalisiert", weil die Diversifizierung der Lebensverhältnisse und individuelle Eigenständigkeit generell die Anpassung der Leistungserbringung erfordern, intermediäre und zivilgesellschaftliche Gestaltungsmodi eingeschlossen. In der fortgeschrittenen Moderne bringt die Freistellung des Individuums mit sich, dass jeder Einzelne eine soziale und zugleich ökonomische Entscheidungssphäre für sich reklamieren kann – in Kommunikationsverhältnissen, die er pflegt, und innerhalb und außerhalb von Arbeitsverhältnissen, in die er sich einbinden lässt. Im günstigen Fall kann er seine Versorgung selber individuell gestalten und setzt sich dafür auf Wegen des herrschenden Wirtschaftssystems ein. Er ist nicht nur im Markt der Beschäftigungsmöglichkeiten ein eigenständiger „Arbeitskraftunternehmer", sondern im Idealfall in seiner Lebensführung auch ein eigenständiger Manager in „Sorge um sich", wozu gehört, dass er sich der Infrastruktur der Daseinsvorsorge und sozialen Sicherung zu bedienen weiß. Sie kann ihn mit ihrer Strukturierung im Sozialraum unterstützen – so wie sich im Arbeitsleben von Unternehmen für ihre Beschäftigten eine förderliche Umgebung schaffen lässt – zum Vorteil für den Betrieb wie für die Wohlfahrt des Einzelnen.

3.9 Die Überordnung des Haushaltens

In der Aufschichtung des Sorgens von der Beziehung des einzelnen Menschen auf sich und andere Menschen über die Strukturen der Versorgung wird mit der Aufgabe der öffentlichen Daseinsvorsorge die Makroebene der Allokation von Mitteln erreicht und damit die politische Ebene der Bewirtschaftung sozialer Belange. Der Staat trifft seine Wohlfahrtsdispositionen (Wendt 2011 b, 90 ff.) für die Sozialwirtschaft

- per *Makroallokation*, indem er nach sozialpolitischen Maßgaben einzelnen sozialen Zwecken Mittel zuweist.
- Danach werden per *Mesoallokation* innerhalb des Sozial- und Gesundheitswesens die Mittel auf Aufgabengebiete verteilt.
- Im Wege einer *Mikroallokation* werden personenbezogen Entscheidungen über den Mitteleinsatz fallweise getroffen.

Für die Theorie können wir in der vertikalen Dimension, in der die Versorgung top-down gestaltet wird, das staatlich organisierte Gemeinwesen und seine Angehörigen in ihrem Verhältnis zueinander gegenüberstellen. Individuell werden Hilfen oder bestimmte Maßnahmen nötig; der Staat hat dafür vorgesorgt. Es gibt einen Mechanismus der Bereitstellung und Gewährung von Leistungen. Berechtigte Personen nehmen sie in Anspruch, soweit sie sich nicht selbst helfen können. Wir finden die sozialwirtschaftlichen Beziehungen (in den Ausprägungen der Sorge und des Sorgens umeinander) einzelwirtschaftlich in persönlichen und kleinen lebensgemeinschaftlichen Haushalten, intermediär in Betrieben von Dienstleistern und gesamtwirtschaftlich in öffentlichen (gebietskörperschaftlichen) Haushalten verankert.

Das interaktive Verhältnis der haushaltenden Akteure rührt, wie bereits ausgeführt, historisch her vom *Auszug des Wirtschaftens* – eigentlich nur der Betätigung, die zum materiellen Erwerb unternommen wird – aus dem „ganzen Haus" und dem Unterhalt vormoderner Lebensgemeinschaft in ihm. In ihr war man mit seinen Sorgen auf Hausgenossenschaft und die Bewirtschaftung der Mittel angewiesen, über die sie, im wesentlichen in „Haus und Hof", verfügen konnte. Die Einheit von (eigenem) Sorgen und der im häuslichen Miteinander erreichbaren Versorgung mag idealtypisch im „ganzen Haus" vorhanden gewesen sein. Die Verhältnisse in ihm waren für die meisten Menschen real eher schlecht als recht und sind in einem „Gehäuse der Hörigkeit" (Weber) vorzustellen. Die Bewerkstelligung von Versorgung wird erst mit dem Auseinandertreten von individuellem Haushalten und der Institutionalisierung des Staates als großem Haushalt und beider Verweisungszusammenhang zum (sozialwirtschaftlichen) Thema.

Die vormoderne Ökonomie hielt sich an den Eigenbedarf und war eine Subsistenzwirtschaft mit allen ihr innewohnenden Beschränkungen. Daraus befreiten Handel und Wandel. Mit dessen Ausdifferenzierung als marktbezogenes Wirtschaftssystem verlor die Ökonomie der Subsistenz buchstäblich ihren Grund und Boden. Der Kommerz ermöglichte in immer größerem Maße den Konsum von Gütern an der Stelle selbst erzeugten Unterhalts. Mittel zum Leben müssen fortan angeliefert werden. Die Marktwirtschaft kann als Gegenbegriff zu Subsistenzwirtschaft gelten (Luhmann 1988, 97). Soziales Wirtschaften indes geht dem Markt nicht voraus; es hat sich parallel zu dessen Dominanz ausgebildet, um unter ihren Umständen den materiellen und sozialen Unterhalt von Menschen zu sichern.

Denn die Freistellung von Handel und Wandel aus dem „ganzen Haus" und seinem Verantwortungszusammenhang brachten die meisten Individualhaushalte in der Privatsphäre in andauernde wirtschaftliche Schwierigkeiten. Sie bestanden, weniger euphemistisch formuliert, in Ausbeutung, Verlust an Sicherheit, in tatsächlicher oder drohender Verarmung. In dieser Situation waren die haushaltenden Funktionen des Staates gefordert. Seine moderne Konstitution ist darauf angelegt. Die Vordenker des Staatswesens haben ihm ab dem 17. Jahrhundert und in der Zeit der Aufklärung mit seinem großen Haushalt die Aufgabe zuschreiben, den Einzelhaushalten der Menschen „in Gesellschaft" eine allgemeine Förderung angedeihen zu lassen. Christian Wolff argumentierte 1754:

„Wir erkennen sehr leicht, daß einzele Häuser sich selbst dasjenige nicht hinreichend verschaffen können, was zur Nothdurft, Bequemlichkeit und dem

Vergnügen, ja zur Glückseligkeit erfordert wird, noch auch ihre Rechte ruhig geniessen, und was sie von andern zu fordern haben, sicher erhalten, noch auch sich und das ihrige wider anderer Gewaltthätigkeit schützen können. Es ist also nöthig, dasjenige durch gemeinschaftliche Kräfte zu erhalten, was einzele Häuser für sich nicht erhalten können. Und zu dem Ende müssen Gesellschaften errichtet werden. Eine Gesellschaft, die zu dem Ende gemacht wird, heisset ein Staat (civitas). Dadurch erhellet, daß durch Verträge der Menschen die Staaten entstanden, und die Absicht eines Staats bestehe in hinlänglichen Lebensunterhalt (in sufficicates vitae), d.i. im Ueberfluß alles dessen, was zur Nothdurft, zur Bequemlichkeit und zum Vergnügen des Lebens, auch zur Glückseligkeit des Menschen erfordert wird, in der innern Ruhe des Staats (tranquilitate civitatis), d.i. in der Befreyung in der Furcht vor Unrecht, oder Verletzung eines Rechts, und der Sicherheit (securitate), oder der Befreyung von der Furcht vor äusserer Gewalt." (Wolff 1754, § 972)

Aus dem Verständnis des Staates von seiner „Wohlfahrt" als dem „ungehinderten Fortgang in der Beförderung der Gesellschaft", wie Wolff an anderer Stelle formulierte (Wolff 1754, § 837) ergab sich nun bei aller Aufklärung durchaus nicht, dass sich der Staat im einzelnen um die konkreten Nöte der Bevölkerung kümmerte. Sie blieb, ständig von Verarmung bedroht, auf ihre kleinen Haushalte angewiesen. Dieser Bedrohung suchten die frühen Gegenseitigkeitsvereine, die französischen *sociétés de secours mutuel*, die englischen *friendly societies* und erste Produktivgenossenschaften auf ihre Weise zu begegnen. In späterer Zeit sind kompensatorisch die öffentlichen Haushalte mit Systemen der sozialen Sicherung und der Daseinsvorsorge in die Bewirtschaftung der sozialen Probleme eingetreten. Hinzugekommen sind intermediäre Organisationen und Einrichtungen mit spezifischen Versorgungsleistungen, zu deren Erbringung haushaltend mit verfügbaren Ressourcen umzugehen ist.

Die Ausweitung von Versorgungsaufgaben in frei organisierter Verbindung von Menschen wie in der öffentlichen Daseinsvorsorge wird in unseren Zeiten auch dadurch veranlasst, dass die Anforderungen an die individuelle Lebensführung und Lebensgestaltung ständig steigen. War im vormodernen „ganzen Haus" der Alltag ziemlich übersichtlich, in seinen Bezügen begrenzt und das Handeln in ihm tradiert, so fehlt es in der Dynamik heutiger Existenz an Festlegungen und Begrenzungen. Täglich trifft der Einzelne auf sich wandelnde Situationen, und er hat eine kaum überschaubare Menge an Informationen zu verarbeiten, an Möglichkeiten und Risiken zu bewältigen. Der persönliche Haushalt verlangt ein Management bereits in der Bewältigung von Alltagsaufgaben, die längst nicht mehr trivial sind. Mit Rat und Tat „wirtschaftet" der Einzelne in seinem eigenen Lebenskreis – nicht zuletzt um sich in den weiteren Kreisen des

Arbeitslebens, lebenslangen Lernens, der Freizeitgestaltung, der ständigen Information und Kommunikation und sozialer Beziehungen zu behaupten.

Haushalten heißt vorhandene und erschließbare Ressourcen pflegen. In der Dynamik der Lebensführung wird über sie zwar auch momentan für Einzelzwecke verfügt; das Haushalten besteht aber im „Fortgang" des Handelns in der Priorisierung von Zwecken, für die Mittel einzusetzen sind, in einer Ressourcendistribution auf nebeneinander zu berücksichtigende Erfordernisse und in der Vorsorge für künftige Verwendungen. Junge Menschen setzen ihre Kräfte und Mittel für längerfristige Berufs- und Karrierewünsche ein und stellen momentane Befriedigung hintan. Man spart, um sich künftig „etwas leisten" zu können. Man tut etwas für seine materielle und immaterielle Ausstattung. Eltern rechnen sich in ihrer Familienplanung aus, was im Zeitverlauf für Kinder gebraucht wird, vorhanden und zu erwarten ist. Im Horizont des Haushaltens wird auf Wagnisse eingegangen und auf Risiken geachtet; man versichert sich, erprobt etwas und geht auch neue Wege. In all dem wird mit mehr oder weniger Bedacht gehandelt, individuell zu viel oder zu wenig, oft das Richtige und oft das Falsche getan, weshalb guter Rat teuer ist – und seinerseits für eine haushaltende Lebensführung unabdingbar ist.

Die sozialwirtschaftlichen Interaktionen erweitern sich in informeller Vernetzung und in formellen Beziehungen zwischen den Haushalten der einzelnen Personen, Familien und öffentlicher Versorgungsinstitutionen bzw. des Staates. Eine isolierte Betrachtung der Selbstsorge bzw. des Haushaltens Einzelner und kleiner Lebensgemeinschaften ist unangemessen: Einbezogen sind stets die Ressourcen der natürlichen und gesellschaftlichen Umwelt bzw. die von Eigentumsrechten und Macht bestimmten Nutzungsverhältnisse in ihr. Ökosozial beschränkt sich das Auskommen des Menschen nicht auf eigene Verfügungen über die Mittel zu seinem Leben. Seine Wohlfahrt ist auf einen Raum der Ermöglichung angewiesen und damit abhängig von ihm.

In die haushaltsrelevanten Transaktionen zwischen gewährleistendem Staat und bedürftigen wie berechtigten Bürgern finden wir nun intermediär die dienstleistenden Unternehmen eingeschaltet. Es gibt somit die einzelwirtschaftliche Bedarfsdeckung in Personenhaushalten und komplementär und kompensatorisch dazu die intermediär vermittelte Bedarfsdeckung per öffentlicher Daseinsvorsorge. Was dazu von Dienstleistern unternommen und betrieben wird, muss sich mit dem Erfolg rechtfertigen, der bei ihren Nutzern eintritt. Soll heißen: der betriebswirtschaftliche Erfolg von Diensten am Menschen mag für den Bestand der Unternehmen, welche sie leisten, erforderlich sein; er ist als solcher nicht schon der sozialwirtschaftliche Erfolg. Dieser ist im „Haushalt der Wohlfahrt" zu ermessen.

In der Erstreckung sozialen Haushaltens besteht eine wechselseitige Beziehung zwischen dem (Haushalt des) stattlich organisierten Gemeinwesen(s) in den Verfügungen zur Bedarfsdeckung und den privaten Einzelhaushalten der Menschen in der Gestaltung ihres Lebens. Diese Beziehung ist komplex. Für die Bürger wird im öffentlichen Haushalt eine Infrastruktur der Versorgung unterhalten, wozu Arbeitnehmer und Arbeitgeber, gesetzlich und privat Versicherte beitragen. Freiwilliges und bürgerschaftliches Engagement ist an vielen Stellen inbegriffen. Es gibt eine Menge Vereine und andere Organisationen, die in der Versorgung mitwirken, Eigenmittel einsetzen und ihrerseits mit Fördermitteln und Zuschüssen von der öffentlichen Hand gestützt werden. Leistungsberechtigte Bürger können von ihr auch direkt in den Stand gesetzt werden, nach eigener Wahl Elemente der sozialen Infrastruktur zu nutzen, etwa mit einem persönlichen Budget, Gutscheinen u. ä. Kommt im Haushalt der Versorgung hinzu, dass in der Variation von stationären, ambulanten und häuslichen Strukturen letztere Priorität in dem Bemühen haben, den Sorgenden von Kindern, Pflegebedürftigen und Menschen mit Behinderungen angemessene Unterstützung angedeihen zu lassen, welche in vielen Fällen die Voraussetzung ist, dass Angehörige ihre Ressourcen einsetzen und sie regenerieren können. Soll heißen, die Entlastung öffentlicher Haushalte geschieht dadurch, dass mit Mitteln aus ihnen die Individualhaushalte hinreichend leistungsfähig sind und bleiben.

Bildung ist ein hauptsächliches öffentliches Angebot, mit dem Individuen in den Stand gesetzt werden, ihren eigenen Unterhalt und ihren Beitrag zum sozialen Gedeihen zu leisten. Der *Bildungshaushalt* ist einer, in dem diese Versorgung durch politische Entscheidungen, in der Infrastruktur der Bildungseinrichtungen und in der Art und Weise ihrer Nutzung auf persönlicher Ebene gestaltet wird. Die qualifizierte Teilnahme am Erwerbsleben setzt ein differenziertes Ausbildungssystem voraus – und individuell ein lebenslanges Lernen mit entsprechenden Investitionen an finanziellen Mitteln, Zeit und Kraft. Werden im Wirkungskreis der Sozialen Arbeit in vielen Einzelfällen bei elterlicher Vernachlässigung eines Kindes aufwändige Interventionen der Jugendhilfe erforderlich, so verweist das Versagen der Eltern oft auf Bildungsdefizite, weshalb es präventiv geboten ist, einen größeren Aufwand zu deren Kompensation zu treiben. Auch schlechte Gesundheit kommt zumeist durch Mangel an Kenntnis, Übung und Erziehung zustande, weshalb im Bildungshaushalt zur Abhilfe Mittel zur Gesundheitsbildung einzusetzen sind.

Die Relation von gemeinschaftlichen und individuellem Haushalten bleibt konstitutiv, auch wenn zwischen beidem viele Organisationen eingeschaltet sind, deren Funktion in der Bereitstellung von Diensten und in der Ausführung von Leistungen besteht, die zur individuellen und gemeinschaftlichen Wohlfahrt gebraucht werden. Weil die Art und Weise, wie die intermediäre Bedarfsdeckung und Versorgungsgestaltung organisatorisch und betrieblich erfolgt, selber eine Menge (Transaktions-)Kosten verursacht, ist die Regulierung dieser Versorgungsgestaltung auch unter Haushaltsgesichtspunkten zu betrachten. Die öffentlichen Leistungs- und Kostenträger budgetieren ihre Ausgaben und ergreifen andere kostendämpfende Maßnahmen. Zur Steuerung werden auch wieder die Nutzer der Infrastruktur und Adressaten der öffentlichen Daseinsvorsorge herangezogen, indem man sie u. a. mit finanziellen Anreizen dazu bewegt, ihr Anspruchs- und Nutzungsverhalten zu kontrollieren und sich zusätzlich individuell abzusichern.

Die öffentliche Daseinsvorsorge finanziert sich ihrerseits über Steuern und Abgaben aus den Einkommen von Privathaushalten und Unternehmenserlösen, also auf erwerbswirtschaftlichen Wegen. Entschieden sich die Menschen nicht immer wieder dafür, sich auf diese Wege zu begeben, sich dafür auszubilden und auszurüsten und so das qualifizierte Personal für Industrie und Geschäftsleben zu stellen, bräche die moderne Erwerbswirtschaft insgesamt ein – mit Folgen wiederum für das Versorgungsgeschehen.

Sie bricht aber nicht ein, weil sie die Wirtschaft einer Gesellschaft ist, deren Angehörige sich im großen und ganzen in ihrem sozialen Verhalten wirtschaftlich verhalten. Das Wirtschaftssystem erhält sich selber vermittels des ständigen Stroms von Aktivitäten, die es in die Produktion der Elemente einbindet, aus denen es besteht (Luhmann 1988, 35). Die Selbstreproduktion des Wirtschaftssystems funktioniert im Markt, den Luhmann als „innere Umwelt des Wirtschaftssystems" beschrieben hat (Luhmann 1988, 131). Diese Reproduktion setzt aber eine andere, in ihrem Referenzrahmen ausgeklammerte, Reproduktion in der Gesellschaft voraus, die sich dieses Wirtschaftssystem leistet.

Unternehmensaktivitäten basieren auf Haushaltsentscheidungen. Eltern entscheiden sich für Kinder, kümmern sich um ihre gesunde Entwicklung und investieren in die Ausbildung: die Heranwachsenden treffen ihrerseits Entscheidungen bei ihrem Eintritt in das Arbeitsleben und über die für sie mögliche Vereinbarung von Familien- und Berufsleben. Transferleistungen aus öffentlichen Haushalten sollen ihnen dabei helfen und die öffentliche Finanzierung von Infrastruktur ist darauf ausgerichtet, mittelbar die Teilhabe aller Einzelnen am Wirtschaftsleben und dessen Dynamik zu fördern. Bereits für Adam Smith lag darin ein zentraler Gegenstand der „politischen Ökonomie". In Buch IV.I.1 des „Wohlstands der Nationen" heißt es: „Political œconomy, considered as a branch of the science of a statesman or legislator, proposes two distinct objects: first, to provide a plentiful revenue or subsistence for the people, or more properly to enable them to provide such a revenue or subsistence for themselves, and secondly, to supply the state or commonwealth with a revenue sufficient for the public services. It proposes to enrich both the people and the sovereign." Dies ist bei Smith der Gegenstand der Ökonomie-Lehre, nicht etwa sind es die Marktprozesse.

Ökonomie bleibt bei Smith eine politische Aufgabe; dem politischen Körper ist notwendig eine Ökonomie eigen, mit der der Wohlstand der Menschen angestrebt wird. Nur wird sie in der Marktwirtschaft zur Rahmenbedingung der Güterproduktion und des an sie geknüpften Kommerzes. Dessen Regulierung führt aber immer wieder zurück auf den sozialen Haushalt des staatlich organisierten Gemeinwesens: auf Gerechtigkeitsbestrebungen, Sicherung des sozialen Friedens, Sozialpartnerschaft. Die „soziale Marktwirtschaft" stellt dafür in Deutschland den ordnungspolitischen Rahmen. Sie hat eine Steuerung zum Inhalt, die durch Umverteilungsmaßnahmen einen Ausgleich erzeugen und soziale Stabilität erreichen soll.

Die staatliche Ordnung setzt eine im großen und ganzen vorhandene soziale Ordnung voraus. In einem Personenhaushalt wird für deren Angehörige gesorgt. Eine Einzelperson sorgt für sich selber. Eltern sorgen für ihre Kinder; Partner in einer Lebensgemeinschaft füreinander. Wirtschaften beginnt, wenn und soweit in dieser Sorge die verfügbaren Mittel knapp sind und bestimmten Zwecken zugeteilt werden müssen. Die interne Allokation von materiellen Gütern und immateriellen Zuwendungen, von Kräften und von Zeit geschieht im Alltag ständig, wenn auch nicht immer wohlüberlegt. Erfahrungsgemäß wächst die Notwendigkeit, in diesem fundamentalen Sinne zu wirtschaften, mit der Verknappung von Mitteln und Möglichkeiten. Wer viele hat, muss sich weniger um sie kümmern als derjenige, dem es an materieller und immaterieller Ausstattung fehlt – oder der wegen kritischer Lebensereignisse, bei Krankheit oder Behinderung einen gesteigerten Bedarf hat. Es entsteht die Notwendigkeit von extra zu organisierender und zweckmäßig differenzierter und spezialisierter Versorgung.

In diesem Rahmen erstellen die Organisationen und Unternehmen, Träger und Anbieter, die wir in der organisierten Sozialwirtschaft vorfinden, ihre wohlfahrtsdienlichen Güter. Sie werden in Bilanzen von dienstleistenden Betrieben einzeln erfasst und ihre Erstellung wird mit Kostenträgern abgerechnet. In der Wohlfahrt von Menschen, denen mit den Leistungen der Einrichtungen und Dienste und der in ihnen professionell Handelnden zugearbeitet wird, fungieren diese Leistungen als Elemente, die im persönlichen Lebenszusammenhang partikular wirksam sind. In ihm erst kommt zustande (oder entsteht von alleine), was sich sensu strictu als *Produkt Wohlfahrt* bezeichnen lässt. Die *Produktionsbedingungen* der personenbezogen handelnden Akteure sind somit besondere, geknüpft an individuelle und gemeinsame Lebensbedingungen. Sozial und gesundheitsbezogen überantworten sich die Handelnden objektiv und subjektiv einem existenziellen Zusammenhang. Sie sind von ihm „betroffen".

Dieser Zusammenhang, in dem es einem Menschen recht oder schlecht ergeht, ist individuell und gemeinschaftlich zu bewirtschaften. Folglich fügen sich im positiven Fall die Einzelleistungen – Hilfen, Behandlungen, unterstützende und fördernde Maßnahmen – in eine *soziale Bewirtschaftung* von Lebensführung und Lebensgestaltung und darin erstrebter Wohlfahrt – und Sozialwirtschaft heißt die Art und Weise, in der über die Mittel dazu und die Wege dahin disponiert wird. Dieser Zusammenhang ist Gegenstand der Sozialwirtschaftslehre. Sie behandelt ihn bedarfs- und versorgungsbezogen, mögen die partikularen Vorgänge der Leistungserstellung in Unternehmen, Einrichtungen und Diensten des Sozial- und Gesundheitswesens professionell gestaltet und disziplinär eingeordnet werden und ökonomisch in die Zuständigkeit betriebswirtschaftlicher und volkswirtschaftlicher Betrachtung fallen.

Professionellen Helfern wie überhaupt den spezialisierten Diensten und Einrichtungen des Sozial- und Gesundheitswesens begegnen Menschen in beeinträchtigter Lage, in einer Krise oder in Konflikten, und das heißt anders als in der Kontinuität gemeinschaftlichen Lebens in einem Personenhaushalt. In der aktuellen Notlage und Hilfebedürftigkeit kommt Wohlfahrt nur punktuell und nicht in ihrer Erstreckung vor, in der sie haushaltend zu bedenken ist. Das Fragmentarische einer sozialen Behandlung lässt einen sozialwirtschaftlichen Kursus personenbezogen kaum zu. Dazu muss er *ökonomisch wie ethisch* in den weiteren Lebenszusammenhang gestellt werden. Ihm gelten Nutzenerwägungen wie sich auch die Sinnhaftigkeit des Einsatzes von Beteiligten wie Betroffenen im Zusammenhang der Lebensführung erkennen lässt.

3.10 Schnittstellen in und zwischen Haushalten

Im Sozialleistungssystem sind Zuständigkeiten verteilt. Es gibt die rechtlichen Abgrenzungen in den einzelnen Teilen des deutschen Sozialgesetzbuchs. Jeder Leistungsbereich hat trägerseitig seinen eigenen Haushalt, d. i. der Haushalt der Arbeitsverwaltung, der Haushalt der Krankenversicherung, der Rentenversicherung und der Pflegeversicherung, der Haushalt der Jugendhilfe und der Sozial- und Eingliederungshilfe. Aber die Menschen, denen Leistungen gewährt und für die sie erbracht werden, halten sich mit ihrer Problematik nicht an die systemgegebenen Abgrenzungen. Ein Heranwachsender fällt aus der Jugendhilfe in die Sozialhilfe, und die Agentur für Arbeit bekommt mit ihm zu tun. Ein psychisch Kranker wird von der Krankenversicherung an die Rentenversicherung weitergereicht. Ein örtlich zuständiger kommunaler Träger entlastet sich gern per Feststellung im Einzelfall, dass der überörtliche Träger gefordert ist. Jeder Kostenträger sieht auf seinen Haushalt. Unterhält er als öffentlicher Träger wirtschaftlich unabhängige Eigenbetriebe, sind diese ihrerseits zu einer möglichst kostengünstigen Wirtschaftsführung angehalten. Gesetzliche Krankenkassen müssen belegen, in welcher Höhe ihnen Zuwendungen aus dem Gesundheitsfonds zustehen. Wo es geht, werden Aufwendungen der Rentenversicherung zugeschoben, die ihrerseits darauf sieht, frühe Verrentungen zu vermeiden. Der Nachrang oder der Vorrang von Leistungen will gesetzlich fixiert und nicht vom Ermessen einer damit gerade beschäftigten Stelle abhängig sein.

Innerhalb der Teilsysteme sind bei den Leistungserbringern Sektoren vorhanden, in denen die Mittelausstattung und die Mittelbewirtschaftung relativ unabhängig voneinander erfolgen: Stationäre Einrichtungen finanzieren sich anders (und besser) als ambulante Dienste. Diese tragen sich in vielen Bereichen nicht allein. Eine Organisation, die stationäre und ambulante Angebote vorhält, ist in ihrem Haushalt auf einen internen Ausgleich angewiesen. Sie kann das in der *Geschlossenheit* ihres Betriebs erreichen. Die Organisation setzt ihre Haushaltmittel nach unternehmerischen Maßgaben gleich betriebswirtschaftlichen Grundsätzen ein.

Dem steht das sozialwirtschaftliche Prinzip einer angemessenen Bedarfsdeckung entgegen. Dieser Aufgabe nimmt sich der größere Haushalt eines politischen Körpers an. Wer Ressourcen beizusteuern und in welchem Umfang das zu geschehen hat, ist zwischen Leistungsträgern häufig strittig – etwa in der föderalen Struktur Deutschlands zwischen Kommunen, Ländern und dem Bund. Abgesehen von den Versicherungen, tragen die Hauptlast im Sozialleistungssystem die Kommunen. Zu ihrer Entlastung und zur Finanzierung neuer Aufgaben sind sozialwirtschaftliche Entscheidungen nötig, für welche die Interessenvertreter jeder Ebene und deren Haushälter in ihrer sozialwirtschaftlichen Beziehung aufeinander gefragt sind. Gesamtstaatlich kann per Gesetz, mit Förderung und mit Zuwendungen reguliert werden, wie die Bedienung des Bedarfs im einzelnen zu erfolgen hat. Die Leistungen erbringenden diversen Organisationen und Unternehmen stellen sich auf diese Vorgaben ein, weil sie nur so ihre Betriebsmittel erhalten können. Dem politischen Körper des Staates und der Kommunen ist in einer Demokratie prinzipiell die *Offenheit* eigen, alle seine Angehörigen mit ihrem Bedarf annehmen und in eine gebotene Versorgung aufnehmen zu müssen. Alle sind nach Recht und Gesetz gleichberechtigt und allen wird in ihrer Diversität eine bürgerschaftliche Teilhabe geboten.

Das Sozialleistungsrecht garantiert aber kein reibungsloses und wirksames Funktionieren des Systems, in dem es erfüllt wird. Es ist partikular normiert, während sich in der Realität die Probleme kaum entsprechend sortieren lassen. Zu den rechtlichen Abgrenzungen kommen die fachlichen. Allgemein wird im Sozialwesen und im Gesundheitswesen ein *fragmentiertes Hilfesystem* beklagt. Es ist nachteilig für die Menschen, denen nicht umfassend und kontinuierlich, sondern hier und da nur punktuell und stückweise geholfen wird, und es ist in seiner Ressourcennutzung unökonomisch. Der einzelne Leistungserbringer hat gewöhnlich kein Interesse an einer übergreifenden Versorgung. Er baut auf seine spezielle Kompetenz. Um die Fragmentierung zu überwinden, werden Schritte hin zu einer koordinierten, vernetzten und *integrierten Versorgung* unternommen. Sie verspricht mehr Effektivität und Effizienz. Wer tritt für diese Neustrukturierung ein? Naturgemäß nicht einzelne Sozial- oder Gesundheitsunternehmer, sondern die Öffentlichkeit in der Gesellschaft und in sie eingebettet die Fachöffentlichkeit. In ihr werden die Mängel des Systems diskutiert und Veränderungen vorgeschlagen.

Sie bestehen besonders in Strukturanpassungen und neuen Arrangements des Zusammenwirkens formeller und informeller Akteure. Die Ökonomie der Versorgung verlangt zum Beispiel eine zügige Integration von Zuwanderern, statt sie ohne Arbeit lange in Einrichtungen festzuhalten, die Stärkung häuslicher, nahräumlich gestützter Pflege, Gesundheitsförderung in der Familie, das alltägliche Auskommen mit Menschen, die unter einer psychischen Störung leiden, statt diese Menschen (wiederholt) stationär unterzubringen. Den einzelnen beruflich damit befassten Experten kann die Disposition über die Gestaltung der Dienstleistungen nicht überlassen bleiben. Man denke an die in Fachkreisen betriebene Inflation psychischer Erkrankungen, die vor allem der Pharma-Industrie zupass kommt. Auch die Vermehrung spezialisierter Beratungsstellen im Sozial-wesen mag zwar zur Beschäftigungsförderung durchgehen, gehört aber eingefangen von einer vernünftigen Zusammenführung per generalisierter „Beratung über Beratung" (wie im Konzept der Sorgeberatung vorgese-hen, vgl. Wendt 2009). Die Bemühungen um Integrierte Versorgung im Gesundheitswesen und um Vernetzung vorhandener sozialer Dienste sind sozialwirtschaftlich begründet. Der komplexe Bedarf erfordert sie und die darauf gerichtete zielführende Ressourcenverwendung im Zusammenwir-ken der Akteure, die darüber verfügen.

Eine strukturelle Vernetzung wird politisch und administrativ gebahnt. Nach Untersuchung und Diskussion eines Bedarfs – zum Beispiel in der Versorgung chronisch Kranker, im Kinderschutz oder in der Straffälligen-hilfe – ist die vorhandene Bedarfsdeckung zu prüfen und fortzuentwi-ckeln. Die Versorgung in einer Kommune oder in einer Region obliegt der Planung und der Steuerung durch die Gebietskörperschaft. Die ökonomi-sche Beurteilung des negativen Zustandes wie des positiven Vorhabens er-folgt von einer Warte jenseits beider und unterstellt einen sozialwirtschaft-lichen Zusammenhang, in dem Dienste am Menschen zweckmäßig er-bracht werden.

Studie 4: Soziale Produktivität

Sorgende Menschen sind produktiv in dem, was sie für sich und füreinander leisten. Die *Produktivität* ihrer Sorgearbeit erscheint nicht in Warenbeziehungen wie in der Erwerbswirtschaft und besteht nicht in dem Mehrwert, den warenförmige Produkte monetär abwerfen. Die Produktivität der Sorgearbeit erweist sich in dem Wohl, das sie mit sich bringt. Die Theorie der Sozialwirtschaft sucht diese Produktivität zu erfassen, um sie in Beziehung zur komplementären und kompensatorischen Versorgung in der organisierten Sozialwirtschaft zu setzen. Das Interesse besteht nicht darin, private Produktionsbereitschaft zu dem Zweck auszuloten und zu aktivieren, sie zur Entlastung des Sozialstaates heranzuziehen. Vielmehr rückt die Subjektstellung des Einzelner und primärer Lebensgemeinschaften in der Generierung und Bewirtschaftung von Wohlfahrt in den Fokus.

Aus der historischen Entwicklung der Sozialwirtschaft ist zu lernen, dass ihre Institutionalisierung mit *member serving organizations* anfing und sich im wohlfahrtsstaatlichen Rahmen in *public serving organizations* fortsetzte. Gemeinschaftliche Selbsthilfe und die zu ihr nötige Ausbringung von Gütern prägten die sozialwirtschaftliche Praxis, bevor sozialpolitisch die Strukturierung öffentlicher Daseinsvorsorge und mit ihr in Verbindung die freie Wohlfahrtspflege einsetzte. In theoretischer Perspektive kommt genossenschaftliche Produktivität, die sich durchaus marktlich und mit ihrem monetären Ertrag auszuweisen vermag, vor dem Mitteleinsatz im *social service state* (Beveridge) zum Tragen. Wie nun die Produktivität der beteiligten Akteure im Verständnis einer erweiterten Sozialwirtschaft sich entfalten kann, gilt es zu untersuchen.

In der herkömmlichen klassischen Wirtschaftstheorie sind Unternehmen die Produzenten und Haushalte die Konsumenten. Die Dynamik ihrer Beziehung aufeinander bestimmt das gesamtwirtschaftliche Geschehen. Während der Güterstrom von den Unternehmen ausgeht und sie die Akteure sind, die durch Faktorkombination Leistungen erstellen, fällt den Privathaushalten die Rolle der Abnehmer dessen zu, was gewerblich hergestellt und im Handel geliefert wird. Die Theorie des Wirtschaftens unterstellt es der Marktlogik. In ihr interessiert nicht, was gebraucht wird, sondern was sich absetzen lässt. (Vgl. zu dieser Auseinandersetzung mit der neoklassischen Volkswirtschaftslehre Wendt 2011 b.)

Die Sozialwirtschaftslehre betrachtet Personenhaushalte als die primären produktiven Akteure. Zunächst sind sie souverän im lebenspraktischen Vollzug ihrer Versorgung. Menschen verwenden ihre Kräfte darauf, ihren Lebensunterhalt zu erstellen. Das taten sie ursprünglich als Jäger und Sammler, dann als sesshafte Selbstversorger, als Bauer, Handwerker, auch als Künstler und Erfinder. Deckung des Lebensbedarfs, Selbstbehauptung und produktive Weltaneignung kommen zusammen und verschränken sich. Die Schaffenskraft des Einzelnen hat immer schon ihren sozialen Kontext gehabt. Sie wird von Gemeinschaft getragen und unterstützt, trägt zu ihr bei und wirkt in ihr. Versorgung hat darin von vornherein ihren Horizont, eine Erstreckung nach Herkommen und Zwecksetzung.

Jenseits der Notdurft des Lebensunterhalts ist der einzelne Mensch produktiv, der sein Leben führt und es für sich allein und mit anderen Menschen gestaltet. Er generiert seine Wohlfahrt im subjektiven Sinne und objektiv unter den Umständen seines Daseins, indem er lernt, indem er sich findig zu versorgen weiß, soziale Beziehungen herstellt, einem Lebensentwurf entsprechend sein Fortkommen plant, in Sozialkapital investiert, sich zu einem gewählten Lebensstil passend ausstattet, usw. Der dazu erfolgende Konsum von Waren dient der Lebensgestaltung – mit der Wahl der Kleidung, mit dem Kauf eines Fahrzeugs, mit der Möblierung der Wohnung, in der Freizeitgestaltung usw.

Der einzelne Mensch *unternimmt* viel und beweist dabei Kreativität. Er pflegt seine sozialen Beziehungen, tauscht sich aus, betreibt allerhand Geschäfte, auch Sport, unternimmt einen Ausflug usw. Neben seinem physischen Einsatz und seinem Aufwand an Zeit braucht er dafür Mittel bzw. Waren, die kraft ihres Gebrauchswertes dem jeweiligen Vorhaben dienen. Die „natürliche Erwerbskunst", wie sie in der aristotelischen Ökonomik dargestellt wird, besteht in der Deckung des Bedarfs an Gütern, mit denen sich auskömmlich und gut leben lässt. An diese Auffassung von Wirtschaft schließt die bekannte Definition der ökonomischen Wissenschaft an, die Alfred Marshall 1890 in seinen „Principles of Economics" gegeben hat: "Political Economy or Economics is a study of mankind in the ordinary business of life; it examines that part of individual and social action which is most closely connected with the attainment and with the use of material requisites of wellbeing". (Marshall 2009, 1)

Die Nutzung der „Requisiten" erfolgt in der Lebensgestaltung und Lebensführung der einzelnen Menschen selber – ohne oder mit dazu herangezogenen Dienstleistungen. Diese Annahme der produktiven Selbständigkeit von Individuen in sozialen Belangen unterstellt, kann Wirtschaften vorrangig in der eigenen Produktivität von Personen konzipiert werden – und nachrangig in der Produktivität von Leistungsanbietern als Unternehmen und sodann in der Interaktion dieser Unternehmen mit ihren Kunden. Sozialwirtschaftlich interessiert diese Interaktion im besonderen, da in ihr von den Beteiligten das Sachziel sozialwirtschaftlichen Handelns wahrgenommen und erfüllt wird.

4.1 Die soziale Produktionsfunktion

Die Beziehung zwischen dem Input an Gütern und dem Output an Wohlergehen beschreibt eine *Produktionsfunktion*. Gesamtwirtschaftlich sagt die Produktionsfunktion aus, mit welchem Input an Produktionsfaktoren die Höhe der Güterproduktion als Output zustande kommt. In der Mikroökonomie gibt die Produktionsfunktion mengenmäßig an, was sich (mit dem Einsatz von Arbeitskraft und Betriebsmitteln) machen lässt. Ein sozialer Dienstleister sollte an der Produktionsfunktion seines Unternehmens oder seiner Einrichtung erkennen, wie wirksam und wirtschaftlich sein Faktoreinsatz in der Vorkombination, der internen Einbeziehung der Leistung von Nutzern und in der Endkombination der Produktionsfaktoren ist (vgl. das *service productivity model* von Grönroos/Ojasalo 2004). Der sozialwirtschaftliche Prozess wandelt auf jeder Ebene materielle und immaterielle Ressourcen in qualitativer und quantitativer Hinsicht mehr oder minder ertragreich wohlfahrtsdienlich um.

Nun ist die Rede von „Produkten" bei Diensten, die am Menschen, für sie und mit ihnen geleistet werden, durchaus unangemessen: Persönliche Zuwendung, eine achtsame Behandlung, Pflege, Erziehung oder Förderung werden nicht fabriziert; sie passen nicht in die Warenform eines Produkts. Die bei Einführung des *New Public Management* bzw. der Neuen Steuerung im Sozial- und Gesundheitswesen in Verwaltungen und bei Diensten aufgekommene Sprachregelung zur Outputorientierung (Produkt als im Leistungsauftrag definierter Output) war auch gar nicht auf die Unmittelbarkeit einer Sorgearbeit bezogen, sondern sollte „marktlich" die betriebliche Performanz von Einrichtungen und Diensten zum Ausdruck bringen. Aus dem gleichen Grunde präsentierten sich karitative und andere helfende Institutionen als *Sozialunternehmen* – und verstehen seither Sozialwirtschaft als Horizont ihres ökonomischen Auftritts im Wettbewerb und in einem Markt.

Da für die *cura* persönlichen und gemeinsamen Ergehens in der modernen Gesellschaft immer mehr und vielfältige Dienstleistungen im Sozial- und Gesundheitswesen gebraucht werden, widmen sich dem Geschäft mit ihnen auch immer mehr Unternehmen. Soziales Unternehmertum wird auf europäischer Ebene gefördert, und alte Unterscheidungen von gemeinnützigen Dienstleistern in der Wohlfahrtspflege und privat-gewerblichen Anbietern verwischen sich. Sie alle führen soziale und gesundheitsbezogene Leistungen aus. Marktwirtschaftlich betrachtet antworten die Akteure mit ihrem Angebot auf eine Nachfrage, und die Frage stellt sich, ob sie in der Sozialwirtschaft mehr zu besorgen haben als die Güte und Angemessenheit der von ihnen bereitgestellten Produkte.

Auf jeden Fall wäre es verfehlt, speziell dem sozialen Unternehmertum schon vom Begriff her eine *contradictio in adiecto* zu unterstellen, und es wäre insbesondere ungerecht, unternehmerischen Gemeinschaftsinitiativen und Sozialfirmen ein wohlfahrtsdienliches Handeln abzusprechen. Sozialunternehmer denken durchaus nicht von vornherein an die Erzielung von Gewinn; sie sind motiviert zu helfen, betroffen von sozialen Problemen und wollen gemeinschafts- und wohlfahrtsdienlich handeln (Germak/ Robinson 2013). Deutlich wird das in unternehmerischen Betätigungen, die keine Scheidung der geschäftlichen von der fachlich-praktischen Zuständigkeit erlauben. So gibt es etwa im Rahmen der „Sozialen Landwirtschaft" bzw. von „Green Care" (Gallis 2013) Bauernhöfe, die hauptsächlich pädagogische und therapeutische Zwecke erfüllen, Arbeitsplätze für behinderte Menschen oder zur Resozialisierung Straffälliger bieten und psychisch kranken oder suchtkranken Menschen buchstäblich wieder „Boden unter den Füßen" verschaffen. (Limbrunner/van Elsen 2013) Die ökologisch orientierten Unternehmen auf dem Lande handeln wirtlich in der von ihnen unterhaltenen Arbeits- und Lebensgemeinschaft von Mensch und Natur.

Eine deutliche Unterscheidung der sozialen Produktivität von der betriebswirtschaftlich berechneten ist allerdings auch bei ökologisch und humandienstlich engagierten Wirtschaftseinheiten angebracht. Der betriebliche Erfolg von Unternehmen misst sich gewöhnlich in Umsatzdaten, Rentabilität an Umsatzerlösen, der gesamtwirtschaftliche Erfolg am Beitrag zum Bruttoinlandsprodukt und an Beschäftigungseffekten und fiskalischen Effekten. Die Klientel, die im Unternehmen behandelt, betreut und gepflegt wird, zählt in diesen Hinsichten der Menge nach als Produktionsfaktor. Agenturen zählen ihre „Kunden", Veranstalter zählen die Besucher. Beratungsstellen belegen mit ihrer Auslastung ihre Zweckerfüllung. Kliniken betreiben Patientenakquise. Ärzte lassen sich von stationären Einrichtungen für Überweisungen prämieren. Für Vorsorgeprogramme und für Wellness-Angebote werden neue Marktsegmente und Kundengruppen „erschlossen". Kurbetriebe kümmern sich um Kundenbindung. Anbieter von Qualifizierungsmaßnahmen ringen um Aufträge.

Die Erfahrung lehrt, dass auch wenn ein Unternehmen ergänzend zu seiner wirtschaftlichen Wertschöpfung mit Sorgfalt eine soziale Wertschöpfung ausweist, ihn doch die Absonderung des Geschäftsbetriebs von der humandienstlichen Aufgabenstellung und damit vom sozialwirtschaftlichen Sachziel davon abhält, sich die in der Aufgabenerfüllung selber gegebene Ökonomie zueigen zu machen. Sie steht bei der Geschäftsführung nicht in den Büchern. Die Pflege von Wohlfahrt und ihre Ökonomie und somit Sozialwirtschaft sensu stricto wird den Bediensteten überlassen. Die humanberuflich Tätigen ihrerseits, gar nicht zu reden von freiwillig und informell Mitwirkenden, die sich den Versorgungsaufgaben widmen, identifizieren sich nicht mit jenem Geschäftsbetrieb und nicht mit dessen „Produkten" und folglich auch nicht mit einer im Unternehmenssinne verstandenen Sozialwirtschaft. Derart erstreckt sie sich nicht auf die Individualebene, und der Begriff soll auf der Organisationsebene bloß die Besonderheit einer Industrie bezeichnen, die Umsatz mit der Bearbeitung von Problemen bestimmter Personengruppen macht und die dabei entstehenden Kosten und Erträge erfasst.

Anders auf der Mikroebene des Lebens von Menschen. Darin erfolgt die Nutzengenerierung nicht in einer Betriebsstätte und nicht per Herstellung und Vertrieb von Waren. Menschen leben in bestimmten Verhältnissen, gehen Beziehungen ein und haben teil an vielerlei Geschehen. In ihm und aus ihm können sie nach ihren Präferenzen für sich Nutzen gewinnen. In Hinblick auf die Wertschöpfung im persönlichen Sorgen ist zu untersuchen, mit welchem Einsatz, Ziel und Erfolg Menschen alltäglich vorankommen. Unterstellt oder erwartet wird bei dieser Betrachtung keine Selbstökonomisierung des Individuums in der Steuerung seines Tuns und Lassens; reflektiert und beschrieben wird vielmehr die ökonomische (haushaltende) Logik wohlfahrtsdienlicher Lebensführung. Einen Ansatz bietet die soziologische Theorie der rationalen Entscheidung, in der von der Wirtschaftswissenschaft her der Topos der Produktionsfunktionen auf das Gebiet des sozialen Verhaltens und persönlicher Lebensführung übertragen worden ist. Menschen wollen ihre Präferenzen realisieren; sie können das auf Wegen und Umwegen der Produktion von Nutzen.

Wenn nach Siegwart Lindenberg „alle Menschen mindestens zwei Dinge maximieren wollen: soziale Wertschätzung und physisches Wohlbefinden" (Lindenberg 1990, 271), dann verhelfen zur Erfüllung dieser Grundbedürfnisse in der persönlichen Lebensführung *materielle* Güter und auch Geld nur beschränkt. Es handelt sich für das Subjekt nur um „Zwischengüter" in der Herstellung von Wohlfahrt. Für sie gibt die „soziale Produktionsfunktion" nach Lindenberg an, was objektiv in individueller Lebensgestaltung unter äußeren Verhältnissen und Potenzialen und inneren Vermögen erstrebt und erreicht werden kann. Für eine Person sind das die „Bedingungen der Wohlfahrtsproduktion im Lebenslauf" (Huinink/Schröder 2008, 294).

Die „primären Zwischengüter" verschaffen dem Individuum „Komfort" und „Belebung", die ihrerseits zum physischen Wohlbefinden beitragen, und über Wohlstand einen Status, der soziale Anerkennung mit sich bringt. Soziale Produktionsfaktoren wie Wissen, Bildung und Kultur tragen indirekt dazu bei, die primären Zwischengüter zu erhalten und mit ihnen das eigene Wohl zu generieren (vgl. zur sozialen Produktionsfunktion und zur Nutzengenerierung über Zwischengüter Ormel/Lindenberg/Steverink/Verbrugge 1999, 67). Über diesen Zusammenhang sind Menschen nicht im gleichen Maße informiert und können deshalb mehr oder weniger Nutzen aus ihm ziehen. Ihnen bei Mangel an Kenntnis und Motivation Bildungsgüter nahezubringen, ist eine soziale Aufgabe, die viel Aufwand rechtfertigt. Sie wird insbesondere durch Einbeziehung der Zielpersonen und ihres Umfeldes in den Bildungsprozess erfüllt, etwa indem in einem „bildungsfernen" Milieu Eltern und Kinder und deren informelles Netzwerk zu aktiver Teilhabe bewogen werden. Der sozialen Produktionsfunktion von Bildung auf der Aggregatebene liegt eine individuelle Produktionsfunktion in der Input-Output-Beziehung bei den Adressaten von Bildungsbemühungen zugrunde.

Die Verankerung der Sozialwirtschaft bzw. der Produktion von Wohlfahrt in der Lebensführung des Einzelnen, im individuellen Bedarf und im persönlichen Handeln verlangt danach,

1. in einem ersten Schritt auf Beweggründe des Handelns zu physischem Wohlergehen und im Streben nach sozialer Anerkennung zurückzugehen und auf dieser Basis die Produktivität der individuellen Lebenspraxis im biografischen Kontext auszuloten. (Abschn. 4.2)
2. In einem zweiten Schritt ist zu betrachten, wie eine Nutzengenerierung aus versorgenden Systemen bzw. durch externe Leistungserbringer ef-

fektiv in Anknüpfung an und in Verbindung mit der Produktivität der Endnutzer zustande kommt. (Abschn. 4.3)

3. Die Verbindung über Leistungen kann, wie in einem dritten Schritt zu untersuchen wäre, im System der Versorgung effizient oder ineffizient erfolgen. (Abschn. 4.4)

Es gibt darüber hinaus eine soziale Produktivität, die nicht in den Bereich der Sozialwirtschaft gehört, aber ihn berührt und sich mit ihm überschneidet.

4.2 Individuelle Wege der Wohlfahrtsproduktion

Die *Theorie der sozialen Produktionsfunktionen* ist geeignet, die faktorbezogene Generierung von physischen Wohlbefinden und sozialer Anerkennung im Handeln und im Verlauf des Lebens eines Subjekts generell zu erfassen. Unabhängig von der Frage, wie effizient oder ineffizient der Einzelne dabei verfährt, wird zunächst unterstellt, dass er seine Biografie produktiv verfertigt und sie nicht einfach ein Laufband des Schicksals ist, auf dem Ereignisse aneinander gereiht sind. Jeder Mensch nimmt sich etwas vor und setzt sich dafür ein, orientiert sich an ihm in seiner Umwelt zugänglichen Mustern der Lebensführung, zieht Mittel heran, erwägt Möglichkeiten und realisiert die eine oder andere, und er geht seinen Weg. Konzipieren lässt sich eine Ökonomie der Lebensführungsgenese in Abhängigkeit von „verfügbaren Ressourcen und bestehenden Restriktionen der sozialen Lage" (Otte 2004, 85).

Individuelle Lebensführung erfolgt im persönlichen Einsatz. Im Rahmen der Forschung zur Wahl eines Lebensstils und zu dessen Abhängigkeit von Komponenten der Sozialstruktur hat Gunnar Otte ein „ressourcentheoretisches Investitionsmodell" formuliert. „Die Grundidee besteht darin, dass jeder Mensch *Investitionen* in eine bestimmte Art der Lebensführung vornimmt. Bei der Entscheidung zugunsten dieser Lebensführung orientiert sich ein Akteur – bewusst oder unbewusst – an einem Nutzenkalkül." (Otte 2004, 99) Er folgt diesem Kalkül gemäß der Theorie der sozialen Produktionsfunktionen, indem er mit verfügbaren Ressourcen und bei gegebenen Restriktionen Zwischengüter in den Elementen seiner Lebensführung erreicht, welche die grundlegenden Bedürfnisse befriedigen können (Otte 2004, 101f.). Verwiesen wird im Investitionsparadigma Ottes auf das soziale Netzwerk bzw. das Milieu, dem eine Person angehört. Ihr

Investitionsverhalten orientiert sich daran. Denn „durch das persönliche Netzwerk und die Lebensführung der Netzwerkangehörigen wird *die Gültigkeit sozialer Produktionsfunktionen* zu einem großen Teil *festgelegt*". (Otte 2004, 106)

Sehen wir von der Typologie der Lebensstile bzw. der „Lebensführungstypologie" ab, die den eigentlichen Gegenstand von Ottes Erörterungen bildet, erweist sich der analytische Zugriff auf die Generierung eines Lebensstils als fruchtbar für die sozialwirtschaftliche Erfassung des individuellen Produktionsprozesses von Wohlfahrt. Im Konzept von Otte „wird die Lebensführung als das fortwährend modifizierbare, in seinen Grundzügen aber über längere Zeit stabile Produkt individueller Investitionen von – insbesondere – ökonomischem Kapital, kulturellem Kapital und Zeit aufgefasst. Die Richtung, in die ein Akteur diese Ressourcen lenkt, wird maßgeblich durch seine Einbindung in ein soziales Netzwerk bestimmt, denn die nahestehenden Personen bringen unterschiedlichen Arten der Lebensführung ein unterschiedliches Maß an Wertschätzung entgegen." (Otte 2004, 348) Mit dem erwarteten Ertrag an Anerkennung und Wertschätzung und mit weiteren äußeren Rahmenbedingungen und Anreizen ist bestimmt, was dem Einzelnen zu tun opportun erscheint. Seine „individuelle Produktionsfunktion" wird überdies von auch wieder vom sozialen Umfeld geprägten „inneren Handlungsbedingungen" und personalen Faktoren geprägt (Huinink/Schröder 2008, 303).

Individuelle Wohlfahrtsproduktion hat einen eigensinnigen Charakter, begründet in den Entwürfen, welche die Produzenten vor Augen haben, und in den Spielräumen, in denen sie sich bewegen. Diese subjektiven und objektiven Gegebenheiten sind besonders in Lebensverhältnissen relevant, in denen unterstützende, verhaltenskorrigierende oder rehabilitierende Maßnahmen – personalisierte neue Faktorkombinationen – gefragt sind. Professionelle Hilfen oder Behandlungen treffen hier auf eine bereits vorhandene individuelle Produktionsfunktion, die per Intervention zu durchkreuzen selten angemessen ist.

Bekanntlich wird in der Sozialen Arbeit methodisch eine Orientierung an den Ressourcen und den Stärken von Menschen statt an ihren Defiziten favorisiert. Was aus den vorhandenen Stärken wird und wie der Einzelne seine Ressourcen einsetzt, hängt von dem Bezugsrahmen ab, in dem er sich orientiert. Wenn ein junger Mensch in seinem Milieu mit dem Drogengebrauch neben der körperlichen und psychischen Stimulation zugleich eine Verhaltensbestätigung und einen Statusgewinn in der Peergroup erfährt, handelt er insoweit produktiv. Im Zeitverlauf prägt sich sein

Lebensstil als Abhängiger aus. Seine Ratio widerspricht der Ratio professioneller Drogenhilfe, sodass erst ein längerer Weg der Aushandlung zur Koproduktion einer „anderen" Wohlfahrt führen dürfte.

Auf der Individualebene sind der Wohlfahrtswege viele. Auch bei Integrationsbemühungen um Randständige oder Migranten tun Helfende gut daran, sich auf die Diversität gelingenden Lebens einzustellen. Der illegale Zuwanderer sichert seine Existenz in produktiver Weise, indem er im Netzwerk seiner Ethnie Anschluss sucht, eine illegale Beschäftigung annimmt und den Kontakt zu Behörden und sozialen Diensten erst einmal meidet. Sie würden in seiner subjektiven Situation seine individuelle Produktionsfunktion stören. Nehmen wir an, es handelt sich um eine aus Osteuropa kommende Haushaltshilfe, die faktisch die Pflege eines alten Menschen übernimmt. Somit ist informell eine soziale Produktivität gegeben, die durch Eingriffe zu konterkarieren ökonomisch unvernünftig wäre. Pflegefachliche Versorgung ist hier im besten Falle gehalten, die informelle Lösung im Haushalt mit Rat zu begleiten und abzustützen. In vielen Bereichen des sozialen Lebens erreichen Eigeninitiativen eher Problemlösungen als dass sie von extern aufwändig elaboriert werden.

In der Dynamik der individuellen Lebensführung bleibt Wohlfahrt ein dem Streben voraus liegendes Ziel. Auf dem Fahrensweg zu ihm hin kann sich der Einzelne auf Zwischengüter der Bildung und der Qualifizierung im „lebenslangen Lernen" stützen. Erreichte Abschlüsse und erworbene Zertifikate und andere Zeugnisse weisen Fortschritte auf dem Weg aus und lassen sich mit mehr oder minder Erfolg zielgerichtet verwerten. Gelernt wird nicht nur für die Arbeitswelt und die Leistungsanforderungen in ihr, sondern auch für die alltägliche Lebensbewältigung im Wandel moderner Verhältnisse. Diese Zweckbestimmung hat sozialwirtschaftlich Gewicht, weil sie auf die Bedeutung des Lernens und der Bildung nachgerade für Klienten der Sozialen Arbeit verweist, denen geholfen werden soll, Anschluss an den Zug des gesellschaftlichen Geschehens zu finden und zu halten. „Zwischengüter" der Bildung spielen eine Schlüsselrolle in der sozialen Produktionsfunktion und im Gelingen des Lebens generell.

Aus dem, was der Einzelne zum Erwerb von „Zwischengütern" unternimmt, kann auch ein Unternehmen werden, mit dem er gewerbsmäßig ein Geschäft führt. Dafür reichen unter Umständen schon eine gute Idee und ein Plan, wie sie sich realisieren lässt. Mit seinem Unternehmen begibt sich der Mensch aus der Sphäre und Zuständigkeit seines Haushalts und auch aus der sozialen Lebenswelt, in die er in seiner Umgebung eingebettet ist, in die Sphäre des Handels und eines Marktes (Chrematistik heißt der Handel zum Zweck der Bereicherung bei Aristoteles). Will er hier Erfolg haben, muss er der Marktlogik entsprechen und betriebswirtschaftlich denken. Betreibt er dagegen mit eigenen Mitteln etwas für sich oder seine Lebensgemeinschaft, braucht er das Repertoire der Betriebswirtschaftslehre nicht.

In der Sorge um sich und um eine Gemeinschaft bleibt es in der Produktivität bei Selbstgestaltung. Der Mensch formt sein Leben in Konstitution seiner selbst und per „Kultur seiner selbst" (Foucault 1986, 53). Indes wird ökonomisch diese eigene Lebensgestaltung und das damit einhergehende Nutzen und Verbrauchen von Ressourcen eingegrenzt durch soziale Haushaltung mit ihren Normen und Regeln. Wohlfahrt braucht ein Milieu, das sie qualifiziert.

4.3 Investitionen auf der Aggregatebene der Wohlfahrtsproduktion

Engagierte Menschen kümmern sich um das Gemeinwohl. Wenn sie es vermögen, stellen sie dafür Kapital in Form von Geld, Zeit und Kraft zur Verfügung. Sie leisten eine „soziale Investition", verstanden als „privates Handeln mit Gemeinwohlbezug" (Anheier/Schröer/Then 2012, 7). Wo der Begriff in diesem Sinne gebraucht wird, liegt die Förderung von sozialen Unternehmen nahe, die sich Dienste im allgemeinen Interesse zu leisten vornehmen. Auf europäischer Ebene soll ein ganzes „Ökosystem" der Förderung von „sozialem Unternehmertum" dienen. Die EU-Kommission spricht von einem „Ökosystem für Sozialunternehmen" (Europäische Kommission 2011). Gedacht ist bei dem stützenden und fördernden Umfeld für ein *social business* in erster Linie an günstige Finanzierungsbedingungen für die Unternehmen. An den aufgelegten Programmen können sich interessierte Organisationen, zivilgesellschaftliche Akteure, politische und akademische Kreise beteiligen. Erwünscht ist eine Innovationskultur und gesucht sind Financiers als Stakeholder und „Inkubatoren" der Sozialwirtschaft.

Es hat sich herumgesprochen, dass das Soziale nicht nur „kostet", sondern sich auch „lohnt". Im Februar 2013 hat die Europäische Kommission ihr „Sozialinvestitionspaket" veröffentlicht. Es besteht aus der Mitteilung „Towards Social Investment for Growth and Cohesion", worin dem effektiven und effizienten Einsatz von Finanzmitteln für soziale Sicherheit, für Investitionen in die Fähigkeiten und Qualifikationen der Menschen und in die Prävention ihrer Lebensrisiken das Wort geredet wird, und weiteren

Dokumenten. Einleitend heißt es in der Mitteilung: „Welfare systems fulfil three functions: social investment, social protection, stabilisation of the economy. Social investment involves strengthening people's current and future capacities. … In particular, social investment helps to 'prepare' people to confront life's risks, rather than simply 'repairing' the consequences." (Europäische Kommission 2013 a, 3) Investieren sollen die Mitgliedsstaaten in erster Linie von früher Kindheit bis ins Alter in "Humankapital", das für wirtschaftliches Wachstum gebraucht wird. Sie tun es mit dem sozialen Unternehmertum nicht direkt, sondern in Förderung neuer unternehmerischer Ansätze und Vorhaben.

Welche dazu gehören, wird unterschiedlich ausgelegt. Das private „soziale Unternehmertum" mag mit sozialen Investitionen identifiziert werden, die weitgefasst alle Aktivitäten einschließen, die „autonom sind, freiwillig und gekennzeichnet durch irgendeine Art von Begrenzung der Ausschüttung privater Erträge und mit dem Zweck, positive externe Effekte zu erzielen" (Anheier 2012, 19). Damit bewegen wir uns auf der Mesoebene sozialer Versorgung; es bleibt aber bei unternehmerischen Einsätzen, welche eine bedarfsgerechte Versorgung nicht gestalten und gewährleisten, sondern nur partikular zu ihr beitragen. Im Folgenden sei hingegen in der sozialwirtschaftlichen Dimension der Versorgung auf die Makro-Mikro-Relation des Investierens mit sozialer Zielsetzung eingegangen.

War von Investitionen die Rede, welche Menschen in ihrer Lebensführung für ihr eigenes Wohl tätigen, kann daran auch direkt mit Investitionen angeschlossen werden, welche die öffentliche Hand zum Wohle aller oder bestimmter Personengruppen vornimmt. Auf das „Investitionsverhalten" des Einzelnen lässt sich sozialwirtschaftlich nicht nur beziehen, wie dienstleistend professionell und betrieblich in Versorgungsstrukturen darauf geantwortet wird, sondern auch, was der *„soziale Investitionsstaat"* leistet. Er zielt auf der Makroebene darauf ab, die Beschäftigungsquote zu erhöhen, eine bessere Vereinbarkeit von Familie und Beruf zu erreichen, Bildung zu fördern und mit lebenslangem Lernen eine ständige Anpassung des Arbeitsvermögens an den globalen Wandel zu erreichen (vgl. Morel/ Palier/Palme 2012). Auf der Mikroebene setzt das Konzept des sozialen Investitionsstaates den in eigenen Belangen aktiven bzw. zu aktivierenden und verantwortlichen Bürger voraus. Er soll in seinem Handlungsvermögen und seiner Selbstaktualisierung gefördert werden. Die Spezifik, in welcher der Einzelne und bestimmte Personengruppen in ihren Milieus sich eigenaktiv verhalten, legt nun nahe, auch die sozialen Investitionen entsprechend zu spezifizieren – bezogen auf biographische Passagen der frühen Kindheit, von Schule, Ausbildung und Berufseintritt, Elternschaft und Karriere in flexiblen Beschäftigungsverhältnissen usw. und bezogen auf sozialräumliche, sozialkulturell und ethnisch bedingte Lebenslagen.

Um ihres Erfolgs willen hat die öffentliche Daseinsvorsorge immer wieder ihr Verhältnis zur persönlichen und familialen bzw. lebensgemeinschaftlichen Daseinsvorsorge zu reflektieren. Investiert der Sozialstaat angesichts des demografischen Wandels „in Kinder", hat er die Schwierigkeit, nicht direkt für die Zeugung von Nachwuchs sorgen zu können. Er kann nur das Aufwachsen des vorhandenen Nachwuchses fördern. Im sozialpolitischen Gesichtsfeld auf der Aggregatebene liegt die Unterstützung von Familie als Institution des Aufziehens von Kindern nahe. Frühe Hilfen, die dazu geboten werden, „rechnen sich" in Anbetracht der Folgekosten von Vernachlässigung, Bildungsmangel, Misshandlung (Wagenknecht/Meier-Gräwe/Fegert 2009). Ebenso „rechnet sich" die außerhäusliche Kinderbetreuung – für Stakeholder im Arbeitsmarkt wie auf der Individualebene in der Work-Life-Balance von Eltern. – Hier sei nicht erörtert, inwieweit Kinder das „Zwischengut" in der sozialen Produktionsfunktion ihrer Eltern darstellen, aus dem sie Einkommensnutzen, Versicherungsnutzen, Statusnutzen und emotionalen Nutzen ziehen können (Nauck 2001, 407 ff.).

Es ist ein Unterschied, ob man in der Verwertungslogik der neoklassischen Mikroökonomie den Kapitalertrag ausrechnet, der sich aus Entscheidungen für oder gegen Familie und Kinder auf der Individual- und auf der Aggregatebene ziehen lässt, oder ob nach der sozialen Angemessenheit und Wohlfahrtsdienlichkeit eines Handelns gefragt wird. Wenn jemand etwas für seine Gesundheit tut, ist ihm das in seiner Lebensgestaltung wert – auch ohne zu wissen, welchen Effekt das gesundheitsbewusste Handeln tatsächlich hat. Öffentliche Gesundheitsförderung mag zu ihm beitragen; Primärprävention im Gesundheitswesen senkt deshalb noch nicht die hohen Aufwendungen im Versorgungssystem. Für deren Leistungträger verschieben sich mit der Prävention eventuell nur die Kosten nach hinten und ökonomisch erscheint es am Ende besser, die Ausgaben für die Vorbeugung zu sparen. Beispielsweise lässt sich ausrechnen, dass Raucher wegen ihres früheren Ablebens Kosten sparen, weshalb sich Programme gegen das Rauchen „nicht lohnen". Mit der gleichen Argumentation wären durchweg bei Beitragszahlern lebensverlängernde Maßnahmen nicht angebracht. In der Bilanz einer Krankenversicherung schlägt der Gewinn an Jahren durch aufwändige Kuration und Pflege oder an Lebensqualität für jemanden, der nicht oder nicht mehr raucht, nicht zu Buche.

Sozialwirtschaftlich aber zählt in Diensten am Menschen stets der personenbezogene Wohlfahrtsnutzen. Insoweit den kollektiven Präferenzen nach private Präferenzen unbillig bzw. irrational erscheinen, kann der Staat z. B. durch hohe Besteuerung des Tabakkonsums demeritorisch gegensteuern.

4.4 Wohlfahrtsproduktivität des Versorgungssystems

Innovativ können in der Sozialwirtschaft Dienste und Einrichtungen sein, die der Spezifität und Diversifizierung von Bedarfen zu entsprechen vermögen. Das heißt, die Entdeckung und die Klärung eines sozialen Bedarfs geben einer Neuerung die Bedingungen ihres Erfolgs vor. Aber nur bei leicht eingrenzbaren oder isolierten Bedarfen fällt es leicht, diesen Bedingungen zu entsprechen und mit einer Innovation Erfolg zu haben. Das mag in der Behandlung einer Krankheit mit einem neuen Medikament der Fall sein (wenn sich die Bedingung, Nebenwirkungen gering zu halten, erfüllen lässt), oder mit einer kreativen Eingliederungsmaßnahme für Menschen mit einer autistischen Symptomatik (wenn die Passung zu vorhandenen Arbeitsplätzen gegeben ist), oder mit einem neuen Modell betreuten Wohnens im Alter. Die Antwort eines komplexen Dienstleistungssystems auf zumeist vielseitige Problematiken stellt sich nicht so einfach auf eine neue Weise ein.

Dem komplexen Versorgungsbedarf kommt ein einzelner Dienst oder eine bestimmte Einrichtung allein kaum nach. Bei der vorhandenen, zumeist fragmentierten Struktur im Sozial- und Gesundheitswesen wird nach einer *integrierten Versorgung* gesucht und dazu die Bildung von Netzwerken vorgenommen. Die Vielfalt spezialisierter Angebote kann intersektoral, lokal und regional so orchestriert werden, dass damit im Interesse der Nutzer die Produktivität und Qualität der Versorgung insgesamt zunimmt. Während gewöhnlich nur auf der Betriebsebene untersucht und per Controlling erfasst wird, wie es um die Effektivität und Effizienz steht, ist sozialwirtschaftlich der Blick auf die Systemebene der personenbezogenen Wohlfahrtsproduktion angebracht. Sie ist insgesamt kostenwirksam gestaltet, wenn die Ressourcen, die sie in Anspruch nimmt, optimal den Dienstleistungen zugute kommen, mit denen der Bedarf der Nutzer gedeckt wird. Dem folgt die Definition „Welfare service system productivity refers to the ratio between the services offered to the service user and the resources consumed by all organisations involved in the service process" (Lönnqvist/Laihonen 2012, 132).

Betrachtet werden hier *public serving organizations* der öffentlichen Hand oder gemeinnütziger Dienstleister, die nicht für Mitglieder oder Angehörige, sondern für andere Menschen tätig sind. In einer sozialwirtschaftlichen Mitgliederorganisation kann die Produktionsfunktion der Organisation mit der individuellen Produktionsfunktion der Mitglieder zur Deckung gelangen: der Versorgungsverein bündelt die Sorgen der in ihm vereinigten Personen, soweit sie bereit und in der Lage sind, aktiv über die Art und Weise der Versorgung zu bestimmen. In sozialen Genossenschaften wird kollektiv darüber entschieden, wie Ressourcen genutzt und Prozesse der Leistungserstellung gestaltet werden. Jedes Mitglied ist idealiter zugleich Miteigner und Mitunternehmer (Bataille/Huntzinger 2004, 91).

Mit dem Namen „soziale Produktion" werden jenseits von *member serving organizations* auch Leistungen belegt, die von sozialen Firmen, Betrieben und Projekten außerhalb des ersten Arbeitsmarkts erbracht werden. Diese Unternehmungen verschaffen Menschen, die in der Erwerbswirtschaft arbeitslos bleiben, mit der Beschäftigung die Möglichkeit, ihre eigene Produktivität zu entfalten und mit ihr bzw. mit der dadurch realisierten Teilhabe am Arbeitsleben für sich Wohlfahrt zu erreichen. Gewöhnlich ist es dazu aber erforderlich, dass von öffentlicher Seite eine finanzielle und sachliche Ausstattung solcher Unternehmungen geleistet wird. Was sie hervorbringen, wird in einem gesellschaftlichen Produktionszusammenhang ermöglicht, der auch die Menschen inkludiert, welche alleine den marktwirtschaftlichen Leistungsansprüchen nicht genügen.

4.5 Partnerschaft personalisiert und in Vernetzung

Während die Kooperation zur sozialen Versorgung auf der institutionellen Ebene von jeher vorgesehen ist und in Deutschland immer schon korporatistisch im Miteinander von öffentlicher und freigemeinnütziger Wohlfahrtspflege inszeniert wurde, hat man die Art und Weise der individuellen Koproduktion von Wohlfahrt einschließlich der darauf bezogenen Zusammenarbeit von Trägern, Einrichtungen und Diensten erst in den letzten Jahren thematisiert (vgl. Pestoff 2006, Hunter/Ritchie 2007, Pestoff/Brandsen 2008). Von bürgerschaftlicher Beteiligung an Wohlfahrtsorganisationen über die Einbeziehung von Nutzern in die Planung von Diensten für sie wird ein Schritt weiter an die Leistungserstellung durch die Nutzer selber unter Beiziehung von informellen und formellen Hilfen gedacht.

Nutzerbeteiligung am Dienstleistungsprozess, *service user involvement*, bewährt sich in einer Reihe von Handlungsfeldern, in denen die professionelle Expertise die eigene Erfahrung von Betroffenen nicht ersetzen kann (Beresford/Carr 2012). Psychiatrie-Erfahrene sind inzwischen als Partner in der Versorgungsgestaltung akzeptiert. Sie wirken als Peers in der Therapie mit, werden zur Ausbildung von Fachkräften herangezogen und können zu „Genesungsbegleitern" in der Rehabilitation von psychisch Kranken werden (Utschakowski 2015, vgl. Utschakowski/Sielaff/Bock 2009). In die Arbeit mit Drogenabhängigen bringen Ex-User ihre Erfahrung ein und wirken in der Beratung und in Selbsthilfe-Vereinen mit. Ehemals Straffällige sind als Helfer u. a. in der Vorbeugung von Jugendkriminalität gefragt. Die Kompetenz aus der Selbsterfahrung wird hier wie dort in eine effektive Problembehandlung eingeflochten.

Im Sozialraum lassen sich Gelegenheiten finden und schaffen, die *mixed production of welfare* in partnerschaftlicher Einbindung verschiedener formeller und informeller Hilfen und in Unterstützung von Eltern professionell wie in gegenseitigem Austausch zu organisieren. Beispielsweise geschieht das in *Familienzentren*, wie sie sich in Nordrhein-Westfalen seit 2006 aus den Kindertageseinrichtungen entwickelt haben. (Diller/Heitkötter/Rauschenbach 2008, Heuchel/Lindner/Sprenger 2009) Als „Knotenpunkte im Sozialraum" verstanden, bieten die Familienzentren den Eltern Konsultations- und Bildungsmöglichkeiten im Kontext der Versorgung ihrer Kinder an. Das kann leicht als ein zusätzliches Angebot der Fachkräfte aufgefasst werden, erfüllt seinen Zweck indes erst richtig, wenn die Einrichtung als ein Kompetenzzentrum häuslicher Aufgabenbewältigung und Risikobewältigung von Familien verstanden wird und nur sekundär als ein Zentrum, das zu eben jener Bewältigung fachliche Leistungen an die Frau oder den Mann bringt und verschiedenen Dienstleister der Beratung, Bildung und Behandlung beizieht.

An „Knotenpunkten im Sozialraum" vernetzen sich Personen, Fachstellen und andere an Versorgung beteiligte Organisationseinheiten. Sie teilen eine gemeinsame oder ähnliche Zielsetzung. Die Netzwerkstruktur ist ein wesentliches Merkmal der Sozialwirtschaft als einem sich in Zusammenarbeit und vielfältiger Mitwirkung fortzeugendem Geschehen. *Vernetzung* auf jeder Ebene führt Ressourcen zusammen und schafft Synergie. Allerdings sollte sich dieser Vorteil und Gewinn für die beteiligten Akteure auch erkennbar ergeben – in einer besseren Wirksamkeit, einem Mehr an

Qualität, in Erweiterung der Basis des Wissens und Könnens und in gegenseitiger Absicherung. Über fachliche Zusammenarbeit hinaus macht erst ein gemeinsames ökonomisches Interesse für Organisationen das Netz der Kooperation haltbar. Ein solches Interesse besteht insbesondere, wenn privat-gewerbliche Akteure mit der öffentlichen Hand und mit Dienstleistern der Wohlfahrtspflege kooperieren, sei es in Public-private-partnership, per Outsourcing oder in einer Systempartnerschaft beispielsweise von medizintechnischen Ausrüstern mit Krankenhäusern (Lohmann/Preusker 2009).

Bleiben die sozialen Dienste und Einrichtungen unter sich, vermögen sie zum Vorteil ihrer Nutzer horizontal vernetzte Strukturen mit Synergieeffekten bei gemeinsamer Aufgabenerledigung oder in Form von Produkten bilden, die sie je für sich nicht hervorbrächten. Im intermediären Raum kann die Gestaltung der Sozialwirtschaft unter Gesichtspunkten der *Netzwerkökonomie* betrachtet werden (Brinkmann 2010, 33). Geeignete Einrichtungen, Zentren, Stellen und Stützpunkte verflechten den professionellen Einsatz zudem mit informellem Einsatz. So geschieht eine vernetzte soziale Arbeit in multifunktionalen Stadtteil- und Nachbarschaftszentren, Mehrgenerationenhäusern und bei Selbsthilfekontaktstellen.

Die Verflechtung ist organisatorisch und persönlich zu leisten. Gegenstand einer sozialen Netzwerkökonomie (vgl. Dahme/Wohlfahrt 2000) ist die Kooperation

- erstens auf Trägerebene,
- zweitens auf der Ebene der Dienste und
- drittens auf der persönlichen Ebene von Fachkräften und informell mit und von Betroffenen und freiwillig Beteiligten.

Die Akteure tauschen sich aus, erhalten Unterstützung, beraten sich formell und informell und finden sozial-emotionalen Rückhalt (Brinkmann 2010, 34). Die Netzwerkeffekte treten je nach Umfang, Dichte, Homogenität bzw. Diversität und Zugänglichkeit des Geflechts auf, in den sich Personen und Organisationseinheiten begeben. Während in Beziehungskreisen von Personen vorwiegend soziale Ressourcen gebündelt werden, finden wir in „künstlichen Netzwerken" von Organisationen „überwiegend professionelle Ressourcen zur Bildung von Koalitionen und zur Koordination von Aktivitäten gebündelt" (Schubert 2010, 61). Die Entwicklung einer Netzwerkkooperation stellt besondere Anforderungen an ein Sozialmanagement und ist eine spezielle Aufgabe lokaler Sozialplanung (Schubert 2010, 81).

Eine Verbindung von informeller Vernetzung in einem Wohnquartier mit formeller Vernetzung der in diesem Quartier wirkenden Sozialdienste führt zur Partnerschaft der Stakeholder eines Sozialraums. Eine solche „Vernetzung der Vernetzung" setzt voraus, dass die dienstlichen Akteure, eingesponnen in ihr Handlungssystem, ihre Anschlussfähigkeit entwickeln (Zeman 2005, 320): Sie müssen sich auf die Lebenswelt der Menschen einstellen, mit denen sie kooperieren wollen, sich auf ihre Interessen verstehen und ihnen „auf gleicher Augenhöhe" begegnen. Das Prinzip der Teilhabe gilt hier in ihrer Wechselseitigkeit. Informelle Netze und private Arrangements haben einen „Eigensinn", den zu schätzen professionellen Helfern schwer fällt. Sich darauf einzulassen, ist aber Voraussetzung, wenn der Weg hin zu einer „sorgenden Gemeinschaft" gebahnt werden soll, einer Organisation des Zusammenlebens, in der sich Versorgungsprobleme wie in der Pflege oder in der Behindertenhilfe in Arrangements mehrseitiger Beteiligung bewältigen lassen.

4.6 Nutzergemeinschaft. Zur Ökonomie des Teilens und der Teilhabe

Die sozialwirtschaftlichen Aktivitäten nahmen bekanntlich ihren Ausgang von gemeinschaftlicher Unterstützung in *friendly societies*, *mutuels* und den Genossenschaften der frühen Sozialisten. Inzwischen gibt es weitere Formen des Wirschaftens, die am Bedarf daran beteiligter Menschen ausgerichtet sind und sie als Nutzer einer Sache, eines Raums oder einer Gelegenheit in einer von ihnen gestalteten Nutzergemeinschaft zusammenführen. Teilweise bleiben diese Modi im erwerbswirtschaftlichen Rahmen, und es ist zu untersuchen, inwieweit in einer *kollaborativen Ökonomie* der sozialwirtschaftliche Zweck erfüllt werden kann oder ob in ihr der erwerbswirtschaftliche Impuls dominiert.

Ohne sich in einer Genossenschaft organisieren zu müssen, haben sich alternativ zur Erwerbswirtschaft in den letzten Jahrzehnten Menschen zum Tausch von Gütern materieller und immaterieller Art zusammengefunden. Sie machen sich damit ein Stück weit vom vorherrschenden Warenverkehr und vom kapitalistischen Finanzsystem unabhängig. Es gibt die verschiedene Formen der Tauschringe und seit 1983 zur gemeinschaftlichen Selbsthilfe und erweiterten Nachbarschaftshilfe musterhaft das „Local Exchange and Trading System" (LETS) in Kanada. Es erwuchs aus einer Initiative, welche eine lokal durch Arbeitslosigkeit entstandene Not durch geldloses Tauschen bewältigen wollte. Die Arbeitslosen verfügten auch ohne Erwerbseinkommen über Fähigkeiten, Kräfte und zeitliche Möglichkeiten, die sie miteinander teilen konnten. Eine Tauschzentrale organisierte den Austausch. In vielen Ländern wurde das Modell der Tauschbörse, auch Tauschkreis oder Tauschring genannt, übernommen.

Sozialwirtschaftlich interessiert an dem System die mit ihm erreichbare selbständige Deckung von Bedarf unabhängig von der Erwerbs- und Geldwirtschaft einerseits und vom formellen Versorgungssystem andererseits. Es handelt sich um Varianten der Nachbarschaftshilfe oder von Gegenseitigkeitsvereinen. In Seniorengenossenschaften beispielsweise bieten die Mitglieder einander einen Zeittausch in ihrem Angebot gegenseitiger Hilfen. Gegenseitigkeit ist auch das Prinzip, von dem sich das 2014 in St. Gallen gestartete Projekt einer „Bank für Zeitvorsorge" leiten lässt, das von der Bundesanstalt für Sozialversicherungen in der Schweiz entwickelt wurde: Senioren helfen bei Pflegebedürftigen und sparen damit bei der *Stiftung Zeitvorsorge* der Stadt St. Gallen bis zu 750 Stunden Zeit an, die sie bei späterer Hilfebedürftigkeit einlösen können. Funktionieren wird der Ausgleich aber nur, wenn in der Zukunft andere Ältere zur Hilfe bereit und fähig sind, die Pflege zu übernehmen.

Die Beispiele geben zu erkennen, dass der vorausgesetzte Äquivalenztausch restriktiv wirkt. Man muss mit Eigenleistungen mithalten; wer sie nicht bringen kann, nimmt nicht teil und erhält auch keine Hilfe. Es stellt sich im Tauschgeschehen eine Art Marktordnung ein; nur wer selbstaktiv seine tauschfähigen Ressourcen zu Markte trägt, ist beteiligt. Wer der direkten Unterstützung bedürftig ist, bekommt sie nicht und tritt als Partner nicht auf. Es ist nun aber gerade die Idee einer neuen Form von Wohltätigkeit, dass mit Teilen zu helfen sei. Die sozialen Netzwerke im Internet haben zu *Sharity* (Frick/Hauser/Gürtler 2013) angeregt. Der Begriff verweist nicht nur in der Wortbildung auf engl. *charity*, Wohltätigkeit bzw. wohltätige Organisation. Eine gemeinsame Nutzung von Brauchbarem stellt Gemeinschaft unter Nutzern her, auch mit denen, die nicht besitzen, was sie brauchen, und dient dem Wohl aller. Die Transformation von Teilen zur Teilhabe gelingt allerdings nur, wenn Gemeinschaftlichkeit schon ein maßgeblicher Grund ist, warum und wozu geteilt wird.

Den Begriff *sharing* hat Price (1975) zur Bezeichnung des fundamentalen ökonomischen Verhaltens des Menschen, der seine Existenz der menschlichen Gemeinschaft verdankt, eingeführt. Geteilt wird in der *intimate economy* eines familiären oder kommunen Haushalts mit der Selbstverständlichkeit, dass man aufeinander angewiesen ist. Der Mensch lernt, wenn er aufwächst, in seinem Elternhaus zuerst teilen und dann erst kaufen. Die Beweggründe „mothering, pooling, socializing" (Frick/Hauser/ Gürtler 2013, 9) wirken in einem sorgenden Teilen weiter, das dem sozialen Zusammenhalt gut tut. Im Englischen gibt es den Slogan *sharing is caring*. Man soll andere an seinem Besitz teilhaben lassen und damit dessen Gebrauchswert fürsorglich mit ihnen ausschöpfen. Wer teilt, nimmt auch Anteil. Aber erst in der Wendung *caring is sharing* tritt der Sinn der Anteilnahme hervor, in der andere Menschen auch mit ihren Problemen und Nöten mein Selbst und mein Leben erweitern.

Die ethische Dimension des Teilens tritt nun zurück hinter den ökonomischen Vorteil, den in der Konsumgesellschaft die Devise *Teilen statt Kaufen* verspricht. Von Car-sharing bis Airbnb und Uber hat sich eine Industrie etabliert, die nur noch zum kleineren Teil not-for-profit organisiert ist. Zwar wird informell mehr und mehr getauscht und geteilt – sei es Kleidung oder Musik, seien es Bücher oder Sportgeräte und längst auch Garten, Haus und Wohnung –, fortgeschritten ist dabei die Kommerzialisierung dieser Vorgänge über Plattformen des Internets. Die alternative Szene des Tauschens und Teilens wird in den neuen Geschäftsmodellen erwerbswirtschaftlich vereinnahmt.

Die Aufmerksamkeit, die das Teilen im Austausch und neue Formen der Kooperation finden, ist denn auch den generell zu beobachtenden Umstrukturierungen in der Wirtschaft geschuldet. Der Wandel scheint eine „Rückkehr der Ökonomie in die Gesellschaft" (Piore/Sabel 1989) zu bedeuten, nicht notwendigerweise eine Hinwendung zu einer sozialen Wirtschaft. Wenn von *Sharing Economy* (Leadbeater 2008, Gansky 2010, Heinrichs/Grunenberg 2013) gesprochen wird, ist sowohl an eine neue Konsumkultur, als auch an eine neue Weise der Produktion gedacht. Die Informations- und Kommunikationstechnologie von heute, primär das Internet, bietet den Menschen viel mehr Möglichkeiten, sich kundig zu machen, sich zu beteiligen, unter Angeboten zu wählen und sie sich liefern zu lassen. Auf der anderen Seite greifen die Produzenten und Lieferanten auf die Daten zu, die ihnen sagen, was die Kunden wollen und wählen, und können die Kunden somit auch zur individuellen Gestaltung des Warenangebots heranziehen. Am Ende kommt die Produktinnovation unter maßgeblicher Beteiligung der Konsumenten einzeln und kollektiv zustande oder der Herstellungsprozess verlagert sich – wohl oder übel – ganz und gar zu ihnen. Längst sind die großen Akteure im Internet die hauptsächlichen Ausnutzer, um nicht zu sagen: Ausbeuter, der von den angeschlossenen Nutzern gelieferten Daten.

4.7 Virtuelle Vereinnahmung des Sozialen

„Sozial" genannt wird immer häufiger das, was sich in digitaler Kommunikation im weltweiten Netz und in den „sozialen Medien" abspielt. Das Soziale erscheint hier kanalisiert und technisch bezwungen in den Datenstrom, der es transportiert. Was die *Social Media* an Gütern ausbringen, interpretieren ihre Protagonisten als eine Wertschöpfung für die daran beteiligten Menschen. Diese Auffassung einer informatisch forcierten „sozialen Produktion", die netztechnologisch fundiert ist und online vonstatten geht, wirft im theoretischen Diskurs die Frage nach ihrem Verhältnis zu der Produktion von Wohlfahrt auf, der man sich in der Sozialwirtschaft widmet.

Die Nutzer generieren im Web 2.0 die Inhalte und teilen sie in virtueller Gemeinschaft. Jeder kann sich in eine Infrastruktur vernetzter Produktion einklinken. Besser: ein jeder ist gefordert, Hersteller seiner sich hier bietenden Gelegenheiten zu sein. In einer Open-Source-Umgebung haben allen den gleichen Zugang und die gleichen Möglichkeiten des Beitrags und der Nutzung. Die digitale Technologie flutet ihrerseits die Nutzer mit Inhalten; wer sie empfängt, kann sie in sozialen Netzwerken teilen. So wird denn für die Zivilgesellschaft das Web 2.0 als „Triebkraft für eine partizipationsorientierte Engagementkultur" betrachtet und unterstellt, dass die interaktiven und beteiligungsoffenen Möglichkeiten des Netzes „eine Wahlverwandtschaft zu Grundprinzipien der Bürgergesellschaft wie Selbstorganisation und Eigenverantwortung, Partizipation, Teilhabe und freier Assoziation" aufweisen (Härtel/Ernbacher 2011, 6). Aber selbst bei intelligentem Nutzungsverhalten entsteht dabei keine wirkliche Umsorge, sondern nur die schnelle Abstimmung zu ihren Belangen.

Das „infogene" Soziale (Faßler 2014) lässt sich nicht dingfest machen. Permanente Information bleibt von Grund auf unbeständig. Im Internet als sozialem Raum hat der einzelne Mensch keinen festen Ort (gleichwohl seine Position im Netz stets festgestellt werden kann) und insoweit auch keine unmittelbare Beziehung zu anderen Menschen in seinem Lebenskreis. Sie können informiert werden und sie informieren ihrerseits; dabei besteht eine Vorstellung von Nähe, die aber tatsächlich erst eintritt, wenn jemand leibhaftig zugegen ist.

Es soll mit dem Web 2.0 eine „networked information society" geben (Benkler 2006). In ihr findet eine „soziale Produktion" oder „peer production" von Informationsgütern statt, die ohne zentrale Steuerung auskommt und auch nicht durch den Preismechanismus eines Marktes gelenkt wird.

(Der Begriff „social production" wird hier unterschieden von seiner herkömmlichen, zumeist soziologischen Verwendung gebraucht.) Auf formale Organisation und eine Kapitalbasis kann weitgehend verzichtet werden. Statt Hierarchie in der Festlegung, was in einem Betrieb gemacht wird, ergibt es sich in horizontaler Vernetzung dezentral mit den Beiträgen und der Teilnahme prinzipiell gleichberechtigter Akteure. Für manche Beobachter steht mit der Netzkultur schon ein digitaler Sozialismus ins Haus (Kelly 2009).

Angemessen genutzt, dürften die digitalen Netzwerke die soziale Produktivität durchaus steigern: Kommunikation wird erleichtert und beschleunigt; Inhalte sind in globalem Maßstab erreichbar. In seinen informationellen Verflechtungen ist das Individuum, das seine informationelle Selbstbestimmung ernst nimmt, gehalten, das ihn betreffende Informationsgeschehen zu bewirtschaften. Er hat seinen Datenhaushalt zu meistern. Auch hier geht es um Bedarfsdeckung und den dafür nötigen Faktoreinsatz. Versorgungsbezogen lässt sich ein Bedarf an Beratung in sozialen und gesundheitlichen Belangen medial in zunehmenden Umfang decken – wobei allerdings Bildungsmangel an passender Nutzung hindert. Man muss nicht allein im technischen Sinne den Zugang finden und mit virtueller Beratung umzugehen wissen. Barrierefreiheit bei Web-Angeboten herzustellen, wird als soziale Aufgabe betrachtet.

Zur sozialen Versorgung trägt die „soziale Produktion" nicht bei, die das Netz als Herstellungsweise unter selbständiger Beteiligung gleichberechtigter Mitwirkender und Nutzer ermöglicht. Peer-Produktion, verallgemeinert zu einer gesellschaftlichen Produktionsweise (Siefkes 2008), setzt die freie Verfügbarkeit von Ressourcen (als Gemeingüter, Commons) voraus. Sie muss „commonsbasiert" sein (vgl. die Beiträge in Helfrich/ Heinrich-Böll-Stiftung 2012) oder die Bereitstellung der Güter erfolgt zwischen Besitzenden, die sich zum Beispiel gegenseitig ihre Wohnungen zur Verfügung stellen, wie dass auch (s.o.) sonst mit Raum, mit Autos, Büchern und Gerätschaften geschieht. Wem sie gehören, der erweitert seine Nutzungsmöglichkeiten mit der Teilung des Besitzes (den er schon haben muss, um Teilnehmer zu sein). Eine postkapitalistische Gemeinschaft gleichberechtigter Nutzer, die gemeinsam über eine Produktion und die Verteilung von Produkten entscheiden, kommt so nicht zustande.

Auf der Basis einer frei verfügbaren technologischen Infrastruktur mit gleichberechtigten Nutzungsmöglichkeiten für alle wird eine *„peer-to-peer" (p2p) production* propagiert (Bauwens 2012, Kostakis/Bauwens 2014). Jeder bringt sich mit seinen Fähigkeiten ein und nutzt immaterielle

Produkte („Information Commons") im Netz nach seinen Erfordernissen. Indes deckt, was „peer-to-peer" produziert wird, keinen unmittelbaren Bedarf in der Art, wie es Humandienste tun, sondern bringt Produkte zu anderen Zwecken zustande. Sie können allgemein verwendet werden. Care ist aber individuell bzw. erfolgt individualisiert von Person zu Person.

Indem wir uns im Handlungsrahmen von sozialer Versorgung für „caring is sharing" statt für „sharing is caring" entscheiden, differenzieren wir auch zwischen Sozialwirtschaft und dem, was unter „economics of social production" (Benkler 2006, 91 ff.) verstanden wird. Die „peer production" im Raum der digitalen Technologie bleibt diesem Raum verhaftet und stiftet unmittelbar keine personenbezogene Wohlfahrt, wie immer sie mittelbar bei entsprechender individueller und gemeinsamer Nutzung zu ihr beitragen mag. Die Software, das Auto oder handwerkliches Gerät teilen ist gewiss vorteilhaft, aber erst mit dem Sachziel einer sozialen und gesundheitsbezogenen Bedarfsdeckung wird die kollaborative Ökonomie der Kommerzialisierung entzogen. Der Tausch im Netz bleibt sonst nur ein Modus gesteigerter Verwertbarkeit von *Big Data*.

Studie 5: Soziale Güter und ihre Verteilung

Im öffentlichen Raum werden zum sozialen Wohl für die Bevölkerung *Güter* bereitgestellt und verteilt, die insbesondere dem sozialen Austausch und der Unterstützung, der Bildung, persönlicher Entfaltung, der Gesundheit und der Erholung dienen. Jeder Mensch sollte an diesen Gütern teilhaben. Tatsächlich sind sie unterschiedlich ausgeprägt vorhanden, werden auch kommerziell angeboten, sind nicht allen Menschen in gleichem Maße zugänglich und bedürfen zu ihrer Verfügbarkeit besonderer Förderung. Deshalb sind solche Güter Gegenstand einer Interaktion, in der sozial gearbeitet und sozial gewirtschaftet wird.

Nach Gütern wie Gesundheit oder Bildung strebt der Mensch. Hat er sie, gehört zu ihrem Besitz ein erhebliches Maß an Pflege und Verantwortung, um sie zu erhalten. Es sind *individuelle* Güter, abhängig von vielen Bedingungen, und es sind *soziale* Güter. Jeder Mensch hat sie nötig. Über ihre Bedeutsamkeit besteht Übereinkunft in der Gesellschaft, und es wird als recht und billig angesehen, dass alle Menschen über sie verfügen oder in ihren Genuss kommen sollen. Allerdings ist die Verteilung solcher Güter bzw. dessen aufwändig, was zu Erstellung, Erhaltung und Förderung notwendig ist. Von daher sind soziale Güter Objekt sozialwirtschaftlicher Entscheidungen.

5.1 Der Begriff des sozialen Gutes

Wirtschaftswissenschaftlich werden Güter als materielle und immaterielle Mittel definiert, mit denen sich menschliche Bedürfnisse befriedigen lassen. In dieser Nutzbarkeit haben sie ökonomisch ihren Wert. Generell tragen Güter, soweit sie in einem Markt mit Preisen gehandelt werden können, bei zur *ökonomischen Wohlfahrt*, wie sie makroökonomisch definiert wird, bei. Freie Güter (wie die Luft zum Atmen und andere Gaben der Natur) gehören nicht dazu. Welche unter den knappen Gütern, seien es Sachgüter oder Dienstleistungen, zur *sozialen Wohlfahrt* beitragen, bedarf gesonderter Betrachtung.

Vom Begriff des Sozialguts wird unterschiedlich Gebrauch gemacht. Oft finden wir ihn mit dem Begriff des Öffentlichen Guts gleichgesetzt, über das eine Gemeinschaft verfügt bzw. das ihr zur Verfügung gestellt wird. Es ist (in seiner reinen Form) dadurch charakterisiert, dass niemand von seiner Nutzung ausgeschlossen werden kann und dass die Nutzung durch eine Person keine andere daran hindert, es auch zu nutzen (Nicht-Rivalität). Soziale Güter entsprechen diesem Idealtypus nicht. „Sozial" können Güter aber heißen, insoweit sie den Anforderungen distributiver Gerechtigkeit unterliegen. Darin unterscheiden sie sich von „Klubgütern" oder „positionalen" Gütern, die von vornherein (per Mitgliedschaft oder per Rangordnung) nur beschränkt vorhanden und nutzbar sind. Und sie unterscheiden sich von mit Eigentumsrechten versehenen privaten Gütern, soweit mit ihnen kein öffentliches Versorgungserfordernis verbunden ist bzw. sie nicht an dessen Erfüllung hindern (wer einen Brunnen besitzt, muss dessen allgemeine Nutzung bei Not an Wasser zulassen). Von der Versorgung mit einem Sozialgut sollte im Unterschied zu einem Marktgut niemand ausgeschlossen werden.

Nicht verteilt wird ein soziales Gut, das von Menschen unmittelbar in ihrer sozialen Interaktion erstellt wird. Es existiert in der Qualität ihrer Beziehungen untereinander. Personen begegnen sich, tauschen sich aus, finden sich freundschaftlich verbunden, erleben Geborgenheit in ihren Beziehungen. Über die Art und Bedeutung „relationaler Güter" ist an anderer Stelle ausführlich gehandelt worden (Wendt 2011 a, 51 ff.), weshalb auf sie hier nicht ausführlicher eingegangen wird. Das *Beziehungsgut*, das Personen miteinander teilen, verschafft ihnen – insbesondere bei aktiver „Beziehungspflege" – auf informellen Wegen Zugang zu anderen, im Folgenden näher betrachteten, sozialen Gütern und kann so zu deren ungleicher Verteilung beitragen.

Soziale Güter sind verteilungsfähige Güter, und ihre Verteilung kann Regeln und Normen der Gerechtigkeit unterstellt werden. Im Rahmen der Gerechtigkeitstheorie hat Peter Koller (1994) ausgeführt

„*Soziale Güter* können in erster Annäherung als die Annehmlichkeiten und Vorteile charakterisiert werden, die mit dem gesellschaftlichen Zusammenleben der Mitglieder einer Gesellschaft verbunden sind und um die deshalb Konflikt besteht, weil die meisten Mitglieder möglichst viel davon haben wollen. Diese Annehmlichkeiten und Vorteile kommen aber nicht kostenlos zustande. Um sie hervorzubringen, muss die soziale Ordnung den Mitgliedern entsprechende Verhaltenseinschränkungen auferlegen und bestimmte Leistungen abverlangen. Diese Verhaltensbeschränkungen und Leistungsanforderungen stellen soziale *Lasten* dar. Erscheinen soziale Güter und Lasten vom Blickwinkel der einzelnen Personen als erwünschte oder unerwünschte Ergebnisse sozialen Handelns, so nehmen sie auf der Ebene der institutionellen

Ordnung die Gestalt von *Rechten und Pflichten* an, die diese Ordnung den Gesellschaftsmitgliedern zuweist, um ihnen bestimmte Handlungsmöglichkeiten zu eröffnen oder zu verschließen." (Koller 1994, 92)

Koller verweist auf die von John Rawls (1975) als *soziale Grundgüter* bezeichneten bürgerlichen Rechte, Chancen, Machtpositionen und Einkommen. Sie sind ergänzbar durch Güter, die nach allgemeiner Ansicht in der Gesellschaft jedem Menschen zukommen sollten.

Demgegenüber hat Michael Walzer (1992) in seiner Theorie die sozialen Güter als nicht käufliche im gesellschaftlichen Konsens bestimmt gesehen. Sie sind nach Walzer in elf voneinander abgegrenzten „Sphären der Gerechtigkeit" gegeben, sodass auch die Verteilung sozialer Güter nach unterschiedlichen Distributionskriterien in unterschiedlichen Verfahren durch unterschiedliche Agenten erfolgen müsse – mit dem Ergebnis einer „komplexen Gleichheit". In der Sphäre „Sicherheit und Wohlfahrt" ist Bedürftigkeit das Kriterium, während in der Sphäre „Anerkennung" der Verdienst entscheidet, wie sie dem Einzelnen zukommt. Die Unterschiedlichkeit der Bewertung und Verfügbarkeit macht soziale Güter tendenziell auch zu positionalen Gütern: Wer Arbeit hat, nimmt auch eine Stellung im Beschäftigungs- und Berufssystem ein; Wohnlagen sind unterschiedlich angesehen; Menschen bleiben unterschiedlich gebildet, unterschiedlich informiert, unterschiedlich gesund, wie fair auch immer ihre Versorgung sozial gestaltet ist.

Für Koller sind soziale Güter verteilungsfähige, höherwertige und nicht substituierbare Güter, nämlich „(1) die allgemeinen Rechte der Bürger, (2) gesellschaftliche Freiheit, (3) politische Rechte, (4) soziale Positionen und Chancen und (5) wirtschaftliche Güter". (Koller 1994, 95). Zu dieser Einteilung gibt es eine Analogie in dem von Thomas Marshall (1950) formulierten Dreischritt der Entwicklung ziviler Rechte, politischer Rechte und sozialer Rechte. Letztere wurden im 20. Jahrhundert mit dem Wohlfahrtsstaat den Bürgern zugesprochen und 1966 in einer Menschenrechtskonvention der Vereinten Nationen fixiert („Sozialpakt": Internationaler Pakt über wirtschaftliche, soziale und kulturelle Rechte). Diesen Rechten sind zu ihrer Erfüllung (gemäß den Büchern des SGB) die Einrichtungen und Dienste im System der Sozialleistungen zugeordnet.

Im Hinblick auf soziale Rechte erscheint in der Einteilung von Koller die von ihm genannte Kategorie der „wirtschaftlichen Güter" einschlägig. Hier handelt es sich im Unterschied zu den Kategorien der zivilen und politischen Rechte und Freiheiten um personenbezogen zu erbringende und zu bewirtschaftende Güter. Sie sind bestimmt durch ihre „Verfügbarkeit", für welche in modernen Zeiten staatlich zu sorgen ist, soweit die Menschen durch eigene Arbeit und Leistung sie zu erlangen nicht in der Lage sind:

> „Wirtschaftliche Güter können definiert werden als die institutionell verbürgten Möglichkeiten der Bürger, über Produktionsmittel und Konsumgüter zu verfügen, die die Grundlage ihres materiellen Überlebens und Wohlergehens bilden. Diese Möglichkeiten ergeben sich aus den besonderen Eigentums-, Besitz- und Verfügensrechten, die das Vermögen und das Einkommen der Bürger bilden. … Insoweit wirtschaftliche Güter soziale Güter sind, verlangt das Prinzip der sozialen Gleichheit, sie gleich zu verteilen, sofern eine Ungleichverteilung nicht durch allgemein annehmbare Gründe gerechtfertigt ist." (Koller 1994, 100)

Was durch eigene Beiträge, Leistungen oder Verdienste individuell erreicht wird, muss nicht umverteilt werden und ist in Form wohlerworbener Eigentumstitel gesichert.

Die juristische Argumentation behilft sich beim Zugriff auf die wirtschaftlichen Güter mit dem sozialen Anspruch, dass alle Menschen über sie verfügen können müssen, wenn und soweit sie ihnen zustehen. Die Verfügbarkeit kommt aber in der Regel nicht dadurch zustande, dass ein soziales Gut dem einzelnen Menschen „geliefert" wird. Die Verteilung sozialer Güter reicht auf der Individualebene nur so weit, wie sich der Einzelne sie im eigenen Handeln wahrnimmt und sie aktiv nutzt. Das Anrecht auf Arbeit wird vom Einzelnen dadurch realisiert, dass er „einer Beschäftigung nachgeht", also arbeitet. Verwirklichungschancen (nach Amartya Sen) haben den doppelten Charakter, dass sie geboten sein müssen und dass sie ergriffen sein wollen.

In einem Wohlfahrtsregime sorgen der Staat bzw. seine Gebietskörperschaften und andere beauftragte öffentlich-rechtliche Akteure und die Gesellschaft im öffentlichen Diskurs dafür, dass soziale Güter in hinreichendem Umfang, in angemessener Qualität und in gerechter Verteilung bereitgestellt werden. Was gerecht und angemessen ist und hinreicht, darüber gibt es in Gesellschaft und Politik andauernd Auseinandersetzungen. Sie zeigen, dass sozialwirtschaftlich nicht ein offener Markt per Angebot und Nachfrage über die Allokation und Distribution sozialer Güter bestimmt. Hat man aber außermarktlich ausgemacht, an welchen Gütern es mangelt und wo und wie sie vorhanden sein sollen, kann *unternommen* werden, sie herzustellen und sie auch in einem Wettbewerb anzubieten. In dem damit eröffneten Markt mag ein Unternehmer von sich aus eine Nachfrage bedienen und eine Nische für sein soziales Produkt finden. Soweit er die

Marktbedingungen akzeptiert, muss er sich nicht um den sozialpolitischen Abstimmungsprozess und die Regulierung des Marktes kümmern, in der er agiert. Während die organisierte Wohlfahrtspflege mit ihren Verbänden und Gremien an diesem Prozess beteiligt und insoweit in Verantwortung ist, kann sich der privat-gewerbliche Unternehmer oder auch *Social Entrepreneur* die Freiheit eines unabhängigen Marktauftritts nehmen. Indes spielt er erst, wenn er im Gemeinwesen von einem Sozialleistungsträger herangezogen oder zugelassen und beauftragt wird, eine Rolle im Versorgungssystem und übernimmt damit eine sozialwirtschaftliche Funktion. Mit der Bereitstellung eines sozialen Gutes durch den Unternehmer, seinen Betrieb oder seine Veranstaltung kann gerechnet und diese Leistung in der Bedarfdeckung berücksichtigt werden.

Soziale Unternehmen und Wohlfahrtsorganisationen treten mit der Verantwortung, die sie übernehmen, gewissermaßen als *Zwischenwirte* (der Produktion und des Konsums) sozialer Güter auf. Sie wirken dabei auch an deren Verteilung mit. Insbesondere indem sie benachteiligten Bevölkerungsgruppen dazu verhelfen, in den Genuss dieser Güter zu gelangen. Dazu wird informiert, beraten, begleitet und betreut. Im Rahmen der Erbringung von Sozialleistungen transportieren und erschließen jene Organisationen und Unternehmen vor allem die sozialen Güter, die den sozialen Rechten auf Bildung, Arbeit, Wohnen, Gesundheit und gesellschaftliche Teilhabe entsprechen.

5.2 Anrechte auf soziale Güter

Ohne Anspruch auf Vollständigkeit seien einige Feststellungen zur Bewirtschaftung der hauptsächlichen (verteilungsfähigen) sozialen Güter getroffen. Sie sind in sich wertvoll und haben einen Ermöglichungscharakter. Weil sie zu einer humanen Existenz erforderlich sind, hat jeder Einzelne ein Anrecht auf sie. Sie sind überindividuell vorhanden und werden auf die eine oder andere Weise kollektiv verwaltet; ihr persönlicher Gebrauch setzt einen individuellen Aneignungsvorgang voraus, zu dessen Gelingen in vielen Fällen soziale Unterstützung und Förderung nötig wird.

Soziales Gut Wissen

Wohlfahrt erfordert die Ausrüstung mit auf das eigene Leben und auf die Welt bezogenem Wissen. Es ergibt sich in Aufarbeitung von Information. Der generelle Aneignungsvorgang heißt *Lernen*. Als Bildungsvorgang trägt es zur persönlichen Entfaltung bei. Vor der Transformation in Bildung ist der freie und breite Zugang zu Information Voraussetzung für die Generierung von Wissen. Im Bildungswesen wird dieses Gut durch Einrichtungen und Dienste – sozialwirtschaftlich in Realisierung des sozialen Rechts auf Bildung – vermittelt.

Bildung *befähigt*; das damit fundierte Humanvermögen (s. u.) ermöglicht die Teilnahme am Arbeitsleben, am gesellschaftlichen Leben, an Kultur und ein gemäßes Verhältnis zur natürlichen Umwelt. Andererseits wird Wissen individuell für die persönliche Alltagsbewältigung, das Sozialverhalten und das physische und psychische Gesundheitsverhalten gebraucht. Im engeren Bereich des Sozialwesens fungieren viele Beratungsstellen in Transformation von Wissen in Rat. Gefundener oder erschlossener Rat hat einen Zuschnitt, im dem er sich zur Orientierung im Alltag, zur individuellen Problemlösung und zur Verhaltenskorrektur einsetzen lässt. Als Rat, der bei Bedarf eingeholt werden oder gegeben werden kann, entfaltet professionelles Wissen einen auf der Mikroebene des Beratungsgeschehens zu realisierenden Wert. Menschen beschaffen sich ständig Rat, gewöhnlich im Austausch untereinander, informell und per Nutzung verschiedener Informations- und Kommunikationswege.

Mit dem gesellschaftlichen Wert von *Beratung* lässt sich im übrigen begründen, dass sie von entsprechenden Diensten auch ohne Kosten für ihre Nutzer vorgehalten wird. Auf der Makroebene wird das organisierte Beratungsangebot zu einem meritorischen Gut, das man „ungefragt" zur Verfügung stellt. Die Nachfrage ist gesellschaftlich erwünscht – unabhängig von der Kontingenz, in der das Gut jeweils in Anspruch genommen wird. Das Beratungsangebot wird gerade auch denjenigen nahegebracht, die um ihren Mangel an Rat nicht wissen oder einfach beständig „schlecht beraten" sind. Dazu muss man allerdings im „Wertshop" sozialer Beratung bei andauernder Reflexion in Fragen der Lebensproblematik und der Daseinsvorsorge auf dem Laufenden bleiben. Humandienstlich bemisst sich auf der Makroebene der Bewertung die Effizienz von Beratung auch im Erreichen derer, die der Beratung besonders bedürfen. Schließlich bestimmt, wie bei sozialwirtschaftlichen Leistungen generell, die Deckung eines sozialen Bedarfs über den Wert von Rat. Er trägt bei zur Lebensqualität und zum Erhalt und zur Mehrung von Humanvermögen.

Soziales Gut Wohnen

Das Recht auf eine Wohnung leitet sich aus dem nicht substituierbaren Bedarf eines jeden Menschen ab, ein Obdach zu haben. Und die Unterkunft muss menschenwürdig sein. Wie andere soziale Güter, auf die sich die sozialen Rechte der Bürger beziehen, bemühen diese sich im Falle des „Wohnungsguts" selber um seine Beschaffung und um die Ausgestaltung ihres Wohnens. Dessen *soziale* Bewirtschaftung beginnt aber nicht erst, wenn Menschen das *Wirtschaftsgut* Wohnung nicht bezahlen können, wenn sie auf dem Wohnungsmarkt nicht fündig werden, wenn sie gar wohnungslos geworden sind und untergebracht werden müssen. Die Wohnungsbestände müssen ausreichend vorhanden, bezahlbar und sozial verträglich belegt sein. Anforderungen an gesunde Wohnverhältnisse betreffen die Licht- und Luftverhältnisse und den Schutz vor Lärm. Es werden Wohnungen gebraucht, die familien- und kindergerecht, seniorengerecht, behindertengerecht sind. Wohnen ist als Lebenspraxis, auch in Beziehung auf die soziale Umwelt, in der gewohnt wird, eine hauptsächliche Komponente von Wohlfahrt.

Eine Stadt wird „lebenswert", wenn sie sich für ihre Bürger des Gutes Wohnen annimmt. Seine Bewirtschaftung ist eine sozialökologische Aufgabe, in der viele Gesichtspunkte von der Stadt-, Quartiers- und Nachbarschaftsentwicklung insgesamt bis hin zur demographischen Durchmischung und Vermeidung sozialräumlicher Segregation zusammenkommen. In das kommunale Management dieser Aufgabe sind verschiedene Fachbereiche, die Bürger und Bewohner und die örtlichen Wirtschaftsunternehmen einzubeziehen (vgl. die Beiträge in Hartwig/Kroneberg 2012). Eine gute, sichere und sozial verantwortliche Wohnungsversorgung wird zum gemeinnützigen Zweck von Wohnungsbaugenossenschaften, in denen die Mitglieder selber bei der Erstellung von Häusern und Wohnungen mitwirken und als deren Eigentümer auch für deren Verwaltung durch ein Serviceunternehmen sorgen.

Zu den qualitativen Merkmalen des Wohnens gehört die *Wohnumgebung*. Gelebt wird in einem Raum, der urban oder ländlich, durch Weite oder Enge, durch sozialen Zusammenhalt, durch seine infrastrukturelle Ausstattung und die Erreichbarkeit all dessen geprägt ist, was zum Leben gebraucht wird. Die soziale Bewirtschaftung des Wohnens schließt Sanierungsmaßnahmen nicht nur in Slums ein, Bemühungen um die Aufwertung benachteiligter Quartiere und städtebauliche Investitionen. Beispiele für Maßnahmen in Stadtteilen mit besonderem Entwicklungsbedarf bietet seit 1999 das Programm „Soziale Stadt" von Bund, Ländern und Gemeinden in Deutschland; bemerkenswert ist auch hier die Einbeziehung von Sozial- und Quartiersmanagement und die Beteiligung der Bevölkerung in unterschiedlicher Form.

Soziales Gut Arbeit

Die Teilhabe an Arbeit zu besorgen, ist zweifellos eine zentrale soziale Aufgabe. Sie wird in der Regel durch Eingliederung in das Erwerbsleben und durch Erhalt und Neuschaffung von Arbeitsplätzen erfüllt. Der soziale Zweck der Arbeit erschöpft sich nicht in dem durch sie erzielten Einkommen; „lebendige Arbeit" trägt zur Selbstverwirklichung der Person bei und lässt sie ihre Selbstwirksamkeit erfahren. Arbeit ist – unter den Bedingungen des Beschäftigungssystems – Mitarbeit an einem gemeinsamen Werk. Sie verschafft den Arbeitenden Anerkennung und – in unterschiedlichem Maße – eine persönliche Sinnerfüllung. Nun beinhaltet das Recht auf Arbeit aber nicht schon das Recht auf einen Arbeitsplatz.

Deshalb gibt es den sozialen Auftrag, Arbeitsplätze zu schaffen – und zwar geeignete insbesondere für Personengruppen, die auf dem normalen Arbeitsmarkt wenig Chancen haben. Zur Sozialwirtschaft gehören Einrichtungen und Maßnahmen zur Förderung der Beschäftigung. Politisch wird die Einrichtung eines *Sozialen Arbeitsmarktes* gefordert, der Langzeitarbeitslose aufnimmt, die keine oder kaum eine normale Erwerbstätigkeit erreichen. Für diese Zielgruppe empfiehlt auch die Arbeitsmarktforschung die Errichtung eines Sozialen Arbeitsmarktes. Auf ihm sind die Fördermaßnahmen nicht nach betriebswirtschaftlichen Erfolgskriterien zu beurteilen (Kupka/Wolff 2013, 6). Präventive oder rehabilitative Beratung, Information und Unterstützung brauchen zunehmend die Arbeitnehmer generell angesichts des Wandels im Arbeitsleben, der Brüchigkeit von Erwerbsbiografien und der geforderten Flexibilität in ihrem Einsatz.

Der verbreiteten *Jugendarbeitslosigkeit* kann sozialwirtschaftlich von mehreren Seiten begegnet werden. Auf der Individualebene ist die persönliche und familiäre Bildungsbiografie zu besehen. Welche Ressourcen sind vorhanden oder lassen sich heranziehen. Wie wird in der Lebensführung

Bildung erzeugt? Welche Hindernisse stehen ihr im Wege und wie können sie überwunden werden? – Im zivilgesellschaftlichen Horizont ist das Engagement nach Umfang und Qualität gefragt, das der Bildung gilt, sowie die Verteilung der Verwirklichungschancen, welche örtlich und regional mit der Bildungsinfrastruktur und im Arbeitsmarkt per Ausbildungsstellen geboten werden. Schließlich sind es sozialpolitische Entscheidungen im Gemeinschaftshaushalt auf gesamtstaatlicher, Länder- und kommunaler Ebene, die über den Einsatz gegen Jugendarbeitslosigkeit bestimmen. Die Sozialwirtschaftslehre hebt somit in Sachen Eingliederung in Erwerbsarbeit auf Gesichtspunkte des Haushaltens ab – individuell, intermediär und übergreifend. Zu studieren sind die Wirkungsbeziehungen, die zwischen diesen Ebenen der Disposition bestehen.

Soziales Gut Gesundheit

Einer Person kann ihre Gesundheit nicht geliefert, gewährt oder sonstwie von außen besorgt werden. Von einem sozialen Gut „Gesundheit" lässt sich deshalb nur in dem Sinne sprechen, dass gesunde Bedingungen und Verhältnisse hergestellt oder erhalten werden, die ein gesundes Leben bzw. den Erhalt von Gesundheit ermöglichen. Insoweit ist (die Versorgung mit und zur) Gesundheit verteilungsfähig. Während generell eine gesunde Umwelt und auch die Produktion von unschädlichen Nahrungsmitteln Bedingung dafür ist, dass Menschen gesund leben können, erfordert die individuelle biopsychosoziale Disposition eine passende Zumessung gesundheitsbezogener Versorgung.

Dafür sind Maßnahmen in der Gestaltung des Versorgungssystems gefragt, beispielsweise die Integrierte Versorgung, Hausarztmodelle, Disease Management Programme. Solche neuen Versorgungsformen und das Streben nach mehr Patientenbeteiligung sind seit Jahrzehnten Gegenstand der Reform des Gesundheitswesens. In dessen Bewirtschaftung gerät die Ausrichtung auf den Versorgungsbedarf in Konflikt mit der renditeorientierten Unternehmensführung in einzelnen Bereichen des stationären und des ambulanten Medizinbetriebs (s. Abschn. 2.3). Um das soziale Gut Gesundheit auf der institutionellen Ebene gerecht verteilen zu können, bedarf es einer ständigen Steuerung seiner Nutzung unter patientenorientierten kategorialen und territorialen Gesichtspunkten.

Gesundheitschancen sind in der Bevölkerung ungleich verteilt. Der gesundheitlichen Ungleichheit (Mielck 2000, Richter/Hurrelmann 2009) und dem Armutsrisiko Krankheit lässt sich schwerlich unabhängig von der Ausstattung mit anderen sozialen Gütern wie Wissen und Bildung, Wohnung und Arbeit und sozialer Teilhabe begegnen. Dennoch sind Investitionen in zielgruppenorientierte gesundheitliche Aufklärung und Krankheitsvorbeugung nötig und Teil der Aufgaben von Sozialleistungsträgern. Es gibt eine Vielzahl von Aktionsprogrammen und Projekten, die sich einzelnen Maßnahmen der Gesundheitsförderung widmen.

Soziales Gut Teilhabe

Die Erfahrung der Zugehörigkeit braucht jeder Mensch zu seiner Wohlfahrt. Über den engeren Lebenskreis hinaus, in dem der Einzelne sich angenommen, geschätzt und eingebunden findet, sind es die Sphären der Schule, der Berufstätigkeit, der Nachbarschaft und des kommunalen Lebens, in denen soziale Teilhabe realisiert wird. In diesen Bereichen wird dahin gewirkt, dass Menschen mit Behinderungen oder Beeinträchtigungen und randständige Personengruppen eingegliedert werden und hinreichend partizipieren können. Die Aufgabe erfordert in sozialwirtschaftlicher Hinsicht vielseitige Anstrengungen. Es gibt die Programme der Frühförderung, der Inklusion im Schulwesen, Eingliederungsmaßnahmen im Beschäftigungssystem, Integrationsfachdienste und Integrationsunternehmen, Einrichtungen und Dienste der Rehabilitation, Assistenz im Alltag und berufliche Betreuung. Barrieren sind abzubauen, baulich, verkehrsmäßig und im administrativen Bereich ist die Infrastruktur anzupassen. Das Gelingen von Teilhabe ist eine gesamtgesellschaftliche Aufgabe, die auf sozialpolitischer Ebene (s. Teilhabebericht 2013), auf der intermediären Ebene von Organisationen und Unternehmen und auf der Mikroebene des alltäglichen Umgangs unter Menschen zu erfüllen ist.

Die soziale Ermöglichung von Teilhabe muss mit dem Faktum auskommen, dass Menschen unterschiedlich an Bildung, beruflicher Arbeit, sozialer Kommunikation und Gesellschaft teilhaben wollen und unterschiedlich in ihrer Art und Weise teilhaben können. Inklusion von Kindern mit einer Behinderung verlangt nicht zwingend, dass es für sie keine besonderen Schulen oder Klassen mehr geben darf. Soziale Teilhabe lässt sich in kleineren oder größeren, engeren oder weiteren Beziehungszusammenhängen erreichen. Es gibt allgemein kein Optimum der Teilhabe, das anzustreben wäre. Sozialwirtschaftlich ist deshalb bei den Leistungen zur Teilhabe und bei den Einrichtungen und Diensten, die dafür vorgesehen sind, variabel und ausgewogen zu handeln.

Sozialgut Freizeit

Freie Zeit zu haben, um sich zu erholen, zu unterhalten, zu spielen und sich nach eigener Maßgabe zu betätigen, gehört zu den sozialen Gütern sowohl nach der Seite ihrer privaten Verwendung als auch nach der Seite ihrer sozialwirtschaftlichen Ausgestaltung in Einrichtungen und Diensten. Sie konkurrieren mit der gewerblichen Freizeit-, Unterhaltungs- und Urlaubsindustrie. Deren Angebot an industriell aufbereiteten Erlebnissen lässt sich gegen Bezahlung konsumieren; Freizeit als Sozialgut ist aber von anderer Qualität. Einem fremdbestimmten Unterhaltungskonsum gegenüber gibt es den Bedarf an ungebundener und selbstbestimmter Verfügung über Zeit. Gemeint ist gewiss nicht die unfreiwillige Freizeit der („freigestellten") Arbeitslosen oder der Müßiggang dessen, der nichts zu tun hat oder nichts zu tun weiß. Ihrer sozialen Bestimmung nach bedeutet Freizeit auch nicht einfach die Restkategorie, die nach der Zeit für Arbeit übrig bleibt (Stengel 1996).

Zweckdienlichen sozialwirtschaftlich geführten Einrichtungen und Veranstaltungen kann die Aufgabe der sozialen Kultivierung eines „Freiraums zur Freizeit" zugeschrieben werden. Seine Ausgestaltung und die mit ihm mögliche Kultivierung des Lebens ist die mit dem Sozialgut Freizeit verbundene Aufgabe. Wie sie personenbezogen realisiert wird, hängt vom Individuum ab – und schon deshalb schließt soziale Freizeitgestaltung das Amüsement und den Zeitvertreib nicht aus und lässt dem sich aufdrängenden Kommerz dazu Raum. In ihrer Beziehung zu Gesundheit und Bildung bleibt Freizeit eine unerlässliche Komponente der Daseinsqualität.

Fazit: Sozialwirtschaftlich wird mit der Erschließung, der Bereitstellung, der Ausgestaltung und Erbringung von Sozialgütern kompensatorisch und komplementär gewirkt. Auf der Individualebene ist dieser Einsatz nötig, insoweit der Einzelne allein nicht in der Lage ist, die Güter selber zu erstellen oder sich in hinreichendem Maße zu beschaffen. Auf gesellschaftlicher und gesamtwirtschaftlicher Ebene wird mit dem Beitrag, den soziale Güter zum Humanvermögen und zur Lebensqualität leisten, für angemessene Daseins-, Lebens- und Produktionsbedingungen, für eine ausgleichende Gerechtigkeit, sozialen Frieden und für Leistungs- und Entwicklungsfähigkeit gesorgt.

5.3 Steuerung in der (sozialen) Daseinsvorsorge

Gerechtigkeit in der Verteilung sozialer Güter ist Teil der öffentlichen Aufgabe, Daseinsvorsorge zu betreiben und gleichwertige Lebensverhältnisse für die Menschen in einem Territorium herzustellen. Das staatlich und kommunal organisierte Gemeinwesen gewährleistet die Versorgung der Bürger mit Energie und Wasser, die Abwasser- und Abfallentsorgung, die Versorgung mit öffentlichem Nahverkehr und mit der Infrastruktur der Kommunikation – unabhängig davon, wer die Versorgung unternehmerisch betreibt. Ebenso ist in der öffentlichen Daseinsvorsorge die soziale und gesundheitliche Versorgung der Bevölkerung zu gewährleisten. Zu diesem Zweck betreibt die öffentliche Hand auch eigene Unternehmen, erfasst das Erforderliche in einer Bedarfsplanung und lässt im übrigen zur Versorgung von anderer Seite keine beliebigen Angebote zu, sondern nur solche, die qualitativ und quantitativ den sozial ausgemachten Erfordernissen nachkommen.

In der Gestaltung der sozialen Daseinsvorsorge mit ihren „Diensten im allgemeinen Interesse" handelt der Staat oder eine Kommune als Wirt (s. Abschn. 6.1) des Gemeinwesens. Übernommen werden Aufgaben, mit denen der einzelne Bürger entweder überfordert ist oder die er nur unzureichend zu erledigen imstande ist. Die Daseinsvorsorge dient aber nicht nur den Individuen zur Deckung ihres Bedarfs, sondern auch der Qualität ihres gemeinsamen Lebens und dem sozialen Zusammenhalt. Schließlich hat das „Da-sein" des Einzelnen seine Ausdehnung in einem engeren und weiteren Lebenskreis, in dem es sein Auskommen und seine Befriedigung findet.

Im kommunalen Raum wird für einen lebenswerten Ort, für die Lebensqualität der Bürger insgesamt und für eine möglichst gesunde Umwelt gesorgt. Strukturen werden geprüft und neue werden entwickelt. Zweckentsprechend sind natürliche, materielle und immaterielle Ressourcen zu bewirtschaften. Indem die Kommune oder ein Quartiermanagement alle *Akteure im Sozialraum* in diese Aufgabe einbindet, wird dieser Raum selber zum Gegenstand der Sozialwirtschaft – und die einzelnen Akteure treten als Teilhaber an ihr auf. Die zur Bewirtschaftung nötige Steuerung des Gestaltungs- und Versorgungsgeschehens bleibt somit nicht Fachstellen und der politischen Räten überlassen, sondern fordert den zivilgesellschaftlichen Diskurs ein. Bündnisse für Arbeit, für Familie, für Integration oder Inklusion mögen eine unterstützende oder auch tragende Rolle übernehmen. Die unternehmerisch tätigen Akteure können ihrerseits lokale und regionale Partnerschaften bilden, um in Kooperation zu neuen Lösungen der Versorgung im Sozialraum zu gelangen und Synergie zu gewinnen (vgl. Dijkstra/Knottnerus 2004, Lokale Partnerschaften 2007). Die in der Zusammenarbeit gepflegten Beziehungen bedeuten einen Zuwachs an Sozialkapital, mit dessen Einsatz vor Ort auch die soziale Lebensqualität wachsen kann.

Die Freie Wohlfahrtspflege verfügt durch ihre Praxis über genaue Kenntnis von den Problemen und Mängeln, mit denen Menschen im örtlichen Kontext leben. Indem die Organisationen sich ihrer zivilgesellschaftliche Verankerung vergewissern, können sie im Bündnis mit anderen lokalen Akteuren an der bedarfsorientierten Sozialplanung einer Gebietskörperschaft Anteil nehmen. Begrifflich geht die öffentliche Daseinsvorsorge so in eine soziale Daseinsvorsorge über, welche das Engagement vieler Einzelner versammeln kann und über die Kompetenz verfügt, in die private Daseinsvorsorge von Zielpersonen und Personengruppen hineinzuwirken wie sie umgekehrt anwaltschaftlich für sie eintritt (s. Diakonie Texte 2012).

5.4 Wohlfahrt und Humanvermögen

Der äußeren Ausstattung mit Gütern – im sozialen Kontext mit Arbeit, Wohnung, sozialer Teilhabe und Freizeit – steht das personale Vermögen gegenüber, mit ihnen „etwas anzufangen" und aus dem eigenen Leben „etwas zu machen". Die Menschen bringen dafür immaterielle Güter mit, über die sie in ihrer Lebensführung und zu ihrer Wohlfahrt verfügen können. Es handelt sich um einen Bestand an Vermögen, der sozialwirtschaftlich in doppelter Hinsicht bedeutsam ist: Mit ihm leistet jeder Einzelne und leisten Personengemeinschaften von sich aus ihren Beitrag zur Deckung von Bedarf an Versorgung. Und insoweit sie dazu nicht in der Lage sind, wird ihnen von anderer Seite dazu in Nutzung jenes Bestandes verholfen. Wohlfahrt hängt an einem Vermögen zu ihrem Fortgang und zu ihrem Erhalt.

Die Rede ist vom *Humanvermögen*. Der Begriff ist in die deutsche sozialpolitische Diskussion durch den Fünften Familienbericht der Bundesregierung 1994 eingeführt worden. Ausgehend von dem Faktum, dass die Familie zentrale Aufgaben der privaten und gesellschaftlichen Daseinsfürsorge wahrnimmt, wird der produktive Beitrag der Familie zur Bildung und Erhaltung von Humanvermögen beschrieben:

> „Die Bildung von Humanvermögen umfasst vor allem die Vermittlung von Befähigungen zur Bewältigung des Alltagslebens, das heißt: den Aufbau von Handlungsorientierungen und Werthaltungen in der Welt zwischenmenschlicher Beziehungen. Gefordert ist sowohl der Aufbau sozialer *Daseinskompetenz* (Vitalvermögen) als auch die Vermittlung von Befähigungen zur Lösung qualifizierter gesellschaftlicher Aufgaben in einer arbeitsteiligen Wirtschaftsgesellschaft, der Aufbau von Fachkompetenz (Arbeitsvermögen im weiten Sinne).
>
> Der Begriff Humanvermögen bezeichnet zum einen die *Gesamtheit der Kompetenzen aller Mitglieder einer Gesellschaft*, von jungen und alten Menschen, von Kindern, Eltern und Großeltern, von Kranken, Behinderten und Gesunden. Zum anderen soll mit diesem Begriff in einer individualistischen, personalen Wendung *das Handlungspotential des einzelnen* umschrieben werden, d. h. all das, was ihn befähigt, sich in unserer komplexen Welt zu bewegen und sie zu akzeptieren." (Fünfter Familienbericht 1994, 28)

Auf der Makroebene des politischen Handelns liegt es nahe, Familien in ihrem Leistungsvermögen zu fördern bzw. *in Familie zu investieren*. Das geschieht auch; zu prüfen bleibt, ob es hinreichend und allokationseffizient geschieht. Investitionen in Familiengründung und die Subventionierung der Kinderbetreuung sind anders zu beurteilen als etwa das Ehegattensplitting. Es besteht ein Makro-Mikro-Makro-Problem: Inwieweit entstehen per Mitteleinsatz von oben auf der Individualebene solche Resultate, die auf der Makroebene erwünschte Folgen eintreten lassen?

Ist das bevölkerungspolitische Ziel der Familienförderung ein quantitatives, nämlich die Erhöhung der Geburtenrate, besteht ein qualitatives Ziel darin, die familiäre Erziehung und Bildung zu stärken. Unterstützt werden dabei die Eigenleistungen von Familien. In ihnen sind Personen selbst „Vermögensschöpfer" im Interesse der eigenen Wohlfahrt. Sie entwickeln ihre Vermögensbestände an körperlicher, seelischer und geistiger Gesundheit, an Bildung und Berufsbefähigung. Eltern verhalten sich immer schon als Investoren. Sie statten ihre Kinder mit dem Grundstock an Befähigungen aus, welche die individuelle Daseinskompetenz ausmachen und die Basis für die Verwirklichungschancen darstellen, die sich dem einzelnen Menschen bieten.

Im Erwerbsleben wird aus dem mitgebrachten Humanvermögen der Erwerbstätigen die Humanressource von Unternehmen. Gesamtwirtschaftlich erfolgt eine Beurteilung des Humanvermögens nach seiner volkswirtschaftlichen und betrieblichen Verwertbarkeit. Ermessen wird die Beschäftigungsfähigkeit und die Arbeitskraft in der Bevölkerung. Im engeren Sinne als Humankapital verstanden bzw. auf es reduziert, erscheint das eingesetzte oder einsetzbare Handlungsvermögen des Personals als Teil des Unternehmensvermögens neben dem betrieblichen Sachanlagenvermögen und dem Finanzvermögen. Im Wertschöpfungsprozess einer wissensbasierten Wirtschaft nimmt das Humankapital einen immer gewichtigeren Platz ein.

Folgerichtig gehören Aus- und Fortbildung und lebenslanges Lernen zur Strategie von Erwerbsunternehmen. Die Sozialwirtschaft befasst sich mit entsprechenden Aufgaben auf der Organisationsebene von Einrichtungen und Diensten, die ausdrücklich den Zweck haben, junge Menschen und Personengruppen mit besonderen Eingliederungsschwierigkeiten auf das Arbeitsleben vorzubereiten und Arbeitsmarktintegration zu betreiben. Auf der Individualebene besteht das sozialwirtschaftliche Interesse einerseits darin, mit der Entwicklung der Fähigkeiten einer Person sie auf den Weg eines selbstbestimmten und selbst verantwortetem Leben zu führen, andererseits in Beiträgen zu einem kultivierten sozialen Zusammenleben, zu dem Lernbereitschaft, Aufgeschlossenheit und Wertorientierung gehören. Auf der Makroebene ist neben der beschriebenen sozialen Investitionspolitik eine ausgewogene Bewirtschaftung von Fördermitteln (zum Beispiel aus dem Europäischen Sozialfonds) bedeutsam, die einzelnen Zwecken der Bildung von Humanvermögen und der Hebung von Lebensqualität zugutekommen sollen.

In Europa spricht sich herum, dass das Soziale nicht nur „kostet", sondern sich auch „lohnt". Im Februar 2013 hat die Europäische Kommission ihr „Sozialinvestitionspaket" veröffentlicht. Es besteht aus der Mitteilung „Towards Social Investment for Growth and Cohesion", worin dem effektiven und effizienten Einsatz von Finanzmitteln für soziale Sicherheit, für Investitionen in die Fähigkeiten und Qualifikationen der Menschen und in die Prävention ihrer Lebensrisiken das Wort geredet wird, und weiteren Dokumenten. Einleitend heißt es in der Mitteilung: „Welfare systems fulfil three functions: social investment, social protection, stabilisation of the economy. Social investment involves strengthening people's current and future capacities. ... In particular, social investment helps to 'prepare' people to confront life's risks, rather than simply 'repairing' the consequences." (Europäische Kommission 2013 a, 3) Investieren sollen die Mitgliedsstaaten in erster Linie von früher Kindheit bis ins Alter in "Humankapital", das für wirtschaftliches Wachstum gebraucht wird.

Auf globaler Ebene will der Gesamtwohlstandsbericht IWR (Inclusive Wealth Report), der im Rahmen der Vereinten Nationen im Abstand von zwei Jahren erscheint (UNU-IHDP 2012, UNU-IHDP 2014), all die Aktivposten quantitativ erfassen, von denen das menschliche Wohlergehen abhängt und auf denen der „Reichtum der Nationen" beruht. Seine zwei Säulen seien das Humankapital und das Naturkapital; die beiden Haupt-komponenten des Humankapitals würden von Erziehung und Bildung ei-nerseits und von Gesundheit andererseits gestellt (UNU-IHDP 2014, 2).

Auf die Beziehung von Wohlergehen auf Wohlstand (*well-being and wealth*) geht das von P. Dasgupta und A. Duraiappah verfasste erste Kapi-tel des IWR 2012 ein. Die Aktivposten des Wohlstandes fundieren die ökonomischen (erwerbswirtschaftlichen) Produktionsprozesse, deren Früchte unter dem Einfluss kultureller und anderer institutioneller Normen zum Wohlergehen der Bevölkerung beitragen. Das Kapitel beschreibt die sieben Arten „Kapital" genauer und bemerkt zum „human capital (educati-on, skills, tacit knowledge, health)", es sei in den Menschen verkörpert und könne, wie jedem Lehrer schmerzlich bewusst sei, nur mit Kosten von einer Person auf eine andere übertragen werden. Bildung, Befähigungen und Gesundheit seien zugleich Ziele und Mittel, die Ziele zu erreichen. Ei-nerseits von intrinsischem Wert, lohne ihr Einsatz, weil damit die Produk-tivität einer Person erhöht werde (Dasgupta/Duraiappah 2012, S. 16). In-vestitionen beispielsweise in Früherziehung dienen danach letztlich dem ökonomischen Wachstum.

Die Schwierigkeit dieser Argumentation tritt anschließend bei Betrach-tung des Aktivpostens *Bevölkerung* (Größe und demografisches Profil) hervor: „Konzeptuell bereitet diese Kategorie die größten Probleme, weil die Menschen einerseits der Grund sind, Wohlergehen ins Zentrum der Nachhaltigkeitsanalyse zu rücken, und andererseits Mittel sind zur Reali-sierung von Wohlergehen". Das Arbeitskräftepotential eines Landes er-scheint als Bedingung des Wohles der Bevölkerung. Indes lassen sich indi-viduelle und soziale Wohlfahrt und ihr gegenüber wirtschaftliche Produk-tivität, wie sie herkömmlich (und in der ökonomischen Wohlfahrtstheorie) verstanden wird, so leicht nicht abgleichen. Wohlergehen leitet sich nicht aus der durch Nutzung des Arbeitskräftepotentials erstellten Menge der Waren ab, die verbraucht werden können,

Menschliches Wohlergehen wird in der genannten Studie bestimmt als „a function of the consumption and use of goods and services", wonach die genannten Kapital-Arten als Mittel zu begreifen sind, mit denen diese Güter und Dienste erstellt werden (Dasgupta/Duraiappah 2012, S. 18). Per Konsum werden sie genutzt (und was sie dabei jeweils zum Wohlergehen beitragen, wird in einem „Schattenpreis" ermessen). Der UN-Bericht hält sich nicht bei der „widersprüchlichen Vorstellung von Bedürfnissen" auf, denen das wirtschaftliche Handeln nachkommt, sondern bestimmt den

Konsum im weiten Sinne der Nutzung nicht allein der materiellen Güter, sondern auch von Freizeit, sozialen Beziehungen, geschützter Umwelt u.a.m. (UNU-IHDP 2012, S. 6) als Entfaltungsmöglichkeit individueller und gemeinsamer Wohlfahrt.

Der IWR argumentiert volkswirtschaftlich und somit auf der Aggregatebene. Er behandelt, was in einer Nation deren nachhaltiger Entwicklung förderlich ist und den Menschen insgesamt geboten wird. Insoweit erscheinen sie alle gewissermaßen als „Wohlfahrtsempfänger". Außer Betracht bleibt der produktive Prozess, in dem Menschen selber sich um ihr Wohl kümmern, ihr Ergehen in eigener Lebensführung bestimmen und für sich, miteinander und füreinander sorgen. Kein Thema ist die Generierung und Produktivität *des Sozialen selber*. Unter *Sozialkapital* werden im IWR Aspekte sozialer Strukturen verstanden, die dem ökonomischen Handeln förderlich sind. Die individuellen Vermögensbestände (an Bildung, Befähigungen, Gesundheit usw.) haben zwar erwerbswirtschaftlich – per Angebot auf dem Arbeitsmarkt – Gewicht, aber das sie unterhaltende und pflegende Geschehen in Personenhaushalten tritt marktvermittelt nicht in Erscheinung. Was in sozialer und persönlicher Lebenspraxis an Wohlfahrt zustande kommt, interessiert diesseits der Bereitstellungs- und Lieferbeziehungen marktlichen Wirtschaftens nicht. Demgegenüber ist anderweitig ausgeführt worden, dass im sorgenden Handeln auf der Mikroebene menschlicher Beziehungen der „wahre Reichtum der Nationen" (Eisler 2008) besteht.

Es handelt sich bei all dem zweifellos um Faktoren, die für das individuelle Wohlergehen bedeutsam sind. Aber der einzelne Mensch ist in sehr unterschiedlichem Maße in der Lage, das in seinem Umfeld und Lebenskreis vorhandene „Vermögen" zu realisieren. Personen nutzen es nicht einfach, sondern sind selber „Vermögensschöpfer" im Interesse eigener Wohlfahrt. Persönliche Vermögensbestände an Bildung, Befähigung und Gesundheit entwickeln sich in der aktiven Wechselbeziehung von Individuum und seiner relevanten Umwelt. Der personenbezogene Prozess der Entwicklung und des Unterhalts von Wohlfahrt wird übersehen, wenn nur das Kapital insgesamt betrachtet wird, das wirtschaftlich verfügbar ist und in der Gesellschaft für Wohlfahrt eingesetzt werden kann. Das ist die oben genannte Crux mit dem Aktivposten „Bevölkerung": Seine erwerbswirtschaftliche Nutzung und die des „Humankapitals" erbringt nur mittelbar und in sehr unterschiedlichem Maße Wohlfahrt für den Einzelnen mit sich. Er erstellt sie selber in seiner Lebensführung, soweit es ihm die Umstände erlauben bzw. wie sie ihn förderlich dahin bringen.

5.5 Erwerbswirtschaft und Sozialwirtschaft in wechselseitiger Durchdringung

Die sozialen Güter der Information, der Arbeit, des Wohnens oder der Freizeitgestaltung werden heutzutage zum überwiegenden Teil privat-gewerblich bereitgestellt. Lassen wir die Warenförmigkeit des Angebots einmal außer Betracht, bleibt festzuhalten, dass so die Deckung von sozialem Bedarf auf marktwirtschaftlichen Wegen erfolgt und dass diese Wege bis tief in Kernbereiche der sozialen und gesundheitsbezogenen Versorgung reichen. Die herrschende Marktwirtschaft kommt sozialen Belangen durchaus nach. Wollen sich Unternehmen heutzutage im Wettbewerb behaupten, punkten sie zusätzlich intern und extern mit ihrer *corporate social responsibility*. Unternehmen nehmen sich der betrieblichen Gesundheitsförderung ihrer Mitarbeiter an, bieten ihnen Sozialberatung und unterstützen sie bei sozialem Engagement. Das soziale Gut Gesundheit ist auch ein Gut der Unternehmen. Allerdings liegen soziale Belange der Marktwirtschaft nicht genuin am Herzen. Erst als mit staatlichen Regulativen auch für die Finanzierung gesorgt war, wurde es für die Erwerbswirtschaft interessant, nämlich lukrativ, privat-gewerblich die Ausführung sozialer Leistungen zu übernehmen.

Älter als die Einbettung des Sozialen in die Markwirtschaft ist die Einbettung neuzeitlicher wirtschaftlicher und unternehmerischer Geschäftstätigkeit in soziale Bezüge. Mit Max Weber gehört zur Charakteristik der Moderne, dass sich die Wirtschaft „in Kombination einer religiös verwurzelten methodisch-rationalen Lebensführung mit der ökonomischen Daseinsvorsorge" entfaltet hat (Münch 1994, 388). Die soziale Verselbständigung des Bürgers geht mit seiner wirtschaftlichen Verselbständigung einher. Der einzelne Mensch bewährt sich seit Luther und Calvin mit seiner Berufstätigkeit im Leben. „Der Beruf ist die Schnittstelle zwischen Ethik und Wirtschaft. Es bildet sich in dieser Interpenetrationszone das System der Berufsarbeit, das sowohl unter ethischen als auch unter ökonomischen Anforderungen steht und zwischen diesen beiden Systemen eine Brücke schlägt." (Münch 1994, 389)

Um Wirtschaftsethik geht es hier durchaus nicht. Das Ethos wird gelebt; es hat zum Inhalt, worauf wir Wert legen in unserem Dasein in der Welt. Dazu gehören persönlicher Erfolg und Bewährung in Gesellschaft. Die berufliche Tätigkeit, von welcher Art sie sein mag, bringt eine Sinnerfüllung in der Lebensführung mit sich. Die innere Umwelt von Erwerbsunternehmen kann sich darauf einrichten. Anderseits führen Misserfolg und Scheitern in der Arbeitswelt und in der privaten sozialen Mitwelt den helfenden Berufen die Klientel zu. Im marktwirtschaftlichen System sind Unternehmen mit den Anforderungen an ihre Produktivität darauf angewiesen, dass außerhalb von ihnen eine soziale und gesundheitliche Versorgung geleistet wird. Innerhalb des Systems kann zu einem gewissem Maße das Bemühen um die Work-Life-Balance helfen, berufliche und private Anforderungen vereinbar zu halten (Vedder 2008, Lewis 2009) – zum Vorteil des Unternehmens und zur sozialen Pflege des Humanvermögens.

Männer und Frauen führen ihr Leben gerade auch mit einer Perspektive, die sich in ihrer Erwerbstätigkeit und in einer beruflichen Karriere realisieren lässt. Sie suchen dafür nach persönlich und partnerschaftlich passenden Arrangements und sind froh, wenn sie dabei auf institutionelle Arrangements bauen können, die im Care-Sektor vorhanden sind (vgl. Le Bihan/Martin/Knijn 2014). Post-industrielle Szenarien in der Arbeitswelt wie wechselnde Beschäftigungsverhältnisse, flexible Zeiteinteilungen, Anpassung an automatisierte Prozesse greifen tief in die Lebensgestaltung der Menschen ein und verlangen nach Ausgleich innerhalb und außerhalb der betrieblichen Verhältnisse.

Generell wird seit Jahrzehnten die Berücksichtigung sozialer Belange im ökonomischen Handeln in Deutschland unter das Label *Soziale Marktwirtschaft* gebracht. Mit ihm wird auch die Investition in die soziale Problembewältigung gutgeheißen. Dabei ist der Grundgedanke der Sozialen Marktwirtschaft ein ordnungspolitischer Ausgleich zum Wettbewerbsgeschehen in der Freiheit des Marktes. Soziale Marktwirtschaft hat, wie sie ihr Begründer Müller-Armack definiert hat, das Ziel, „auf der Basis der Wettbewerbswirtschaft die freie Initiative mit einem gerade durch die wirtschaftliche Leistung gesicherten sozialen Fortschritt zu verbinden" (Müller-Armack 1956, 390). Sozialpolitische Dispositionen leisten diese Verbindung. Sozialwirtschaft wird in Ausführungen dieser Dispositionen und bei deren Verknüpfung mit Dispositionen im Leben von Menschen aber nicht zu einem Komplement der Marktwirtschaft.

Institutionell stehen Organisationen der Sozialwirtschaft bereit, Prozesse der Rehabilitation durchzuführen oder Integration zu bewerkstelligen, beispielsweise Menschen den *Übergang* in das Erwerbsleben zu bahnen (z.B. in Jugendkompetenzzentren) oder im Falle drohender Arbeitslosigkeit den Übergang von einem Beschäftigungsverhältnis in ein anderes zu vermitteln und abzusichern. Vereinbart zwischen Arbeitgeber und Arbeitnehmern und der zuständigen Arbeitsagentur wird bei Abbau von Arbeitsplätzen in einem Unternehmen oder nach dessen Insolvenz ein Transfersozialplan erstellt und zur Neuorientierung und Vermittlung der Beschäftigten als Instrument der Arbeitsmarktpolitik eine *Transfergesellschaft* herangezogen (vgl. Mühge u.a. 2012). Als ihr Träger fungiert gewöhnlich ein sozialer Dienstleister. Das heißt, er wird intermediär gebraucht, weil per Marktmechanismus allein die Wiedereingliederung der Arbeitnehmer nicht erreicht wird.

Perspektivisch erscheint die wechselseitige Durchdringung von Erwerbswirtschaft und Sozialwirtschaft ausbaufähig. Wie die Errungenschaften der Sozialpartnerschaft und des Sozialleistungssystem dem Gedeihen der Erwerbswirtschaft förderlich sind, dient auch soziales Unternehmertum, wie es hier und da verstanden wird, der ökonomischen Gesundheit (vgl. Schultz 2013). Eine positive Beziehung setzt voraus, dass das soziale Sachziel in der Sozialwirtschaft unabhängig bzw. abgehoben von der Profitorientierung im Geschäft von Unternehmen verfolgt wird. Der Mikroökonomie ihrer Interessenverfolgung steht sozial und ökologisch eine wohlfahrtsdienliche Haushaltung gegenüber, in der Vorkehrungen für ein individuelles und gemeinsames gutes Auskommen getroffen werden.

In diesem Verständnis liegt auf globaler Ebene die Aufgabenstellung einer ökologiebewussten Sorge um die Lebensgrundlagen in der Weltgesellschaft nahe. Daran sei wegen der Herkunftsverbundenheit der sozialwirtschaftlichen und der sozialökologischen Theorie erinnert. Neuerdings haben die französischen *Konvivialisten* die Verbindungslinien gezogen (Caillé et al. 2011), nach Vorarbeiten u. a. von Ivan Illich (1973). Im konvivialistischen Manifest geht es um eine „Kunst des Zusammenlebens (*con-vivere*), die die Beziehung und die Zusammenarbeit würdigt und es ermöglicht, einander zu widersprechen, ohne einander niederzumetzeln, und gleichzeitig für einander und für die Natur Sorge zu tragen" (Adloff/ Leggewie 2014, 47). Ein Ausgangspunkt ist die „Annahme, dass das Wohl aller über den Aufbau einer Gesellschaft der ‚Fürsorglichkeit' (care) und die Entwicklung einer öffentlichen Politik führt, die die Arbeit für andere wertschätzt und diejenigen fördert, die sich Aufgaben der Fürsorge widmen." (Adloff/Leggewie 2014, 57). In ihrem Konzept einer Gesellschaft der Sorge umeinander (*société du „care"* heißt es im franz. Original) verweisen die Konvivialisten in ihrem Manifest auf das Beispiel der Genossenschaften und Gegenseitigkeitsvereinigungen und halten es im Übergang von ökologischen zu ökonomischen Überlegungen im Sinne einer pluralen Ökonomie für notwendig, „zu einem Gleichgewicht zwischen Markt, öffentlichem Sektor und einer Ökonomie assoziativen (sozialen

oder solidarischen) Typs zu gelangen, je nachdem, ob die zu produzieren-
den Güter oder Dienstleistungen individuell, kollektiv oder gemeinschaftlich sind" (Adloff/Leggewie 2014, 68f.). Wie das Gefüge sich entwickeln
und zusammengesetzt sein mag, die sozialwirtschaftliche Sphäre kann
eine qualifizierende Funktion in ihm ausfüllen und ihre Rolle in einer Balance von Wirtschaftsförderung und Wohlfahrtspflege spielen.

5.6 In und mit Sozialer Arbeit wirtschaften

Zur Referenz auf die Erwerbsarbeit in der Theorie der Sozialwirtschaft sei
in der Gegenrichtung auf die Soziale Arbeit referiert, wie sie in ihrem Einsatz bewirtschaftet wird und selber mit ihren Adressaten Nutzen für sie zu
generieren weiß. Die Sozialwirtschaftslehre hat sich im Sorgen von, mit
und für Personen auf Soziale Arbeit zu verstehen – und die Disziplin der
Sozialen Arbeit sollte sich in ihrer Zweckerfüllung und Leistung auf Sozialwirtschaft verstehen. Das ist aber im gegenwärtigen akademischen und
im berufspolitischen Verständnis tatsächlich nicht so. Im Folgenden kann
gezeigt werden, dass das schon einmal anders gewesen ist.
Soziale Arbeit erfolgt vielseitig personen- und gruppenbezogen. Sie befasst sich mit sozialen Problemen, Missständen und Notlagen; sie ist mit
ihren Adressaten in Koproduktivität verbunden und baut auf ihr zugewie-
sene und erreichbare Ressourcen. Deren Allokation ist nicht Sache der Sozialen Arbeit, aber auf der Individualebene wird Sozialwirtschaft nicht
nur, aber doch wesentlich in Sozialer Arbeit „praktiziert". Sie setzt personenbezogen materielle und immaterielle Mittel und Kräfte zur Lösung
oder Bewältigung sozialer Probleme ein. Andererseits ist Sozialwirtschaft
der Horizont, in dem Soziale Arbeit organisiert wird und in dem ihre Prozesse gemanagt werden. Die Sozialprofessionellen brauchen die betriebliche Seite ihres Einsatzes nicht im Blick zu haben, wenn im Sozialmanagement andere Führungskräfte und gewöhnlich Betriebswirte damit beauftragt sind, die Performanz eines Dienstes oder einer Einrichtung zu gewährleisten und den Betrieb in Gang zu halten. Die Bewirtschaftungsaufgabe wird aber nicht dadurch irrelevant für die Soziale Arbeit, dass man
sie in ihr nicht vor Augen hat.
Am Anfang der Professionalisierung Sozialer Arbeit in den USA um
1900 fanden das wirtschaftliche und soziale Denken, beide bezogen auf
Reformen in der Gesellschaft, sehr gut zueinander. Es war die Zeit, in der
in Frankreich Charles Gide in der Pariser Weltausstellung 1900 über die

économie sociale Bericht erstattete und ihr einen eigenen Status gegenüber der *économie politique* zuwies (Gide 1905, 3). Viele Wirtschaftswissenschaftler befassten sich mit sozialen Fragen, und in den ersten Ausbildungsgängen der Sozialen Arbeit war Wirtschaftslehre selbstverständlicher Bestandteil. Aus jenen Reformjahren ist ein hervorragender Zeuge für den Übergang von Ökonomie in Soziale Arbeit Edward T. Devine (1867-1948), seit 1896 Generalsekretär der *New York Charity Organization Society*, die mit der *Summer School of Applied Philanthropy* 1898 die Ausbildung in dem neuen Beruf startete. Devine hatte diese Funktion in der COS 21 Jahre lang inne, leitete die *New York School of Philanthropy*, die aus der Summer School hervorgegangen war, ab 1904 und erhielt im selben Jahr eine Professur für *Social Economy* an der Columbia University, die er 1905 antrat (s. Abschn. 1.3).

Devine hatte Ökonomie bei Simon Patten studiert, der seinerseits von der deutschen Historischen Schule der Nationalökonomie beeinflusst war und die Wirtschaft im Wandel von einer „Ära der Knappheit" zu einer „Ära des Überschusses" sah, in der die Versorgung aller Menschen mit den Mitteln zum Leben möglich und die Armut zu eliminieren sei (Patten 1907). Bedingungen seien für die Selbstentfaltung des Menschen zu schaffen. Nicht von ungefähr wurde zur gleichen Zeit in England das Konzept eines „national minimum of civilized life" für alle formuliert und in Deutschland kam die sozialpolitische Idee einer umfassenden Wohlfahrtspflege auf (vgl. Wendt 2014, 37 ff.).

In seinem 1898 erschienenen Buch „Economics" definierte Devine die Wissenschaft im Sinne von Thomas Marshall mikroökonomisch und bedarfsorientiert, bezogen auf den Wohlstand des Menschen – statt wie bei Adam Smith makroökonomisch bezogen auf den „Wohlstand der Nationen". Devine beginnt seine Ausführungen in jenem Werk mit den Sätzen:

> „Economics is the science of man in his relation to wealth. As wealth is meant, not as in common speech, a large quantity of desirable goods, but rather all desirable goods in quantity great or small. The unit in economic observation and reasoning is man as a member of a wealth-producing and wealth-using community." (Devine 1898, 1)

Die Bezeichnung "economic man" gebraucht Devine im generischen Sinne, "including both men and women, not merely those who are usually called breadwinners, but also the bread preparers. Men and women may do different work, their place in the economic world may be distinct, but both are included in the term ...." (Devine 1898, 2) Der "ökonomische Mensch" ist für Devine zunächst der Leistungsfähige, nicht ein von Versorgung abhängiger Mensch – wenngleich Devine anmerkt, dass dazumal in London die meisten Lohnarbeiter zeitweilig auch Unterstützungsempfänger waren (Devine 1898, 4). „Aufstocker" würden sie heute in der Hartz4-Systematik heißen. Indes gelte es möglichst alle Angehörigen des Gemeinwesens zur produktiven Mitwirkung zu befähigen. Ohnehin lebten und handelten sie alle in einer „ökonomischen Umgebung" mit ihren natürlichen und sozialen Bedingungen (Devine 1898, 16 ff.).

Devine war durch seine Tätigkeit in der COS mit den Lebensverhältnissen der Armen und Notleidenden vertraut. Er beschrieb ihre Situation quasi ökologisch „von Haus aus" als Mangelzustand und Ausgegrenztsein unter den Gesichtspunkten „out of health" (Devine 1909, 51 ff.), „out of work" (ebenda, 113 ff.) und „out of friends" (ebenda 147 ff.). Darauf bezogen sollten Ressourcen erschlossen und wirksam eingesetzt werden. Devine hat später (in der Einladung zu einem Kurs 1923) das „Geschäft der Sozialen Arbeit" darin gesehen, „to deal with concrete situations in the lives of human beings; to develop resources for dealing with these situations; to economize and co-ordinate these resources; to reduce the number of situations requiring social work".

Bei Übernahme seiner Professur für *Social Economy* an der Columbia University hielt Devine 1905 seine Antrittsvorlesung unter dem Titel „Efficiency and Relief. A Programme of Social Work". Die Aufgabe bestehe darin, wie Devine einleitend ausführte,

> „to show the essential unity of two subjects which in social literature and in our common social thought have been assumed to be quite distinct. In doing this it will be possible to indicate, on the one hand, the field of social economy in the university and of useful social work in the community; and on the other hand, to make clear that it will be a wholesome thing to concentrate a great part of the earnest attention which is now bestowed on one or another form of social effort upon two specific tasks of increasing industrial efficiency in the individual, and of providing adequate relief for those who are of deficient wage-earning capacity." (Devine 1906, 1)

Die soziale Ökonomie lehrt den effektiven Einsatz von Mitteln, der sozialen Praxis obliegt, sie so einzusetzen, dass die Benachteiligten in eine bessere Lage kommen und ein unabhängiges Leben führen können. Die ökonomische Ausstattung, über welche die Soziale Arbeit in ihrer Organisation verfügt, wird dazu gebraucht, ihre Klientel ökonomisch auszustatten.

Die zwei Hauptaufgaben, die sich nach Devine der Sozialen Arbeit stellen, entsprechen in ökosozialer Sicht denen der Förderung von Humanvermögen und der Hebung und Sicherung von Lebensqualität.

> „The first of these two problems is the increase in the industrial efficiency of the individual, that those who now fall behind may become self-reliant, self-respecting, free from unnatural and degrading dependence upon the labors of others; and the second is the problem of the relief of those, whether individuals, or families, or whole classes, who have not at the moment within themselves sufficient wage-earning capacity to maintain an acceptable standard of living. The two problems are distinct and may be considered independently, although they are not entirely mutually exclusive." (Devine 1906, 11f.)

Besserungen im Lebensstandard, eine Grundsicherung zumindest, bedingen ein Mehr an Handlungsvermögen, mit dem sich wiederum der Status und die Chancen auf dem Arbeitsmarkt mehren lassen.

Nachdem er die realen Beeinträchtigungen der arbeitenden Bevölkerung zu seiner Zeit erörtert hat, nennt Devine als „erste Pflicht" des sozialen Ökonomen, der die Leistungsfähigkeit des Einzelnen stärken will, „to put an end to the conditions which have made men inefficient through destroying their health" (Devine 1906, 14). Insbesondere die noch verbreitete Kinderarbeit und die Schwierigkeiten der vielen Migranten hinderten an der Entfaltung der humanen Kapazität; vorrangig aber der Mangel an Erziehung und Bildung, angefangen bei den Defiziten der Elementarpädagogik und endend bei fehlender Qualifizierung für das Arbeitsleben. Hier gehe es um den eigentlich sozialwirtschaftlichen Einsatz, betont Devine emphatisch, „here all teachers, all parents, all peers and prophets, all explorars and inventors, all college presidents and founders of new preventive philanthropics, all philosophers and leaders of men, become social economists in proportion as they fulfil their own function, for education is the key which unlocks individual efficiency and destroys at last the need for relief". (Devine 1906, 16)

Alle Bildungsressourcen im Gemeinwesen gelte es zum finalen Zweck der Sozialwirtschaft in der Ausstattung von Menschen mit sozialen Gütern zu heben. In der karitativen Arbeit werde nur fragmentarisch und unangemessen zu dem Ziel beigetragen. Wissenschaftliche Aufklärung könne der Praxis Wege weisen, wie es zu erreichen wäre. Die Theorie der Sozialwirtschaft erfülle diese Aufgabe analog einer Hauswirtschaftslehre für die Familie, der Volkswirtschaftslehre für die gewerbliche Wirtschaft (*industry*) oder die Soziologie für die Gesellschaft. Sozialwirtschaftlich gehe es um die Beförderung des sozialen Guts, um Gerechtigkeit und um die Bekämpfung von Armut, Krankheit und Kriminalität (Devine 1906, 15). Im Gemeinwesen stellt sich somit die Aufgabe der Bearbeitung und Bewirtschaftung der Lebensverhältnisse in ihren prekären Zügen, und Sache der Wissenschaft ist die Klärung, wie man der Problematik beikommen und zu angemessenen Lösungen die Mittel und Möglichkeiten heranziehen kann.

In der Denkbewegung, die Devine seit seinem Ökonomie-Buch 1898 über die soziale Praxis hin zur sozialwirtschaftlichen Theorie genommen hat, versteht sich, dass der erweiterte Blick des Ökonomen das soziale Handlungsfeld erfasst und sich nicht von ihm her eine eingegrenzte Ökonomie entfaltet: "The social economist is an economist before he is a social economist. He is not indifferent to any of the great questions of economies or politics." (Devine 1906, 19) In der Reformzeit nach 1900, der *Progressive Era* in den USA, findet sich die Soziale Arbeit eingebettet in ein breites Streben nach wirtschaftlicher und sozialer Gerechtigkeit und nach politischem Wandel hin zu mehr direkter Demokratie.

An diesen Bestrebungen hatte die Frauenbewegung einen großen Anteil. Protagonistinnen aus den *social settlements*, insbesondere der Kreis der Frauen um Jane Addams, setzten sich mit praktischen Vorschlägen und in Projekten für die Verbesserung sozialer und politischer Verhältnisse ein, und Devine war den Akteurinnen durch seine Tätigkeit in der COS und in der Lehre verbunden. Was sozialwirtschaftlich betrieben wird, nennt Devine in Anlehnung an das *Municipal Housekeeping Movement* der Frauen (s. Abschn. 3.6) des öfteren "community housekeeping" und er hat dabei eine angemessene soziale Ordnung im Blick: „the social economist keeps his goal clearly in view. It is striving for a well-ordered community, in which stability and security and equity are insured" (Devine 1906, 30).

Die generellen Ziele sind auf der Makroebene der Sozialwirtschaft zu verorten. Was sie für einzelne Personengruppen und individuell bedeuten, kann in Sozialer Arbeit ausgemacht werden. Sie erstreckt sich von professionellem Einsatz bis in ziviles Engagement. Für die sozialwirtschaftliche Zweckerfüllung kommt es nicht darauf an, welche Akteure, Dienste und Einrichtungen daran mitwirken. „The distinction between public relief and private charity, so important from certain points of view, is of no importance in determining the field of social economy." (Devine 1906, 40) Die Vielfalt und Unterschiedlichkeit der Akteure trägt bei hinreichender Kooperation zum sozialwirtschaftlichen Erfolg bei und beeinträchtigt ihn nicht. Devine beginnt sein späteres Buch zur Sozialen Arbeit (Devine 1922), indem er sie gemeinschaftlicher Haushaltung und einer auf Bedarfsdeckung gerichteten Sozialwirtschaft unterstellt:

> „Social economics may be described as community housekeeping. Social Work, to follow the analogy, is its salvage and repair service.

Social economics deals with social needs and with the institutions through which they are met: with the need for education, for example, and the schools; with the need for justice and the courts; with the need of children for parental care and the family. Smoothly organized households may seem to the stranger to present no problems of household management. So prosperous and well managed communities may appear deficient in social problems. The social economist, theoretically, would deal equally with the normal operations of social forces working advantageously and equitably and with the pathological conditions which are evidence of friction or failure." (Devine 1922, 1)

Bemerkenswert ist in der quasi ökosozialen Auslegung des sozialwirtschaftlichen Gegenstandsbereiches bei Devine die Gleichbehandlung gelingender und misslingender Problembewältigung „in promotion of the common welfare". Alle Menschen sollen ein befriedigendes Leben führen können: Die sozialwirtschaftliche Theorie sieht haushaltend auf die Bedingungen dafür. Soziale Arbeit hat ihre Aufgaben dort, wo diese Bedingungen nicht erfüllt und die Standards verletzt sind, die recht und billig im gemeinsamen Leben gelten sollen.

Warum ist die frühe Beziehung von Ökonomie und Sozialer Arbeit im 20. Jahrhundert verloren gegangen? Überall dort, wo sich der Wohlfahrtsstaat etablierte, nahm er der organisierten Fürsorge ab, sich um ihre Finanzierung kümmern zu müssen. Die Aufgaben der Sozial- und Gesundheitsdienste vermehrten sich und die qualitativen Ansprüche stiegen, mithin die Kosten. Sie dem wohlfahrtsstattlichen Regime in seiner Abhängigkeit von der kapitalistischen Wirtschaft abzuverlangen, lag für die kritische soziale Profession angesichts der Diskrepanz von Gleichheitsprinzip und der wachsenden Ungleichheit nahe, die der kapitalistischen Produktionsweise angelastet werden konnte. Erst die eigene Kompetenz im Versorgungsgeschehen erlaubt dessen Akteuren eine Zuständigkeit in seiner Bewirtschaftung und fordert sie von ihnen mit wachsender Bedeutung dieses Geschehens.

Studie 6: Soziale Wirtlichkeit. Zur Ökologie der Sozialwirtschaft

Angemessenheit und Ausgewogenheit im Zusammenleben sind ökologische Prinzipien. In der Gestaltung humanen Lebens werden insgesamt Verhältnisse angestrebt, die das individuelle Auskommen, persönliche Entfaltung, nachhaltige Entwicklung und eine Kultivierung der gemeinsamen Existenz erlauben. Für sie ist *im Zusammenhang* des Sozialen zu disponieren. Die Ökologie seiner Bewirtschaftung meint Haushalten in und mit den Aufgaben, die sich in der sozialen Lebens- und Versorgungsgestaltung stellen. (Nicht gemeint mit der Ökologie der Sozialwirtschaft ist im Umfeld von Sozialunternehmen ein „Ökosystem" zu deren Förderung, das zu schaffen sich die Europäische Kommission vorgenommen hat, s. Europäische Kommission 2011.)

Wer ist für die sozialwirtschaftlichen Versorgungsdispositionen zuständig? Der einzelne Helfer, ein Spezialist in der Behandlung bestimmter Probleme, ein Trainer von Fähigkeiten, eine Pädagogin oder eine Therapeutin: in ihrer jeweiligen speziellen beruflichen Funktion sind sie es nicht. Der Zusammenhang des sozialen Lebens und überhaupt der Gang der Dinge verlangt ständig nach Rat und Tat passend zur Situation und zu der Aufgabe, die sich in ihr stellt. Im Folgenden wird die Figur des *Wirts* eingeführt, der als guter Haushalter, als *oikonomikos* Vorstand eines Hauses, und im Hause als umsichtiger Manager, als *oikonomos* (nach der bei Xenophon anzutreffenden Unterscheidung) über die Momente, Details, die kontingenten Dinge und Belange im Alltag um des andauernden Wohles willen hinausblickt, für das er Verantwortung trägt. In Diensten an Menschen sorgt er für deren Wohlfahrt.

Wie nun Wohlfahrt zumeist nicht in der Lebendigkeit des Ergehens von Menschen begriffen wird, sondern nur auf die Lieferfähigkeit eines für Lohnersatz-Ansprüche zuständigen Amtes bezogen wird, so hat auch die Wirtschaft den Lebenszusammenhang verloren, in dem sie unmittelbar die Besorgung des Unterhalts von Menschen bedeutete. Die Wirtschaftswelt ist ihre Welt nicht, es sei denn, sie haben mit einem Geschäft in ihr zu tun. Nicht erst die netzgestützte digitale Ökonomie, bereits die Finanzströme und der Warenfluss der Marktwirtschaft insgesamt bringen für den Einzelnen mit sich, dass er kaum noch die Erfahrung des Wirtschaftens macht.

Bedeutet Wirtschaften nach gängiger Lehrmeinung den rationalen Umgang mit knappen Gütern, so ist die Fülle das Antidot zur Knappheit, und im Konsum gerät aus dem Blick, was herzustellen und selbst zu besorgen ist: Besorgen heißt bloß noch Shopping. Es wird bestellt und geliefert. Im Warenverkehr und in den Geschäften, die zu ihm gehören, entfällt die Funktion des Wirtes, der in seinem Raum, im eigenen Habitat, für den Umgang mit den Mitteln des Lebens zuständig ist.

Wirt sein heißt für Andere und für sich Versorgungsentscheidungen fällen und die dazu nötigen Vorkehrungen treffen. In einem Produktionsprozess ist er dessen Manager. Er handelt einzelwirtschaftlich im eigenen Haushalt oder Unternehmen und gemeinwirtschaftlich zur Versorgung einer Bevölkerung bzw. ihres kollektiven Habitats. In sozialer Produktion wird zur Lebensqualität eines Gemeinwesens beigetragen. An deren Herstellung und Unterhalt sind mit den Bürgern und institutionell Engagierten viele Wirte beteiligt, unabhängig davon, inwieweit sie sich als solche verstehen. Sie sind zumindest Partner in sozialer Produktion. Der Anteil, den sie an ihr nehmen, der Zugang, der ihnen geboten wird, und ihr Zusammenwirken bedürfen der Steuerung: die Funktion des Wirtes kehrt in *Modi der Governance* auf höherer Ebene und im Horizont koordinierten Zusammenwirkens wieder.

6.1 Wer ist Wirt?

Die Figur des *Wirtes* eignet sich im sozialwirtschaftlichen Diskurs dazu, personalisiert vom Wirtschaften zu reden und es als Handeln von und für den Menschen zu interpretieren. Ursprünglich der Haushalter oder Manager im vormodernen Oikos, fungiert der Wirt sachwaltend in einer konkreten (kleineren oder größeren) „Wirtschaft" bzw. in jedwedem Ressort geordneten und rücksichtsvoll zu gestaltendem Zusammenleben. Der Wirt ist gewissermaßen der *homo oecologicus* des sozialwirtschaftlichen Handelns. Er steht nicht allein; er hat einen Raum seiner Zuständigkeit; er findet sich vor in einem engeren und weiteren Gemeinwesen, dessen Verhältnisse auch die seinen sind und um die er sich deshalb kümmert. Idealiter ist der *homo oecologicus* der sozial eingebettete Mensch, der im Bewusstsein von Teilhabe fair und gerecht zu handeln weiß (Biesecker/Kesting 2003, 164). In ständiger Rücksichtnahme auf gemeinsames und eigenes Wohl verhält er sich umsichtig und wertgeleitet.

Ein Wirt *wahrt*, der Etymologie dieses Wortes nach, die Belange von Menschen. Er kümmert sich um sie, beherbergt sie auch. Er ist Hüter des Wohls derjenigen, die ihm anvertraut sind oder sich ihm anvertrauen. Er verfügt über Mittel und entscheidet über ihre Zuteilung zu Zwecken. Dieses sachwaltende Handeln heißt gewöhnlich *wirtschaften*. Etymologisch liegt es nahe, „Wirtschaft" als das Geschaffene, das Resultat der Tätigkeit eines Wirts aufzufassen. Ein Haushalt gewinnt mit seinem Walten die Beschaffenheit einer Wirt-schaft. Der Wirt ist in der Binnenbeziehung zu seinem Handlungsbereich der *oikonomos*, der einem lebensgemeinschaftlichen Hauswesen und damit auch dem sozialen Geschehen in ihm vorsteht.

Ein Wirt *waltet*. Theologisch ist seit der Frühzeit des Christentums unter *oikonomia* in vielen Variationen das Walten Gottes verstanden worden (Richter 2005, 49 und passim). Er hat nach jüdischem Verständnis im Volk Gottes sein Haus, wonach *oikonomia* im Neuen Testament auf die christliche Gemeinde bezogen wird, „die in den Anfängen gewisse Züge einer Hausgemeinschaft trug" (Richter 2005, 37). Global kann dem Walten Gottes als generelle Aufgabe eines verantwortlichen Handelns die ökologische Aufgabe der Wahrung der Schöpfung gegenübergestellt werden, die vom Lebenszusammenhang in der Biosphäre bis in das Habitat, das Ethos und die Ökonomie einer jeden Person reicht.

Wirtliche Verhältnisse, die dem Menschen zuträglich sind und in denen er sich gut aufhalten kann, sind das Ethos des Wirts. Er weiß sie – nicht nur zur Beherbergung und Verpflegung von Menschen – angemessen zu gestalten. In Verantwortung für gedeihliche Verhältnisse wird er nicht gleich zum Behandler, zum Pädagogen oder Therapeuten. Er erledigt deren Arbeit so wenig wie ein Manager im Unternehmen die Tätigkeit seiner Beschäftigten ausführt. Aber er ordnet, plant und steuert die zielführenden Vorgänge. In der konkreten Dimension der Verhältnisse etwa einer Einrichtung, einer Veranstaltung oder von Verrichtungen kümmert der Wirt sich darum, dass sie verträglich und zweckdienlich sind. Sein Ethos lässt ihn sachgerecht handeln. Seine Zuständigkeit ist ihm Verpflichtung.

Am vielfältigen deutschen Sprachgebrauch von Komposita aus dem Grundwort „Wirt" mit wechselnden Bestimmungswörtern ist die Gewichtigkeit erkennbar, die mit ihm einer beruflichen Qualifizierung zugeschrieben wird. Was der Wirt als Idealfigur gut und recht zu machen weiß, finden wir in der Sach- und Fachgerechtigkeit einer wirtschaftlich relevanten Aufgabenerfüllung anerkannt, wie sie gleichermaßen von einem Gastwirt, einem Landwirt, einem Forstwirt, einer Betriebswirtin, einer Finanzwirtin, einer Verwaltungswirtin, diversen Fachwirten oder eben von einer Sozialwirtin erwartet werden kann. Die Bezeichnungen bestätigen ein bestimmtes Kompetenzniveau, allerdings beschränkt auf die Befähigung, während in der Idealfigur des Wirtes seine Zuständigkeit hervorgehoben ist, die ihm seine Stellung in einem Lebenskreis und für einen Aufgabenkreis „einräumt" und der er sich nicht entledigen kann.

Das Konstrukt Wirt taugt im wirtschaftswissenschaftlichen Horizont als Gegenstück zum Modell des *homo oeconomicus* im allgemeinen und zum Typus des freien Unternehmers im besonderen. Der Wirt handelt im Raum seiner Zuständigkeit rücksichtsvoll und nicht egoistisch. Doch soll das *Eigeninteresse*, an dem der wirtschaftswissenschaftliche Glaube seit Adam Smith hängt, nicht geleugnet werden. Nur reicht das Selbst, an dem das Interesse hängt, beim Wirt weit über seine Individualität hinaus. Ihm steht eine Kollektivität gegenüber. Ihm ist eine Welt eigen, in der er leben kann und will, ohne Anspruch auf sich allein. Altruismus wird dazu nicht verlangt.

So kann der Wirt auch Unternehmer sein – und trivial als Hauswirt und als Gastwirt mit einem Erwerbsinteresse auftreten, das vollauf dem marktwirtschaftlichen Paradigma entspricht. Betriebsintern handelt der Unternehmer sozial und humanökologisch in dem Sinne, dass er die Arbeitsbedingungen verträglich zu gestalten sucht. Ihn kümmern die Humanressourcen. Ihm muss intern an wirtlichen Verhältnissen liegen, die der Motivation und dem Engagement der Beschäftigten förderlich sind. Die Sorge um ihr Wohl trägt zur Produktivität bei. Auf dem Markt dagegen sind derlei Rücksichten nicht angebracht. Hier ist Adam Smith zu folgen: „Nicht vom Wohlwollen des Metzgers, Brauers und Bäckers erwarten wir, was wir zum Essen brauchen, sondern davon, dass sie ihre eigenen Interessen wahrnehmen. Wir wenden uns nicht an ihre Mensch-, sondern an ihre Eigenliebe, und wir erwähnen nicht die eigenen Bedürfnisse, sondern sprechen von ihrem Vorteil." (Smith, Wohlstand der Nationen, 1978, 17) Indes hat Smith an anderer Stelle – in seiner „Theory of Moral Sentiments" – das Eigeninteresse als ein solidarisches Interesse am Anderen ausgelegt (Smith 1985, 5 ff.). Daran lässt sich wieder im Theorem des sozialen Wirts anschließen.

In Kontexten sozialer Versorgung ist Problemen und Nöten abzuhelfen. Wirte erkennen, was gebraucht wird und wissen mit Rat und Tat Hilfen zu beschaffen, zu organisieren und sie, ohne sie selber ausführen zu müssen, in angemessener Weise wirksam werden zu lassen. Das fängt mit der Deckung des materiellen Grundbedarfs, der Beschaffung von Nahrung, Kleidung und Obdach an und setzt sich in der Sorgsamkeit fort, in der auf wei-

tere Güter zum Lebensunterhalt gesehen wird. Eine unmittelbare Verfügbarkeit von Mitteln erfordert noch kein Wirtschaften. Erst mit dem Disponieren in der Zeit und im Raum und mit den auftretenden Transaktions-
kosten ist eine Bewirtschaftung von Mitteln und Möglichkeiten gegeben.

Wirt sein muss nicht heißen, dass professionell gehandelt wird, wohl
aber überlegt und im Bewusstsein von Verantwortung. Kommt Professionalität hinzu, ist sie eine spezifische unter der Generalität der Aufgabe,
wirtlich zu handeln (ein Wirt mag kochen können, aber die Praxis des
Kochs ist nicht die Praxis des Wirts). Im sozialen Kontext bleibt professionelle Zuständigkeit geschieden von der Zuständigkeit der Menschen, für
die professionell gehandelt wird, für sich selber und lebensgemeinschaftlich für Andere ohne oder mit Bedarf an professioneller Versorgung. Das
Feld der Expertise (etwa in der Medizin) ist formal organisiert, mit stan-
dardisiertem Wissen ausgestattet und mit bestimmten Verhaltenserwartun-
gen versehen, während ohne die jeweilige Expertise *informell* durchaus
auf gleichem Gebiet (etwa der Gesundheit) gehandelt und Verantwortung
wahrgenommen wird.

Im vormodernen Haushalt war der Wirt der Pfleger des Zusammenlebens von ihm abhängiger Menschen. Autonome Individuen in unseren
Zeiten stehen in sozialen Belangen je selber für ein gemeinschaftliches
Wohl ein. Wir pflegen ein Familienleben. Wir pflegen Nachbarschaft und
Freundschaften, wir gehen Beziehungen ein und nehmen teil an gemeinsamen Vorhaben. Der Wortbedeutung nach heißt *pflegen* soviel wie „verant-
wortlich eintreten für etwas". In der Computertechnologie hat sich der
Wortgebrauch „einpflegen" für das Einfügen von Daten in ein System
durchgesetzt. Im juristischen Sinne war der Pfleger außerhalb des Hauses
ursprünglich der kluge Verwalter eines gemeinschaftlichen Vermögens
bzw. des Geschehens, in dem es erhalten und auch entfaltet und vermehrt
wird. Er trägt Verantwortung für Menschen und für das, was ihnen eigen
ist. Er handelt als der Kurator, bevollmächtigt, für etwas zu sorgen. Er tut
es „akkurat" – mit Sorgfalt.

Wirte sind Pfleger. Wohlfahrt verlangt Pflege. Zwar wird der Terminus
Wohlfahrtspflege oft nur sinnentleert verwandt, um eine verbandliche
Struktur zu bezeichnen, wie sie sich in Deutschland ausgeprägt hat. Den
Boden bildet eine Staatsfunktion, die mit dem absolutistischen Regime
nicht unterging, sondern zuerst mit „promote the general Welfare" in der
Präambel der US-amerikanischen Verfassung neu formuliert wurde. In der
amerikanischen Steuergesetzgebung werden „social welfare organiza-
tions" definiert als „civic legues or organizations not organized for profit

but operated exclusively for the promotion of social welfare". Wohlfahrtspflege ist in den entwickelten Ländern nun seit hundert Jahren Gegenstand öffentlicher, frei-gemeinnütziger, ziviler und privater Bemühungen, die – wie immer sie unternommen werden – eine wirtliche Versorgungsgestaltung bedeuten. Dem Charakter nach, nicht unbedingt im Umfang und in der Qualität ihrer Realisierung.

6.2 Unternehmer versus Wirt in der sozialen Versorgung

Der wirkmächtige Ökonom Joseph Schumpeter hat in seinem für das Verständnis des unternehmerischen Handelns wegweisenden Buch „Theorie der wirtschaftlichen Entwicklung", das er 1911 schrieb, zwei Typen von Wirtschaftssubjekten unterschieden. Es gebe den energischen *Unternehmer*, der etwas Neues durchsetzt und einer dynamischen Wirtschaft zuzuordnen sei, und den „*Wirt schlechtweg*", welcher in einer althergebrachten Wirtschaftsweise auf einen gegebenen Bedarf bezogen handele (Schumpeter 1993, 122). Der „Wirt schlechtweg" agiert nach Schumpeter als statischer Produzent in einer statischen Wirtschaft, ist mit einem auskömmlichen Ertrag zufrieden, wirkt ausgleichend bei Störungen und beschränkt sich in seinem Bemühen auf das lebensgemeinschaftlich Erforderliche. Der Wirt hängt, so wie er in einem Haushalt waltet und soziale Aufgaben erledigt, gleich dem Landwirt auf seinem Acker und seinem Hof an bewährten Verfahren und bewegt sich in der Binnenziehung zu seinem Handlungsfeld routiniert in gewohnten Bahnen, solange diese Art und Weise der Bewirtschaftung zweckmäßig den Bedarf deckt.

In dieser Bedarfsorientierung besteht nun aber gerade das sozialwirtschaftliche Sachziel. Der energische Unternehmer und der „Wirt schlechtweg" unterscheiden sich wesentlich darin, wofür sie handeln. Der Unternehmer agiert „außer Haus" und sein Einsatz lohnt sich mit dem Profit, den er erzielt. Dafür sind Kapital, Kredit und Zins im Spiel (wie Schumpeter ausführlich darstellt). Der Wirt im Haushalt hat Versorgung und ein gemeinschaftliches Wohlergehen im Blick. Dazu bedarf es Mühen von anderer Art als es die Geschäfte sind, die in einem Markt vonstattengehen, mögen solche Geschäfte auch für die Mittelbeschaffung eines Haushalts unabdingbar sein.

Für Menschen *wirtlich* zu handeln, ist heute die Aufgabe derer, die soziale Einrichtungen und Dienste bereitstellen und ihren Einsatz auf das Wohl ihrer Klienten hin auf den Weg bringen. Der *Wirt in der Pflege von*

Wohlfahrt hat primär Versorgungserfordernisse im Blick und nicht einen Gewinn, der sich für einen Unternehmer *erwirtschaften* und so aus seinem Geschäft ziehen lässt. Was in der sozialen und gesundheitsbezogenen Versorgung zu leisten ist, muss bewirtschaftet werden, indem knappe Mittel so eingeteilt, bestimmten Zwecken zugewiesen und angemessen eingesetzt so werden, dass der Versorgungsbedarf möglichst gut abgedeckt wird. Die Bewirtschaftung hat zu sichern, dass Dienste und Einrichtungen kontinuierlich bereitstehen und bedarfsgemäß genutzt werden können.

Dagegen stört Schumpeters Entrepreneur, der mit neuen Kombinationen von Produktionsfaktoren eine „schöpferische Zerstörung" der vorhandenen Angebotsstrukturen leistet, damit das Gleichgewicht auf einem Markt. Und nicht nur in ihm, sondern auch im Leben von Menschen, die an diesem Geschehen teilhaben und in der Dynamik der „schöpferischen Zerstörung" in der Gefahr sind, dass ihre Lebensart und ihre Lebensentwürfe entwertet werden. Ein Wirt reagiert in Versorgungsbelangen unter anderem auf diese Störung und bemüht sich um Aufrechterhaltung oder Wiederherstellung individuellen und gemeinsamen Wohlergehens. Veränderung im Leben gehört dazu, aber auf der Grundlage und zum Gelingen eines Daseins in der Art und Weise, in der es nach Herkommen, Wahl und Wunsch gelebt wird. Ein destruktiver Drang nach Neuem liegt dem Wirt fern; er folgt keinem Zwang zur Optimierung und zur Perfektion, mit der sich in einem Wettbewerb prunken ließe. Womit man gut auskommen und zufrieden sein kann, das genügt.

Immerhin gesteht Schumpeter auch dem „Wirt schlechtweg" zu, auf neue Möglichkeiten und neues Wissen zuzugreifen: „Warum soll der einzelne Wirt von solchen neuen Möglichkeiten nicht ganz ebenso Gebrauch machen wie von den alten ...?" (Schumpeter 1993, 117) Das lässt sich auf eine gemeinschaftliche Daseinsgestaltung ebenso beziehen wie auf Formate institutioneller Versorgung. Ein Wirt im Sozial- und Gesundheitswesen wird betriebswirtschaftlich klug handeln und er mag dazu auch in marktliberaler Einstellung seine Chancen im Wettbewerb, auf Preis und Qualität bezogen, nutzen. Versorgungsbezogen kommt er um Anpassungen und Neuerungen nicht herum und wird gut daran tun, sich an Reformdiskursen und an neuen sozialwirtschaftlichen Arrangements zu beteiligen, mit denen eine zeitgemäße Angemessenheit erreicht wird.

Im individuellen Fall trifft der einzelne Mensch seine Arrangements im Alltag und in der sozialen Umgebung, auf die er angewiesen ist. Im lebenslangen Lernen und um der Karriere im Arbeitsleben willen mag er sich abverlangen, *„Unternehmer seiner selbst"* zu sein. Diesen Ausdruck hat zuerst Foucault 1979 in seiner Interpretation neoliberaler, eigentlich neoklassischer, Mikroökonomie gebraucht (der *„Homo oeconomicus* als Unternehmer seiner selbst …, der für sich selbst sein eigenes Kapital, sein eigener Produzent, seine eigene Einkommensquelle ist", Foucault 2004, 314). Den Unternehmer seiner selbst, der seine Lebensführung gewissermaßen verbetrieblicht, seine Beschäftigungsfähigkeit optimiert und sich selbst zu vermarkten versteht, fordert die modernisierte Erwerbswirtschaft an. Sozialwirtschaftlich dagegen ist dem Einzelnen anzuraten, *„Wirt seiner selbst"* zu sein und dabei mit Sorgfalt auf sein Ergehen in Gemeinschaft mit Anderen zu sehen. In der Dynamik des Lebens hütet er sich und hütet er sie und hat damit in dürftigen Lagen, bei Verführungen und bei Verirrungen, in Krisen und bei Übergängen genug zu tun.

Soweit er sich als Hüter seines Wohlergehens und Betreiber seines Unterhalts versteht, ist der Mensch in der eigenen Lebensführung Wirt seiner selbst. Individuell bleibt er in dieser Zuständigkeit aber nicht allein, denn die Wege, die er geht, und die Kreise, die er zieht, überschneiden sich mit den Kreisen und Wegen anderer Menschen und sind eingebettet in eine gesellschaftliche und natürliche gemeinsame Umwelt, für deren Wirtlichkeit zu sorgen ist. In der Ökologie der Lebensführung wird mit Umsicht so gehandelt, dass die eigenen Intentionen mit den Gegebenheiten der Lebenskreise abgestimmt werden, in welchen der Einzelne sich bewegt. Im doppelten Sinn des Begriffs der *Verwirklichungschancen* (Sen) gewähren die Umstände Freiheiten und der Mensch verschafft sie sich. Er „räumt sie sich ein". Er holt dazu aus, bleibt nicht bei sich, geht „außer Haus" und in die Fremde, entdeckt Möglichkeiten, verhält sich kreativ, tauscht sich aus. Er „bildet sich aus", forscht, wird Handwerker, Nerd, Leistungssportler, Künstler. Es gilt, aus der unbegrenzten Menge all der heterogenen Optionen, welche die Welt bietet, einige zu realisieren.

Dazu begibt sich der Einzelne in Systeme, die ihm Verwirklichungs-, Unterstützungs- und Lösungsmöglichkeiten bieten. Er nutzt die Infrastrukturen öffentlicher Daseinsvorsorge und das Bildungssystem; das soziale Sicherungssystem nimmt ihn auf und er hat im Bedarfsfall Anspruch auf Leistungen in den Systemen der sozialen und gesundheitlichen Versorgung. In allen diesen Systemen gibt es *Wirte*, die sich in ihnen auskennen. Sie bieten Information, Rat und Wegleitung für Menschen, die sich allein in ihnen kaum zurechtfinden. So sehr der Einzelne sich als Wirt seiner selbst in seiner Lebenswelt bemühen mag, in den ausdifferenzierten Systemen der Gesellschaft ist er auf andere Wirte angewiesen, die ihm vermitteln und übersetzen, was die Systeme bieten. Wirte sorgen für Wirtlichkeit.

Die meisten Menschen nehmen ihre Verwirklichungschancen im vorhandenen Beschäftigungssystem wahr. Sie werden für sich selbst „erwerbstätig" und haben somit Grund genug, das in Formen und Weisen zu tun, welche die kapitalistische Umwelt vorhält. Die zentripetale „Erwerbstätigkeit", für die sie sich selber entscheiden, steht nicht im Widerspruch zu einer zentrifugalen Karriere, soweit sie – reflexiv bedacht – zu einer gewählten Verwirklichung beizutragen vermag. Der aktive Einzelne richtet sich pragmatisch „draußen" im Markt der Möglichkeiten ein und tut das „in Gesellschaft". Er kann „Unternehmer seiner selbst" sein, um dabei als Wirt seiner selbst die eigene Identität in seiner Mitwelt auszuprägen.

Ökologisch erfasst diese ausholende Bewegung ein soziologisches Konzept „persönlicher Ökologie", mit dem H. G. Duncan 1928 „the process of how the person relates himself to the various groups of which he becomes a member" bezeichnete (Duncan 1928, 426). Menschen begeben sich in Beschäftigungsverhältnisse, wechseln ihren Wohnort und auch ihre Bezugsgruppe. „In personal ecology there are two terms – latitudinal and altitudinal – which we may use to express the direction of a person's mobility and fluidity. The former is concerned with the number and kinds of groups with which a person becomes affiliated, and those from which he becomes isolated. The latter is concerned with the depth of his interrelationships within the groups of which he becomes a member" (ebenda). Selbstrealisierung erstreckt sich von Dispositionen, die das Individuum in der gemeinsamen Umwelt und sozialen Mitwelt trifft, bis in die inneren Dispositionen einer Person, mit denen sie auf ein Zusammenleben eingestellt ist.

Dem ökosozialen Paradigma entsprechend (Wendt 2011 a) wird „persönliche Ökologie" bei Duncan als ein dynamisches Verhältnis von Mensch und Umwelt interpretiert. In diesem Verhältnis räumt er sich seinen Platz und seine Stellung ein bzw. sie werden ihm sozial eingeräumt (Wimberley 2009, 14 ff.). Dermaßen eingebettet und situiert, setzt er seine Mittel und Möglichkeiten lebensgestaltend ein und bezieht dazu Mittel und Möglichkeiten aus seiner Umwelt in einem „process of personal ,householding'" (Wimberley 2009, 16). Motiviert zu Neuem ist das Individuum als Wirt seiner selbst in dynamischer Beziehung zu seiner Mitwelt, die sich wandelt. Der Wandel betrifft sein persönliches Ergehen und deshalb reagiert der Einzelne darauf. Er engagiert sich in diesem Geschehen und wird unter Umständen auch ohne einen Grund für „schöpferische Zerstörung" zu einem dynamischen sozialen Unternehmer.

6.3 Die Singularität der Aktion kontrovers zum Zusammenhang, in dem sie erfolgt

Wirtschaften heißt mit Umsicht vorausschauend handeln. Indes agieren wir gewöhnlich mit einer Verengung des Blicks auf einen bestimmten Gegenstand oder auf eine Angelegenheit, die momentan unsere Aufmerksamkeit verlangt. Der Zusammenhang, in den der Gegenstand oder die Angelegenheit eingebettet ist, tritt hinter die vermeintlichen oder tatsächlichen Erfordernisse des Objektbezuges „hier und jetzt" zurück. Diese Fokussierung des Handelns und der Aufmerksamkeit blendet eine Menge Ursachen und Folgen des jeweiligen Agierens aus.

So trivial diese Charakteristik menschlichen Verhaltens ist, so bedeutsam ist sie im sozialen Horizont des Arbeitens und Wirtschaftens. Die Bedürftigkeit, auf die hin etwas sozialpolitisch oder sozialprofessionell unternommen wird, erscheint singulär – eine Not ist sichtbar, ein Problem wird angesprochen, eine Gefahr soll abgewehrt, eine Chance genutzt, ein Schaden behoben, ein Nachteil ausgeglichen werden, eine Hilfe liegt nahe – und entsprechend punktuell wird auf die Bedürftigkeit geantwortet.

Auf der Individualebene erscheint diese Bewältigungsweise beruflich, fachlich und moralisch legitim. Eine Zuständigkeit ist abgegrenzt hier und jetzt gegeben, eine Aufgabe ist umschrieben und sie wird getrennt von anderen Aufgaben wahrgenommen. Der größere Zusammenhang im Leben von Menschen und in den Umständen, unter denen es verläuft, ist unmittelbar kein Gegenstand im segmentierten sozialrechtlichen Leistungssystem. In der Behandlung sozialer und gesundheitsbezogener Belange wird arbeitsteilig und auf der Individualebene schrittweise vorgegangen, Zur Veranlassung liegt eine Indikation vor, ein Leistungsanspruch wird geprüft und über ihn wird an zuständiger Stelle entschieden, einzelne Dienste kommen ihm nach, und das geschieht in einer Menge von Praktiken. *Wirtschaften aber erfolgt nicht punktuell* auf einzelne Handlungen bezogen, sondern erwägt sie und wählt sie aus in ihrer Zweckmäßigkeit und entscheidet über sie in Hinblick auf das Erreichen von Zielen.

Als übergeordnetes sozialwirtschaftliches Sachziel wird Wohlfahrt bzw. ein Beitrag zu ihm angenommen. Sie stellt sowohl auf der Individualebene als auch auf der Aggregatebene einen ausgedehnten Fortgang und Vorgang dar, zu dem viele Komponenten gehören. Einzelne Maßnahmen und Verrichtungen werden von der höheren Warte der Teilhabe, der Lebensqualität und persönlicher Entwicklung beurteilt. Bezogen darauf erfolgt soziales Wirtschaften durchaus „gewinnorientiert". Es wird evaluiert, wie sich Dienstleistungen, Verfahren und Behandlungen in ihren Auswirkungen bewähren. Was tragen sie zu einem Gelingen bei? Welche Opportunitätskosten (der entgangene Nutzen eines anderen Vorgehens) entstehen? Sind Interventionen abzulehnen, weil sie dauernde Beeinträchtigungen nach sich ziehen können? Wie hoch ist das Risiko? Vom Standpunkt eines Wirtes persönlichen Lebens wird in der Reflexion, wie jemand mit der einen oder anderen Vorgehensweise im Zusammenhang seines Lebens „wohl fährt", kalkuliert, was zu tun oder zu vermeiden ist.

Der Zusammenhang, in dem Maßnahmen zu beurteilen sind, ist auf jeder Ebene des Handelns ein unterschiedlich weitreichender und komplexer. Auf der Individualebene verhindern oft kurzfristige Lösungen langfristige Besserungen. Es ist keine neue Erkenntnis, dass materielle Sozialleistungen einen Gewöhnungseffekt haben und dass in Familien ein „Leben von der Wohlfahrt" sich quasi vererben kann. Mit der „Stütze" allein lernt man nicht, ohne sie auszukommen. Auf der Makroebene hat man in der Entwicklungshilfe viele Jahre gebraucht, um zu erkennen, dass sie erst bei direkter Förderung von Eigenleistungen aus der Abhängigkeit herausführt. Auf der Mesoebene des Dienstleistungsbetriebs greifen sozialprofessionelle Interventionen mit Rat und Tat zu kurz, wenn sie über die Aktualität einer Problematik von weiteren Risiken in der Lebenslage und Lebensführung absehen.

In der sozialprofessionellen Debatte läuft man leicht in die Falle eines ökonomischen Verständnisses von Armut, das sie als Mangel an Einkommen definiert. Aus dieser Sicht lässt sich dann noch darlegen, dass die knappen Mittel bei sparsamer Verwendung ausreichen sollten. Nun zeigen Abhijit Banerjee und Esther Duflo (2011) empirisch an Hand von Randomized Controlled Studies, dass Arme in materieller Not ihr verfügbares Einkommen mit gutem Grund nicht nur für Essen ausgeben: sie haben mit einem Fernseher mehr Gewinn an Lebensqualität als mit besserem Essen. Eine soziale „Ökonomie der Armut" (Brodbeck 2005) beschränkt sich nicht auf die Bewältigung einer schlechten finanziellen Lage. Als aktive und kundige Subjekte ihrer eigenen Lebensgestaltung und Versorgung wahrgenommen, sind Menschen in prekären Verhältnissen wie alle anderen bestrebt, ihren Bedürfnissen nachzukommen. Ihren Präferenzen folgen sie auch, wenn sie jenseits ihrer materiellen Grundsicherung über Mittel verfügen (oder sich solche auf Kredit beschaffen). Missliche und instabile Lebensverhältnisse bestimmen über Bedürfnisse und haben Kosten – und umgekehrt bringt der Mangel an Geld Menschen in eine prekäre Lage. Die Kausalität ist keine lineare, sondern zirkulär. Oft stellt sich in der negativen Dynamik von Zusammenhängen ein Teufelskreis ein, in dem erlebte Benachteiligung die Selbstwahrnehmung und Selbstbehauptung verschlechtert, in dieser Situation zum Alkohol greifen lässt, wonach die eintretende Abhängigkeit zur Verschuldung führt und sie den Menschen tiefer in soziale und wirtschaftliche Not stürzt. Die Armutsspirale ist ein Zusammenhang, der nicht durch Interventionen an der einen oder andere Stelle gebrochen wird.

Die Systematik einer positiven Förderung beinhaltet ein Nebeneinander und Nacheinander von Maßnahmen, deren Wirkungen sich direkt oder indirekt verstärken oder die in ihrer Wirkung aufeinander aufbauen. Sozialwirtschaftlich ist eine Komposition gefragt, die auf einzelne Aspekte der Lebensführung abgestimmt ist – auf Familienbegleitung und Elternbildung in Verbindung mit Kinderbetreuung bei notwendiger Hilfe zur Erziehung, auf äußere Absicherung und ein Netz unterstützender Beziehungen zum Gesundungsprozess von psychisch Kranken, auf den Zusammenhang von Wohnen, Arbeit und sozialen Kontakten in der Resozialisierung von Straftätern. Das nötige Setting kann in jedem Fall als ein *wirtliches* charakterisiert werden. Es verhilft verletzlichen Personen in der Verfügbarkeit von Mitteln und mit der Eröffnung von Chancen zur Bewältigung ihrer problematischen Situation, zur Wiederherstellung von Gesundheit oder einfach dazu, dass sie ihres Daseins mächtig werden und bleiben.

6.4 Wie es um Wirtlichkeit bestellt ist

Wo ein Wirt ist, darf man die Dinge in Obhut und guter Verwaltung erwarten. Er weiß, wie sich mit ihnen verhält, kümmert sich um sie und wacht über sie, bestimmt die Abläufe und sorgt bei ihnen für die Einhaltung von Normen. Ein Wirt kultiviert das Zusammenleben „in Haus und Hof" und damit auch in der für menschliches Auskommen gebrauchten Umwelt. Von Natur aus gibt es keine Wirtlichkeit. Aber kultiviert wie sie sind, können eine natürliche Umgebung oder eine Stadt und ein engerer oder weiterer sozialer Raum wirtlich sein. Man hält sich behaglich in ihm auf; er ist gastfreundlich, bietet Annehmlichkeiten, überhaupt Lebensqualität und ist komfortabel für seine Bewohner. Unwirtlich dagegen ist ein Ort, der nicht zum Bleiben einlädt. Das kann wilde Natur, eine extreme Landschaft oder ein verlassener Winkel sein. An einem solchen Ort, der einem nicht geheuer ist, wird man sich nicht gut befinden. Man fühlt sich in einer vom Menschen geschaffenen unwirtlichen Gegend unbehaglich – mehr noch: trist, öde und trostlos mutet der Ort an. Alexander Mitscherlich hat über die „Unwirtlichkeit unserer Städte" nach dem Wiederaufbau im Nachkriegsdeutschland geschrieben und über die „merkantile Ausbeutung des städtischen Raumes zu Lasten der Jugend und des Alters" geklagt (Mitscherlich 1965, 115). Die Entfaltungsmöglichkeiten für den Menschen in gemischten städtischen Lebens- und Arbeitsräumen gingen verloren und es dominiere der „Dschungelaspekt der Konkurrenzgesellschaft" (Mitscherlich 1965, 37). Die „Herzlosigkeit" der neu gebauten Städte bedeute ihre Unwirtlichkeit.

Ihr gegenüber beschreibt der Topos des *wirtlichen Handelns* die Aufgabe, im Hause des Zusammenlebens für ein gutes Ergehen eines jeden zu sorgen, der ihm angehört. Das bringt eine soziale Verpflichtung mit sich, verbunden mit einer Verpflichtung auf das Gemeinwohl, denn der Zustand und die Qualität der Umwelt, in der wir zusammenleben, wirken überindividuell auf die von jedem Einzelnen erfahrene Lebensqualität zurück. *Wirtliches Handeln sorgt für wirtliche Verhältnisse*, weil sie Bedingung guten Ergehens sind.

Wie sich der Sinn von Wirtschaft im Lauf der Zeit geändert hat, so auch die Bedeutung des Wirtlichen. Seitdem nicht mehr vormodern in einem „Gehäuse der Hörigkeit" (Max Weber) gewirtschaftet wird, führt ein Wirt ein offenes Haus. Dem Wandel folgend heißt nun wirtlich sein einladend sein. Die Topoi des Wirtes und des Wirtlichen sind ökologischer Natur. Ein Wirt „hält Haus" auf eine wirksame Weise und gewährleistet damit den Unterhalt und gemeinsames Leben von Menschen, die einem Haushalt angehören oder die er gastlich einlädt. Im übertragenen Sinne mag der Haushalt kleiner oder größer sein, aus einer Familie bestehen, seine Funktion für eine Gebietskörperschaft haben oder als Staat organisiert sein. Ein *Staatswirt* war nach einem früheren Wortgebrauch, wie ihn Grimms Deutsches Wörterbuch verzeichnet, jemand, der „den Staat wie ein kluger Hauswirt leitet". Bei Jung-Stilling (1787) heißt der Grundsatz in der Kunst staatswirtschaftlichen Handelns: „Mache dein Vaterland so glücklich als es dir (entweder als Regent oder als Bedienter) in deiner Wirkungssphäre möglich ist." (Jung-Stilling 1988, 147). Jeder besorge auf seine Weise das *bonum commune* und habe teil an der Ausübung dieser „Regierungskunst". Ohne große Verfügungsgewalt tun es heutzutage in einem speziellen Sinne professionell und managerial in einem abgegrenzten Fachgebiet Sozialwirte und Gesundheitswirte.

Das staatlich organisierte größere Gemeinwesen bleibt eines, das dem Zusammenleben Gestalt gibt. Von seiner Einrichtung kann verlangt werden, dass es *wirtlich* für die ihm angehörenden Menschen ist. Soll das nicht einem universalen Souverän überlassen bleiben, beinhalten unsere Gesellschaftsverträge verfasste Grundsätze, wie wir – Bürger und Staat – *haushalten* wollen. So steht in § 2 der Schweizer Bundesverfassung, die Schweizerische Eidgenossenschaft „fördert die gemeinsame Wohlfahrt". Das deutsche Grundgesetz gibt (in Art. 72 Abs. 2) dem Bund das Gesetzgebungsrecht zur Herstellung gleichwertiger Lebensverhältnisse im Bundesgebiet. Während das Postulat der Gleichwertigkeit nur einen relativen Ausgleich anzustreben verspricht, hat der Sozialstaat mit den Lebensverhältnissen generell ein Aufgabengebiet, in dem die Verhältnisse unter dem Gesichtspunkt der Wirtlichkeit betrachtet und beurteilt werden können. Lässt es sich gut leben in diesem Staat und in welcher Unterschiedlichkeit territorial und kategorial fallen die Lebensbedingungen für die Bevölkerung und für einzelne Personengruppen aus?

Im Raum des Zusammenlebens werden schlechte Lebensverhältnisse beklagt, die wir konzentriert in benachteiligten „Stadtteilen mit besonderem Entwicklungsbedarf", in heruntergekommenen Wohnquartieren, an „sozialen Brennpunkten" mit ihren Verwahrlosungserscheinungen und sozialen Konflikten vorfinden. Die Bewohner solcher urbaner Exklusionsbereiche werden stigmatisiert, Kindern und Jugendlichen bieten sich weniger Entwicklungschancen, es kommt zu ghettoartigen Verinselungen von Armut. Solche Lebensräume werden, von außen betrachtet, als „unwirtlich" empfunden und von Menschen, die dort nicht zuhause sind, möglichst gemieden. Der Ressourceneinsatz zur Besserung und Revitalisierung der Verhältnisse will gut überlegt sein. Es gibt genügend Erfahrungen, dass einzelne Sanierungsmaßnahmen wenig verändern oder scheitern. Nur mit den Bewohnern und ihrem zivilen Engagement kommt es zu nachhaltigen Verbesserungen. Durch ihre Partizipation wird in der einen oder anderen Form eine Gemeinschaftlichkeit im Wirtschaften erreicht (s. Abschn. 1.3). Empirisch zeigt sich aber auch, dass die Motivation der Bewohner von mehr Chancen im Erwerbsleben abhängt, weshalb eine Politik der sozialen Entwicklung in einer Kommune und Region auf Wirtschaftsförderung bauen wird.

Für eine „lebenswerte Stadt" und „lebenswerte Stadtquartiere" arbeiten Stadtplaner, Sozialplaner, Kommunalpolitiker, Umweltschützer und Bür-

gerinitiativen. Somit stellt Wirt sein auf der Makroebene eines Gemeinwesens vor andere Herausforderungen und Aufgaben als Wirt sein auf der
Mesoebene einer Organisation und ihres Betriebs und vor wieder andere
Aufgaben auf der Individualebene. Die Kommunikation unterscheidet sich
– in der politischen Aushandlung, unter Betriebs- und Professionsangehö-
rigen und in der Beziehung zu einem Klienten oder Patienten. Greift auf
der politischen Handlungsebene die Logik der Interessendurchsetzung (die
Logik der Macht), bestimmt im Management eines Unternehmens die betriebswirtschaftliche Logik, während auf der Mikroebene des Einsatzes
von und für Menschen die Logik sozialen Miteinanders gilt. Sozialwirtschaftlich kann die eine aber nicht von der anderen isoliert werden. Erörterungen, wie der Einzelne lebt, wie wir leben wollen und leben sollen, gehen in politische Diskurse über. Anthony Giddens hat für diesen Reflex
den Terminus „life politics" gewählt: „Life politics concerns political issues which flow from processes of self-actualisation in post-traditional
contexts, where globalising influences intrude deeply into the reflexive
project of the self, and conversely where processes of self-actualisation in-
fluence global strategies" (Giddens 1991, 214). Das individuelle Selbst
sieht sich zu seiner Entfaltung in einen weiterreichenden Wertehorizont
gestellt; in ihm findet es Bestimmungsgründe und trifft seine Wahl.

Zu einer Politik der Lebensführung gehört die Auseinandersetzung und
Verständigung über individuelle und gemeinschaftliche Entwürfe gelingenden Lebens, die Erfordernisse, die zu ihm nötig sind, die Chancen, die
zu ihm geboten werden, und die Hindernisse, die ihm im Wege stehen. In
der Erfahrung des einzelnen Subjekts erscheint Wirtlichkeit sehr variabel;
es kann unter verschiedenen Umständen gut leben oder sich schlecht füh-
len. Wer selbständig und selbstbestimmt sein Leben führt, hat seine eigenen Kriterien dafür oder holt sich diese in Teilnahme an öffentlichen und
privaten Diskussionen angenehmer und erstrebenswerter Verhältnisse.
Will man von sozialprofessioneller Seite dem Einzelnen nicht vorschrei-
ben, wie er zu leben hat, und erkennt man, dass es sozial weder angebracht
noch nützlich ist, durch ständige Interventionen in den Lebenslauf von
Menschen korrigierend einzugreifen, bleibt nur die Bereitstellung von Rat,
die Schaffung von Gelegenheiten und die Eröffnung von Verwirklichungschancen.

Sozial gewirtschaftet wird in Binnenverhältnissen, in Verhältnissen, *in
denen* wir leben. Sie liegen zwar für die einzelne Person in ihrer äußeren
Umwelt vor, überindividuell besorgt werden sie aber im weiteren Haushalt
der gemeinschaftlichen und gesellschaftlichen Daseinsgestaltung. Fallen

167

nun in diesem sozialen Raum Problemlagen auf, denen Menschen ausgesetzt sind – durch äußere Umstände, eigenes Verhalten und innere Dispositionen von Personen bedingt –, sind innerhalb dieses Beziehungsfeldes umgrenzte Räume vorgesehen, in denen in besonderer Weise für diese Personen gesorgt wird, in denen sie in ihrer Verletzlichkeit geborgen, geschützt und geschont sind, in denen ihre Probleme behandelt werden und sie, soweit möglich, geheilt werden. Die Rede ist von der Wirtlichkeit von Hospitälern, Heimen, Anstalten und anderen Ressorts sozialer und gesundheitlicher Versorgung.

Ein Heim bietet im Idealfall Heimat und erscheint so als der wirtlichen Ort schlechthin. An ihm sind wir gut verwahrt und werden in unserer Zugehörigkeit wahrgenommen. So ist denn diese Wirtlichkeit das Antidot der Verwahrlosung. Heime gibt es unter anderem, um ihr zu begegnen. Für viele Menschen ist es um Wirtlichkeit nicht gut bestellt. Sie wachsen nicht geborgen auf, sind in ihren Verhältnissen gefährdet, werden misshandelt oder zum Opfer von Krisen und Konflikten im Zusammenleben. Verwahrlosung entsteht in der Folge, dass ein Wohl aus Unachtsamkeit und bei Ausbleiben gebotener Pflege nicht im Mindesten gewahrt worden ist. Heimpflege wird mit großem Aufwand in der Kinder- und Jugendhilfe betrieben, ob nun als Inobhutnahme vorübergehend oder in Form langjähriger Unterbringung. Offenbar wird das Heim als eine Stätte betrachtet, wo sich ein wirtliches Wirken umfassend und intensiv ausprägen lässt. Dieser Sicht gegenüber halten Kritiker das Heim für einen Ort der Ausgrenzung, an dem Kinder aus dem Lebenszusammenhang ihrer Familie gerissen und „verwahrt" nur in negativer Weise sind.

In der Dichotomie von Unwirtlichkeit und Wirtlichkeit betrachtet, kann ein Heim positiv, von den Unbilden realer Lebensverhältnisse abgegrenzt, einen geschützten Raum der Regenerierung, des Wachstums und der Entfaltung bieten. In „A Home for the Heart" hat Bruno Bettelheim (1975) beschrieben, wie im heilsamen Milieu und in der therapeutischen Gemeinschaft seiner „Orthogenic School" neurotisierte Kinder durch eine achtsam strukturierte Lebensgestaltung heilsam „verwahrt" werden. Sie bietet Halt und erlaubt eine Aufarbeitung kränkender Erlebnisse in einem zu dieser Aufarbeitung anregenden Ambiente. „Die innere und äußere Organisation der Anstalt bestimmt den Lebensstil, der in ihr möglich ist" (Bettelheim 1975, 67). Im Milieu der therapeutischen Einrichtung wurde bei Bettelheim eine psychoanalytisch geprägte, zutiefst emotionale Arbeit geleistet, in welcher Wirtlichkeit auch fordernd und bedrängend sein konnte. Die Zweckerfüllung des Einsatzes in einem solchen Heim und damit auch dessen Zurüstung mit Mitteln und Kräften bemisst sich am nachhaltigen Outcome bei den Patienten.

Seit den Zeiten von August Hermann Francke um 1700, später von Pestalozzi und bis hin zu Makarenko ist immer wieder versucht worden, Heime nicht nur pädagogisch, sondern auch ökonomisch erfolgreich zu betreiben, indem sie mit Landgütern und Werkstätten verbunden wurden. Die Zöglinge sollten selbst zum Unterhalt der Einrichtung beitragen und dabei lernen, für sich selber zu wirtschaften. In solchen Versuchen wirkte die Idealvorstellung des „ganzen Hauses" weiter. Schon in den Anfängen zum Scheitern verurteilt (wie bereits Pestalozzi bemerkte), bringt in der Heimerziehung heutzutage der personelle Aufwand enorme Kosten mit sich, für die kein interner Betrieb mit Eigenleistungen aufkommen kann. Die Unterbringung in einem Heim und der Aufenthalt in ihm erscheint unter Gesichtspunkten der Wirtschaftlichkeit nur noch kompensatorisch gerechtfertigt, wenn und solange für das Aufwachsen von Kindern und Jugendlichen die wirtlichen Verhältnisse fehlen. An ihnen mit einigem Aufwand in der Familie und im Lebenskreis der Kinder und Jugendlichen zu arbeiten, ist sozial und wirtschaftlich prinzipiell die bessere Lösung. Es sind die vielen Hindernisse, die einer solchen Lösung im Wege stehen, welche allzu oft Heimunterbringungen zur Folge haben.

Es gibt andere Arten von Herbergen, die als Inseln der Wirtlichkeit fungieren. Sie werden angeboten und aufgesucht, weil Menschen vorübergehend ein Obdach und Versorgung brauchen. Als Stützpunkte auf den Wegen des Lebens erfüllen sie objektiv ihren Zweck. Subjektiv wird jeder Einzelne unterschiedlich erleben und beurteilen, wie wirtlich die Orte sind, die er aufsucht, und was gegebenenfalls getan werden kann, um eine Stätte für individuelle Bedürfnisse angenehm herzurichten. Sind mehrere Personen zugegen, wird eine Absprache nötig und etwas gemeinsam zu tun sein. In einem Betrieb sorgt ein Management für die nötige Organisation und einen planmäßigen Verlauf der Aufgabenerledigung.

In ökologischer Beziehung (und als Sollensforderung) sind wir alle Wirte und Wirtinnen. Aber nur manchmal im Kollektiv, und zumeist werden unterschiedliche Interessen vertreten. In dem sozialen Raum, in dem wir nicht nur kurzzeitig anwesend sind, sondern uns dauernd aufhalten, wird Verantwortung für die Verhältnisse in der gemeinsamen Umwelt zu teilen sein, wohl wissend, dass diese gewöhnlich schon geregelt sind und dass ungleich verteilte Macht die Art und Weise der Mitwirkung beschränkt. Die Akteure bringen mehr oder minder Kompetenz (Fähigkeit und Zuständigkeit) für ein gestaltendes Handeln mit. Zudem wird der Wirkungskreis von Individuen überdeckt von institutionellem Wirken bzw. von organisierten Interessen und auf der Makroebene der Politik lassen sich generell die Lebensverhältnisse – zwar weniger direkt als per mittelbarer Regulierung – fernab von persönlichen Belangen bestimmen und verändern.

6.5 Ökonomische Performanz und ethische Veranlagung

Welche Bedeutung kommt der Figur des Wirts und dem Topos der Wirtlichkeit in der Theorie der Sozialwirtschaft zu? Sie verweisen auf die *ethische* Dimension der sozialen Bewirtschaftungsaufgabe. Dabei ist nicht an Regeln des Wirtschaftslebens oder an eine Unternehmensethik generell zu denken, sondern an die ethische Veranlagung der Ökonomie, in der soziale Leistungen erbracht werden. Statt einer auf Ökonomie (des Erwerbs- und Geschäftslebens) bezogenen Ethik haben wir die Ethik zu thematisieren, auf die sich die soziale Ökonomie bezieht. Die soziale Bewirtschaftungsaufgabe wird übernommen von Akteuren, die Verantwortung für Versorgung und damit für das Ergehen anderer Menschen tragen, dafür die nötigen Vorkehrungen treffen oder sich verpflichten, in bestimmter Weise zu individuellem und gemeinsamem Wohl beizutragen. Ein Wirt steht ein für Wirtlichkeit und damit für Bedingungen, unter denen sich gut leben lässt. Gepflegt wird damit ein *Ethos*, das im altgriechischen Wortsinn von éthos der „Weideplatz" ist, der einem Lebewesen sein Gedeihen ermöglicht und an dem aufzuhalten sich um der Wohlfahrt willen empfiehlt (vgl. Wendt 2013 c, 89 ff.). Menschen teilen ein Ethos; es hat seine Ausdehnung im Zusammenleben, in dessen Grundlagen und in seinen Perspektiven.

Es ist das Sachziel der Sozialwirtschaft, im Versorgungsgeschehen zum Wohlergehen von Menschen direkt beizutragen und Probleme zu bewältigen oder zu lösen, die ihnen sozial und gesundheitlich abträglich sind. Die Beurteilung, worin der Handlungsbedarf besteht, basiert in Wertungen. Ethisch reflektiert wird, *wie wir leben wollen*, was dafür das rechte Verhalten ist und was für ein gutes Leben gebraucht wird, was ihm förderlich und ihm zuträglich ist. Das liegt nicht normativ fest (es heißt nicht: wie wir leben *sollen*); man muss es für sich selbst und mit anderen zusammen klären. In dieser Erörterung sind sozialwirtschaftliche Entscheidungen *Wertentscheidungen*. Wenn ein Wirt sie für eine Lebensgemeinschaft trifft ebenso, wie wenn ein Einzelner für sich entscheidet, welchen Wert bestimmte Güter für sein Wohl und sein weiteres Ergehen haben. Es liegt in seinem, auf ihn selbst bezogenen Interesse, sich angemessen zu versorgen bzw. entsprechend versorgt zu werden. Um realistisch entscheiden zu können, wie wir in individuellen und gemeinschaftlichen Haushalten leben und etwas erreichen wollen, ist es angebracht, die Mittel und Möglichkeiten dafür mit zu bedenken. Darüber befindet in konkreten Situationen und aufgabenbezogen ein Wirt. Er tut es im Bereich seiner Zuständigkeit – und nicht in fürsorgerischer Stellvertretung Anderer. Deren Selbstbestimmung in „inneren Angelegenheiten" bleibt unbenommen. Wie wir leben wollen, haben wir in Autonomie mit uns selber und – auch in kritischer Lage – gemeinsam auszumachen. Die Differenz in persönlichen Bewertungen wird nicht auszuräumen sein, hindert aber auch nicht an einer Berufung auf übergeordnete Werte, die in einer Lebensgemeinschaft für ihre „inneren Angelegenheiten" Geltung beanspruchen dürfen.

Wirte haben Haus zu halten und ihr Feld zu bestellen. Sie sind *Intrapreneure*, die sich ihnen obliegender Prozesse annehmen. Ihr Handlungsfeld mag eine soziale Einrichtung sein oder eine Dienstaufgabe, ein Amt, eine Organisation oder eine Veranstaltung. Um deren Unterhalt und ihren Einsatz kümmern sich Wirte. Sie erschließen und verwalten die nötigen Ressourcen (und bedenken auch ökologisch deren Über-, Unter- und Fehlnutzung). Sie richten ihren Blick auf den Bedarf und steuern die Art und Weise, wie dieser Bedarf gedeckt werden kann. So sind denn ökonomisch im sozialen Kontext auf der Mikro- wie auf der Makroebene mit den Wirten die Entscheider über Zuteilungen und Verteilung, Allokation und Distribution gemeint.

Sie verantworten ihr Handeln nach mehreren Seiten. Sie sind in der Funktion staatlicher Haushälter rechenschaftspflichtig gegenüber der Öffentlichkeit, als Vertreter organisierter sozialer Interessen gegenüber den Mitgliedern ihrer Organisationen, im direkten personenbezogenen Einsatz gegenüber ihren Auftraggebern und Adressaten. Dabei überschneiden sich im wirtlichen Handeln die ökonomische und die ethische Dimension. Fordert der Sozialpolitiker mehr finanzielle Mittel für einen bestimmten sozialen Zweck, argumentiert er ethisch mit dem Verweis auf Nöte, die aus Gründen eines guten Lebens, etwa des Erhalts von Gesundheit, des sozialen Schutzes oder der sozialen Teilhabe, recht und billig behoben werden müssen. Auf der Organisationsebene wird die Machbarkeit eines Vorhabens ethisch dem Bedarf und dem Auftrag bzw. der Mission nach, der sich die Organisation widmet, und ökonomisch mit Blick auf finanzielle und personelle Ressourcen erwogen. Ist darüber entschieden, gelten für das Unternehmen die üblichen betriebswirtschaftlichen Maßstäbe. Auf der Individualebene kann es einerseits geboten sein, gegenüber einem moralischen Appell, im gegebenen Fall viel zu tun, obwohl der Bedarf objektiv kein dringender ist, ökonomisch eine nüchterne Kosten-Nutzen-Rechnung aufzumachen. Andererseits müssen im Rahmen eines Dienstes knappe Mittel eingesetzt werden, wenn dies dem Bedarf nach ethisch (auch berufsethisch) geboten ist. Was im Leben von Menschen, was für ihre Wohlfahrt erreicht wird, darin besteht der sozialwirtschaftliche (nicht der erwerbswirtschaftliche) Erfolg.

Weil wertorientiert gehandelt wird, darf sich eine sozialwirtschaftliche Leistungserbringung das Verdienst (meritum) zurechnen, zu einer gesellschaftlich wünschenswerten Gestaltung von Wohlfahrt beizutragen. Die Sozialwirtschaft stellt demnach *meritorische Güter* bereit (Finis Siegler 2009) und unterscheidet sich auch dadurch von einer profitorientierten Wirtschaft, der es egal ist, ob die Nachfrage nach einem Gut für Konsumenten negative Folgen hat. Dem ursprünglich (bei Richard A. Musgrave) finanzwissenschaftlichen Konzept nach wird vom Staat in den Markt des Güterkonsums korrigierend meritorisch (verdienstvoll) eingegriffen, um Verbrauchern den Zugang zu für sie vorteilhaften Gütern zu erleichtern, die von ihnen selber zu wenig nachgefragt werden, während der Zugang zu für sie nachteiligen (demeritorischen) Gütern erschwert oder geschlossen werden soll. Der paternalistische Staatseingriff erfolgt (den Werten) der Gesundheit, der Bildung, der Kultur und der Umwelt zuliebe, wobei man in unserer Gesellschaft erwartet, dass in einem demokratischen Entscheidungsprozess ausgemacht wird, was den Menschen unabhängig von ihren gerade gegebenen Präferenzen gut tut oder unbedingt an Schaden von ihnen angewendet werden muss.

Die sozialwirtschaftliche Theorie rekurriert bei dieser Art staatlicher Fürsorglichkeit wieder auf das Binnenverhältnis gemeinsamen Haushaltens: Der Staat und analog institutionelle Sozialleistungsträger sind beauftragt, wirtlich und wohlfahrtsdienlich die Bereitstellung sozialer Güter zu gewährleisten. Ökonomisch geschieht das durch Zuweisung (Allokation) verfügbarer Ressourcen und mit deren möglichst effektiver und effizienter Nutzung. Der meritorische Eingriff in die Konsumentensouveränität und auch – im Falle der personenbezogenen Sozialleistungen – in die Produzentensouveränität erscheint im sozialwirtschaftlichen Handlungsrahmen nicht weiter problematisch, denn die öffentliche Aufgabe der Versorgung präformiert den Konsum und die Produktion der zur Versorgung nötigen Güter: Es ist geregelt, wem soziale und gesundheitsbezogene Leistungen zustehen und es ist auch geregelt, wie sie bereitgestellt und beschaffen sein sollen. Wer nicht zu den Anspruchsberechtigten gehört, kann sich auf dem freien Markt selber besorgen, was ihm nötig zu sein dünkt. Wer privatwirtschaftlich und ohne Abschluss eines Versorgungsvertrages im sozialrechtlichen Dreiecksverhältnis Leistungen anbietet, wird sie marktfähig gestalten und ist an die Regeln des Sozialleistungssystems nicht gebunden.

Einer Fremdbestimmung entgehen in der Sozialwirtschaft von vornherein Genossenschaften mit sozialem Zweck und andere ihre Mitglieder bedienende Vereinigungen, indem sie eigene Wertentscheidungen ihrer Art und Weise der internen Versorgung zugrunde legen. Sie können diese selbstbestimmt nach ihrer ethischen Maßgabe gestalten, wie sie leben und arbeiten wollen – insoweit sie ökonomisch über dafür nötige Mittel und Möglichkeiten verfügen bzw. sie sich zu erwirtschaften in der Lage sind. Das gilt auch für solche Assoziationen, deren Mitglieder einen Rechtsanspruch auf Sozialleistungen haben. In diesem Fall sind zwar Regeln zu deren Verwendung von außen vorgegeben, aber mit dem Zusammenlegen („Poolen") gewährter Leistungen ergeben sich Spielräume eigener Gestaltung und Vorteile für die Bewirtschaftung.

In erweiterter Solidarität brauchen es nicht Genossen zu sein, die sich über die ethische Veranlagung ihrer gemeinsamen Vorhaben und die ökonomische Performanz zu eigener Versorgung verständigen; es können auch in engerer und in lockerer Verbindung die Bürgerinnen und Bürger sein, die sich an Diskursen über ihre Versorgung beteiligen und sich dabei von Wertungen, wie sie leben wollen, leiten lassen. So geschieht es in Formen gemeinschaftlicher Selbsthilfe und im freien sozialen Engagement. Marvin Brown (2010) erwartet in diesem Sinne eine „Zivilisierung der Ökonomie". Sie ergibt sich in Beantwortung der ethischen Frage, wie wir zusammen leben wollen. Denn damit wird über das Verständnis von Ökonomie bestimmt. „If ethics were about how we should live together, then economics would be a dimension of ethics" (Brown 2010, XI).

Die zivile Sphäre umfasst das Aktionsfeld einer alle ihre Angehörigen einschließenden (inclusive) Ökonomie der Bedarfsdeckung (provisioning of needs): Es sei an der Zeit „to replace property rights with civic rights as the basis for our life together" (Brown 2010, 5), somit überzugehen „from property relations to civic relations" (Brown 2010, 59 ff.), wobei Brown zurückverweist auf das vormoderne Verständnis von Ökonomie als Haushaltung. Er teilt diese Auffassung, welche auch den vorliegenden Studien zugrunde liegt, mit vielen anderen Autoren (vgl. Wendt 1982, Nelson 2006, 1: Gegenstand der Ökonomie ist „the provisioning of goods and services to meet our material needs" und die Weise, wie wir über unsere Zeit und unser Geld verfügen). Arbeitsbeziehungen sind danach primär Versorgungsbeziehungen; diese werden zu Arbeitsbeziehungen, in denen die Beteiligten in produktiver Weise ihr materielles Auskommen finden, gesund bleiben, sozial teilhaben, sich miteinander austauschen, sich persönlich entfalten können und anerkannt werden. Den Gebrauch grundlegender ziviler und sozialer Rechte vorausgesetzt, partizipieren Menschen aktiv an der Ökonomie ihrer Versorgung. In der Art und Weise, wie sie leben und arbeiten, tragen sie zu der gemeinsamen Versorgung bei und nutzen sie bei Bedarf.

Das Dispositv einer „zivilisierten Ökonomie" mit seiner Übersetzung aller ökonomischen Prozesse in die Sprache eines Versorgungssystems (Brown 2010, 166) sei hier nicht gleich für das Wirtschaftssystem insgesamt in Anspruch genommen; es entspricht den Vorstellungen der Sozial- und Solidarwirtschaft seit ihren Anfängen, und es lässt sich für die Beziehungen interpretieren, in denen die Beteiligten an der ökonomisch und ethisch zu verantwortenden Wohlfahrtsproduktion im Sozial- und Gesundheitswesen zueinander stehen. Sie kooperieren informell und formell zu ihrer Versorgung. In deren organisierten Formaten begegnen Professionelle und ihre Klienten einander auch als Bürger und können in ziviler Zuständigkeit darüber streiten und sich einigen, was professionellen Diensten zukommt, welchen Erwartungen sie entsprechen sollen, welche Verantwortung den Adressaten von Diensten bleibt und wie Mittel auf die einen und auf die anderen zur Erledigung oder Bewältigung von Aufgaben verteilt werden sollen. *Bürgerinnen und Bürger sind als Wirte ihrer Versorgung gefordert.*

Wenn beispielsweise immer mehr Menschen sich mit Bio-Lebensmitteln ernähren, wenn sie sich nachbarschaftlich und in freiwilligem Engagement helfen oder wenn sie in Wohngemeinschaften ziehen, tragen sie positiv zur sozialen Bewirtschaftung ihrer und gemeinsamer Wohlfahrt bei (während sie diese durch Fehlernährung, ohne gesellschaftliche Beteiligung und in Isolation beeinträchtigen). Entscheidend ist der öffentliche Diskurs zu solchem Verhalten, der auch die Hindernisse, fehlenden Chancen und ungleichen Bedingungen zur Sprache bringt, die von ihm abhalten. Was kompensatorisch und komplementär in Belangen der Wohlfahrt zu tun ist, gehört gesellschaftlich erörtert und ethisch reflektiert – nicht nur auf der sozialpolitischen Makroebene, sondern auch infrastruktur- und betriebsbezogen in einzelnen Handlungsfeldern der sozialen und gesundheitsbezogenen Versorgung. Die Entscheidungsfindung weist zurück auf Werte, auf die sich die Diskurspartner verstehen. Sie bleibt in der Abstimmung ethisch fundiert, wie wir leben wollen und wofür wir deshalb Mittel einsetzen und Möglichkeiten nutzen. *Sozialwirtschaftliche Dispositionen beruhen auf ethischen Entscheidungen.*

Aus guten Gründen werden Teilhabe, Kinderschutz, Altenpflege, gesundheitliche Versorgung, Beratung in allen Lebenslagen usw. verlangt. Ihre Ökonomie beansprucht die Kräfte vieler Menschen und ist finanziell aufwändig. Den Einsatz legitimiert über punktuelle Erwägungen und Bereitschaften hinweg das zivile Ethos der Menschenwürde, des sozialen Zusammenhalts, der Gerechtigkeit, der Gleichbehandlung und der Solidarität und einer diesen Werten gemäßen Daseinsfürsorge, in die alle eingebunden sind, auch wenn der eine oder andere davon nichts wissen und sich nicht beteiligen will. Ein gesellschaftlicher Konsens in diesem Ethos wird behauptet in der Weise, in der immer für ihn gesprochen, er verteidigt und immer wieder neu ausgelegt wird. In diesem ethischen Horizont erfolgt die Bewirtschaftung der sozialen Versorgung.

In der Sozialwirtschaft liegt die Entscheidung, welche Güter produziert werden, nicht beim einzelnen Unternehmer, der darüber nach Marktgängigkeit und Gewinnerwartung urteilt. Was zum Beispiel für Inklusion, für Familienförderung oder für die Palliativversorgung getan werden soll, hängt von der gesellschaftlichen Beurteilung ab, was sie uns wert sind. In der Beziehung auf das gemeinsame Leben und seine Qualitäten wird über die Bewirtschaftung des einen oder anderen Problembereiches entschieden. Vor dem Hintergrund der Bemühung um Wohlfahrt lässt sich immer wieder fragen, was zu ihr auf welche Weise und mit welchem Aufwand zu tun nötig ist. Die an diesem Bemühen aktiv Beteiligten sind die Betreiber der Sozialwirtschaft. Sie mögen in ihr verschiedenen Geschäften nachgehen, Interessen vertreten, sich beruflich in der einen oder anderen Weise um Menschen kümmern und ihre Probleme behandeln: indem sie dazu beitragen, dass die sozialen Leistungen zustande kommen und wirksam werden und der Rahmen der Pflege von Wohlfahrt gefüllt wird, haben sie Anteil an der damit erreichten, zumindest zu erstrebenden Wirtlichkeit, in der die Humandienste angetroffen werden und die soziale Versorgung gestaltet ist.

Literatur

Addams, Jane: Women and Public Housekeeping. In: Keetley, Dawn / Pettegrew, John (eds.): Public Women, Public Words. A Documentary History of American Feminism. 1900-1960. Rowman & Littlefield, Lanham, MD 2002. S. 116-117

Adloff, Frank / Leggewie, Claus (Hrsg.): Les Convivialistes. Das konvivialistische Manifest. Für eine neue Kunst des Zusammenlebens. Transcript, Bielefeld 2014

Alcouffe, Alain / Fourcade, Bernard / Plassard, Jean-Micheal / Tahar, Gabriel (dir.): Efficacité versus équité en économie sociale. Tome 1. L'Harmattan, Paris 2000

Alderwick, Hugh / Ham, Chris / Buck, David; Population health systems. Going beyond integrated care. The King's Fund, London 2015

Anheier, Helmut K.: Von Non-Profit-Organisationen und Philanthropie zu Sozialer Investition – Auf dem Weg zu einer neuen Forschungs-Agenda. In: Anheier, Helmut K. / Schröer, Andreas / Then, Volker (Hrsg.): Soziale Investitionen. Interdisziplinäre Perspektiven. VS Verlag für Sozialwissenschaften, Wiesbaden 2012. S. 17-38

Anheier, Helmut K. / Schröer, Andreas / Then, Volker (Hrsg.): Soziale Investitionen. Interdisziplinäre Perspektiven. VS Verlag für Sozialwissenschaften, Wiesbaden 2012

Arnold, Ulli / Grunwald, Klaus / Maelicke, Bernd (Hrsg.): Lehrbuch der Sozialwirtschaft. 4. Aufl., Nomos, Baden-Baden 2014

Artis, Amélie / Demoustier, Daniéle: Économie sociale (et solidaire): Penser l'économie autrement? In: Hiez, David / Lavillunière, Eric (dir.): Vers une théorie de l'économie sociale et solidaire. Éditions Larcier, Brüssel 2013. S. 33-54

Arvidson, Adam: Kunden als Koproduzenten, soziale Produktion und die ethische Ökonomie. In: Bieber, Christoph / Eifert, Martin / Groß, Thomas / Lamla, Jörn (Hrsg.): Soziale Netze in der digitalen Welt. Das Internet zwischen egalitärer Teilhabe und ökonomischer Macht. Campus, Frankfurt am Main 2009. S. 161-177

Aulenbacher, Brigitte / Dammayr, Maria (Hrsg.): Für sich und andere sorgen. Krise und Zukunft von Care in der modernen Gesellschaft.

Banerjee, Abhijit V. / Duflo, Esther: Poor Economics. A Radical Rethinking of the Way to Fight Global Poverty. Public Affairs, New York 2011

Bannink, Duco / Bosselaar, Hans / Trommel, Willem (eds.): Crafting Local Welfare Landscapes. Eleven International Publs., Den Haag 2013

Bataille-Chedotel, Frédérique / Huntzinger, France: Faces of Governance of Production Cooperatives: An Exploratory Study of Ten French Cooperatives. In: Annals of Public and Cooperative Economics, 75, 1, 2004. S. 89-111

Baumann, Hans / Bischel, Iris / Gemperle, Michael u. a. (Hrsg.): Care statt Crash. Sorgeökonomie und die Überwindung des Kapitalismus. Denknetz Jahrbuch 2013. Edition 8, Zürich 2013

Bauwens, Michel: Peer-Produktion und Peer-Governance der digitalen Commons. In: Helfrich, Silke / Heinrich-Böll-Stiftung (Hrsg.): Commons. Für eine neue Politik jenseits von Markt und Staat. Transcript, Bielefeld 2012. S. 451-454

BDI, Bundesverband der Deutschen Industrie e.V. (Hrsg.): Studie „Ökonomischer Fußabdruck" ausgewählter Unternehmen der industriellen Gesundheitswirtschaft für den deutschen Wirtschaftsstandort. Ergebnisbericht. BDI-Drucksache Nr. 463, Berlin, April 2013 (a)

BDI, Bundesverband der Deutschen Industrie e.V. (Hrsg.): Die Gesundheitswirtschaft – ein stabiler Wachstumsfaktor für Deutschlands Zukunft. Strategisches Programm des BDI-Ausschusses für Gesundheitswirtschaft. BDI-Drucksache Nr. 464, Berlin, April 2013 (b)

Beard, Mary: Woman's Work in Municipalities. National Municipal League, New York 1915

Becker, Gary S.: The Economic Approach to Human Behavior. University of Chicago Press, Chicago 1976

Benkler, Yochai: The Wealth od Networks. How Social Production Transforms Markets and Freedom. Yale University Press, New Haven, CT 2006

Beresford, Peter / Carr, Sarah (eds.): Social Care, Service Users and User Involvement. Jessica Kingsley, London 2012

Bergmann, Gustav / Daub, Jürgen: Das menschliche Maß. Entwurf einer Mitweltökonomie. Oekom, München 2012

Bertram, Hans / Bujard, Martin (Hrsg.): Zeit, Geld, Infrastruktur – Zur Zukunft der Familienpolitik (Soziale Welt Sonderband 19). Nomos, Baden-Baden 2012

Bettelheim, Bruno: Der Weg aus dem Labyrinth. Leben lernen als Therapie. Deutsche Verlags-Anstalt, Stuttgart 1975

Biesecker, Adelheid / Mathes, Maite / Schön, Susanne / Scurrell, Babette: Vorsorgendes Wirtschaften. Auf dem Weg zu einer Ökonomie des Guten Lebens. Kleine Verlag, Bielefeld 2000

Biesecker, Adelheid / Kesting, Stefan: Mikroökonomik. Eine Einführung aus sozialökologischer Perspektive. Oldenbourg, München 2003

Blank, Florian: Wohlfahrtsmärkte in Deutschland – Eine voraussetzungsvolle Form der Sozialpolitik. In: WSI-Mitteilungen 1/2011. S. 11-18

Blundell, Richard / Preston, Ian / Walker, Ian (eds.): The Measurement of Household Welfare. Cambridge University Press, Cambridge 2010

Boeßenecker, Karl-Heinz / Markert, Andreas: Studienführer Sozialmanagement. Studienangebote in Deutschland, Österreich und der Schweiz: Befunde – Analysen – Perspektiven. 3. Aufl., Nomos, Baden-Baden 2014

Bofinger, Peter: Grundzüge der Volkswirtschaftslehre. Eine Einführung in die Wissenschaft von Märkten. 3. Aufl., Pearson Studium, München 2011

Brinkmann, Volker: Sozialwirtschaft. Grundlagen – Modelle – Finanzierung. Gabler, Wiesbaden 2010

Brock, Gillian (ed.): Necessary Goods to Meet Others' Needs. Rowman & Littlefield, Lanham, MD 1998

Bröckling, Ulrich: Das unternehmerische Selbst. Soziologie einer Subjektivierungs-form. Suhrkamp, Frankfurt am Main 2007

Brodbeck, Karl-Heinz: Ökonomie der Armut. In: Sedmak, Clemens (Hrsg.): Option für die Armen. Herder, Freiburg i. Br. 2005. S. 59-80

Brown, Marvin T.: Civilizing the Economy. A New Economics of Provision. Cambridge University Press, Cambridge 2010

Brückner, Margit: Kulturen des Sorgens (Care) in Zeiten transnationaler Entwicklungs-prozesse. In: Homfeldt, Hans-Günther / Schröer, Wolfgang / Scheppe, Cornelia (Hrsg.): Soziale Arbeit und Transnationalität. Herausforderungen eines spannungs-reichen Bezugs. Juventa, Weinheim 2008. S. 167-184

Brugnoli, Alberto / Colombo, Alessandro (eds.): Government, Governance and Welfa-re Reform. Structural Changes and Subsidiarity in Italy and Britain. Edward Elgar, Cheltenham 2012

Bruhn, Manfred / Hadwich, Karsten (Hrsg.): Service Value als Werttreiber. Konzepte, Messung und Steuerung. Springer Gabler, Wiesbaden 2014

Busch-Lüty, Christiane / Jochimsen, Maren / Knobloch, Ulrike / Seidl, Irmi (Hrsg.): Vorsorgendes Wirtschaften. Frauen auf dem Weg zu einer Ökonomie der Nachhal-tigkeit. (Politische Ökologie, Sonderheft 6). Oekom, München 1994

Caillé, Alain / Humbert, Marc / Latouche, Serge / Viveret, Patrick: De la convivialité. Dialogues sur la societé conviviale à venir. La Découverte, Paris 2011

CareMachtMehr: Von der Care-Krise zur Care-Gerechtigkeit. In: Feministische Studi-en. 2, 2013. S. 324-326

Christensen, Karen / Guldvik, Ingrid: Migrant Care Workers. Searching for New Hori-zons. Ashgate, Farnham 2014

Collaut, Allan M.: Community Well-Being and Public Welfare. Administration of Pub-lic Systems of Care: Philosophy, Models, and Guidelines for Improvement. Allan Collaut Associates, Inc. 2005

Dahme, Heinz-Jürgen / Wohlfahrt, Norbert (Hrsg.): Netzwerkökonomie im Wohl-fahrtsstaat. Wettbewerb und Kooperation im Sozial- und Gesundheitssektor. Edition sigma, Berlin 2000

Dasgupta, Partha / Duraiappah, Anantha: Well-being and wealth. In: UNU-IHDP and UNEP: Inclusive Wealth Report 2012. Measuring progress toward sustainability. Cambridge University Press, Cambridge 2012. S. 13-26

Destatis: Klassifikation der Wirtschaftszweige. Ausgabe 2008 (WZ 2008). Statistisches Bundesamt, Wiesbaden 2008

Deutsch, Morton: Equity, Equality, and Need: What Determines Which Value Will Be Used as the Basis of Distributive Justice? In: Journal of Social Issues, 31, 3, 1975. S. 137-149

Devine, Edward T.: Economics. Macmillan, New York 1898

Devine, Edward Thomas: The Practice of Charity. Individual, Associated and Orga-nized. Lentilhon, New York 1901

Devine, Edward T.: Efficiency and Relief. A Programme of Social Work. The Columbia University Press / Macmillan, New York 1906

Devine, Edward T.: Misery and Its Causes. Macmillan, New York 1909

Devine, Edward T.: Social Work. Macmillan, New York 1922

Dijkstra, Paul / Knottnerus, Sonja (eds.): Successful Partnerships for Social Enterprise. Social enterprises in partnership with the public and private sector as a source of inspiration and renewal in local and regional development. Vereiniging Solidair, Utrecht 2004

Diller, Angelika / Heitkötter, Martina / Rauschenbach, Thomas: Familie im Zentrum. Kinderfördernde und elternunterstützende Einrichtungen - aktuelle Entwicklungslinien und Herausforderungen. VS Verlag für Sozialwissenschaften, Wiesbaden 2008

Draperi, Jean-François: Comprendre l'économie sociale. Fondements et enjeux. Dunod, Paris 2007

Draperi, Jean-François: Économie sociale, économie solidaire, entrepreneuriat social. Des projets politiques et économiques différents. In: Hiez, David / Lavillunière, Eric (dir.): Vers une théorie de l'économie sociale et solidaire. Éditions Larcier, Brüssel 2013. S. 55-78

Droß, Patrick J.: Ökonomisierungstrends im Dritten Sektor. Verbreitung und Auswirkungen von Wettbewerb und finanzieller Planungsunsicherheit in gemeinnützigen Organisationen. Discussion Paper, Wissenschaftszentrum Berlin für Sozialforschung, April 2013

Duncan, Hannibal G.: The Concept of Personal Ecology. In: Social Forces, 6, 3, 1928. S. 426-429

Eisler, Riane: The Real Wealth of Nations. Creating a Caring Economics. Berrett-Koehler Publs., New York 2008

Elsen, Susanne: Gemeinwesenökonomie – eine Antwort auf Arbeitslosigkeit, Armut und soziale Ausgrenzung? Luchterhand, Neuwied 1998

Europäische Kommission: Initiative für soziales Unternehmertum. Schaffung eines ‚Ökosystems' zur Förderung der Sozialunternehmen als Schlüsselakteure der Sozialwirtschaft und der sozialen Innovation. KOM(2011) 682 endg. vom 25.10.2011

Europäische Kommission: COM (2013) 83 final: Towards Social Investment for Growth and Cohesion – including implementing the European Social Fund 2014-2020. Brüssel, 20.2.2013 (a)

Europäische Kommission, Generaldirektion Beschäftigung, Soziales und Integration: Sozialwirtschaft und soziales Unternehmertum. Leitfaden Soziales Europa Teil 4. Brüssel, März 2013 (b)

European Commission: A map of social enterprises and their eco-systems in Europe – Executive summary. ICF Consulting Services, London 31.10.2014

Evers, Adalbert: Mixed Welfare Systems and Hybrid Organizations. Changes in the Governance and Provision of Social Services. In: International Journal of Public Administration, 28, 9/10, 2005. S. 736-748

EY / Danish Technological Institute: Study on business and financing models related to ICT for ageiing well. Final Report. A study prepared for the European Commission. Europäische Kommission, Brüssel 2013

Faßler, Manfred: Das Soziale. Entstehung und Zukunft menschlicher Selbstorganisation. Wilhelm Fink, Paderborn 2014

Fehren, Oliver / Hinte, Wolfgang: Sozialraumorientierung – Fachkonzept oder Sparprogramm. Deutscher Verein / Lambertus, Freiburg i.Br. 2013

Finis Siegler, Beate: Ökonomik Sozialer Arbeit. 2. Aufl., Lambertus, Freiburg i.Br. 2009

Finis Siegler, Beate / Schönig, Werner: Sozialökonomische Analyse Sozialer Arbeit. In: Benz, Benjamin / Rieger, Günter / Schönig, Werner / Többe-Schukalla, Monika (Hrsg.): Politik Sozialer Arbeit, Band 1. Beltz Juventa, Weinheim 2013. S. 195-218

Finn, Dan / Lange, Joachim: Der „Wohlfahrtsmarkt" in der britischen Arbeitsmarktpolitik. Lehren für Deutschland? In: Sozialer Fortschritt, 59, 3, 2010. S. 80-86

Foucault, Michel: Die Kultur seiner selbst. In: ders.: Die Sorge um sich. Sexualität und Wahrheit 3. Suhrkamp, Frankfurt am Main 1986. S. 53-94

Foucault, Michel: Geschichte der Gouvernementalität II. Die Geburt der Biopolitik. Suhrkamp, Frankfurt am Main 2004

Frederickson, H. George: Social Equity and Public Administration. Origins, Developments, and Applications. Routledge, London 2015

Frey, Andreas / Grill, Johannes: Der Arbeit*unter*nehmer. Ein Modell des Arbeitnehmers der Zukunft. VAS Verlag für Akademische Schriften. Bad Homburg 2012

Frick, Karin / Hauser, Mirjam / Gürtler, Detlef: Sharity. Die Zukunft des Teilens. GDI-Studie Nr. 39. Gottlieb Duttweiler Institute, Rüschlikon 2013

Fünfter Familienbericht: Familien und Familienpolitik im geeinten Deutschland – Zukunft des Humanvermögens. Bundestagsdrucksache 12/7560, Bonn 1994

Fürst, Roland / Hinte, Wolfgang (Hrsg.): Sozialraumorientierung. Ein Studienbuch zu fachlichen, institutionellen und finanziellen Aspekten. Facultas, Wien 2014

Gallis, Christos (ed.): Green Care. For Human Therapy, Social Innovation, Rural Economy, and Education. Nova Science Publishers, Hauppauge, NY 2013

Gansky, Lisa: The Mesh. Why the Future of Business is Sharing. Penguin Portfolio, New York 2010

Germak, Andrew J. / Robinson, Jeffrey A.: Exploring the Motivation of Nascent Social Entrepreneurs. In: Journal of Social Entrepreneurship, 5, 1, 2013. S. 5-21

Giddens, Anthony: Modernity and Self-Identity. Self & Society in Late Modern Age. Polity Press, Cambridge 1991

Gide, Charles: Économie sociale. Les institutions du Progrès Social au début du XXe Siècle. Larose, Paris 1905

Gillinson, Sarah / Horne, Matthew / Baeck, Peter: Radical Efficiency. Different, better, lower cost public services. Innovation Unit / NESTA, London 2010

Glatzer, Wolfgang / Berger-Schmitt, Regina (Hrsg.): Haushaltsproduktion und Netzwerkhilfe. Die alltäglichen Leistungen der Haushalte und Familien. Campus, Frankfurt am Main 1986

Glendinning, Caroline / Powell, Martin A. / Rummery, Kirstein: Partnerships, New Labour and the Governance of Welfare. Policy Press, Bristol 2002

Görtz, Regina von / Janssen, Karl: Kommunale Netzwerke für Prävention: Verantwortungsgemeinschaften für ein gelingendes Aufwachsen von Kindern und Jugendlichen. In: Nachrichtendienst des Deutschen Vereins, 95, 4, 2015. S. 166-173

Grönroos, Christian / Ojasalo, Katri: Service Productivity. Towards a conceptualization of the transformation of inputs into economic results in services. In: Journal of Business Research, 57, 4, 2004. S. 414-423

Grohs, Stephan / Schneiders, Katrin / Heinze, Rolf G.: Mission Wohlfahrtsmarkt. Institutionelle Rahmenbedingungen, Strukturen und Verbreitung von Social Entrepreneurship in Deutschland. Nomos, Baden-Baden 2013

Grossbard-Shechtman, Shoshana / Clague, Christopher K. (eds.): The Expansion of Economics. Toward a More Inclusive Social Science. M.E.Sharp, Armonk, NY 2002

Grunwald, Klaus: Neugestaltung der freien Wohlfahrtspflege. Management organisationalen Wandels und die Ziele der Sozialen Arbeit. Juventa, Weinheim 2001

Grunwald, Klaus (Hrsg.): Vom Sozialmanagement zum Management des Sozialen? Eine Bestandsaufnahme. Schneider Verlag Hohengehren, Baltmannsweiler 2009

Guy, Mary E. / McCandless, Sean A.: Social Equity: Its Legacy, Its Promise. In: Public Administration Review, 72, s1, 2012. S. 5-13

Häikio, Liisa / Anttonen, Anneli: Local Welfare Governance Structuring Informal Carers' Dual Position. In: International Journal of Sociology and Social Policy, 31, 3/4, 2011. S. 185-196

Härtel, Alexandra / Ernbacher, Serge: Internet und digitale Bürgergesellschaft – neue Chancen für Beteiligung. Eine Studie des CCCD – Centrum für Corporate Citizenship Deutschland, Berlin 2011

Hagenaars, Aldi J.M. / van Praag, Bernard M.S.: A Synthesis of Poverty Line Definitions. In: Review of Income and Wealth, 31, 2, 1985. S. 139-154

Hagenaars, Aldi / Vos, Klaas de / Zaidi, Asghar: Patterns of Poverty in Europe. In: Jenkins, Stephen P. / Kapteyn, Arie / van Praag, Bernard M.S. (eds.): The Distribution of Welfare and Household Production. International Perspectives. Cambridge University Press, Cambridge 1998. S. 25-49

Hansbauer, Peter / Hensen, Gregor / Müller, Katja / von Spiegel, Hiltrud: Familiengruppenkonferenz. Eine Einführung. Juventa, Weinheim 2009

Hartwig, Jürgen / Kroneberg, Dirk Willem (Hrsg.): Urban Governance und Stadtrendite. Chancen für die kommunale Wohnungspolitik. Lambertus, Freiburg i. Br. 2012

Heinrichs, Harald / Grunenberg, Heiko: Sharing Economy. Towards a New Culture of Consumption? Centre for Sustainability Management, Lüneburg 2013

Helfrich, Silke / Heinrich-Böll-Stiftung (Hrsg.): Commons. Für eine neue Politik jenseits von Markt und Staat. Transcript, Bielfeld 2012

Heuchel, Ilona / Lindner, Eva / Sprenger, Karin (Hrsg.): Familienzentren in Nordrhein-Westfalen. Beispiele innovativer Praxis. Waxmann, Münster 2009

Hiez, David / Lavillunière, Eric (dir.): Vers une théorie de l'économie sociale et solidaire. Èditions Lancier, Brüssel 2013

Hilbert, Christian / Bandow, Yasemin / Kubisch-Piesk, Kerstin / Schlizio-Jahnke, Heike: Familienrat in der Praxis – ein Leitfaden. Lambertus, Freiburg i. Br. 2011

Hinte, Wolfgang: Sozialraumorientierung. In: Grunwald, Klaus / Horcher, Georg / Maelicke, Bernd (Hrsg.): Lexikon der Sozialwirtschaft, 2. Aufl., Nomos, Baden-Baden 2014. S. 958-960

Hinte, Wolfgang / Litges, Gerd / Springer, Werner: Soziale Dienste: Vom Fall zum Feld. Soziale Räume statt Verwaltungsbezirke. Edition sigma, Berlin 1999

Hinte, Wolfgang / Treeß, Helga: Sozialraumorientierung in der Jugendhilfe. Theoretische Grundlagen, Handlungsprinzipien und Praxisbeispiele einer kooperativ-integrativen Pädagogik. Juventa, Weinheim 2011

Hobbs, Charles D.: The Welfare Industry. Heritage Foundation, Washington, DC 1978

Hommel, Thomas: Kinzigtal zieht Zwischenbilanz. In: Gesundheit und Gesellschaft, 16, 10, 2013. S. 18

Huinink, Johannes / Schröder, Torsten: Skizzen zu einer Theorie des Lebenslaufs. In: Diekmann, Andreas / Eichner, Klaus / Schmidt, Peter / Voss, Thomas (Hrsg.): Rational Choice: Theoretische Analysen und empirische Resultate. VS Verlag für Sozialwissenschaften, Wiesbaden 2008. S. 291-308

Hunter, Susan / Ritchie, Pete (eds.): Co-Production and Personalisation in Social Care. Changing Relationships in the Provision of Social Care. Jessica Kingsley, London 2007

Illich, Ivan: Tools for Conviviality. Harper & Row, Ne York 1973

Jenkins, Stephen P. / Kapteyn, Arie / Praag, Bernard M.S. van (eds.): The Distribution of Welfare and Household Production. International Perspectives. Cambridge University Press, Cambridge 1998

Jessop, Bob: The Changing Governance of Welfare. Recent Trends in Its Primary Functions, Scale, and Modes of Coordination. In: Social Policy & Administration, 33, 4, 1999. S. 348-359

Jochimsen, Maren A.: Die Gestaltungskraft des Asymmetrischen – Kennzeichen klassischer Sorgesituationen und ihre theoretische Erfassung in der Ökonomie. In: Zeitschrift für Wirtschafts- und Unternehmensethik, 4, 1, 2003. S. 38-51

Jochimsen, Maren A.: To care is to relate – and to embed. Konzept und Analyse personenbezogener Sorgesituationen als Bausteine einer Theorie Vorsorgenden Wirtschaftens. Netzwerk Vorsorgendes Wirtschaftens (Hrsg.): Wege Vorsorgenden Wirtschaftens. Metropolis, Marburg 2013. S. 63-84

Jung-Stilling, Johann Heinrich: Wirtschaftslehre und Landeswohlstand. Sechs akademische Festreden. Hrsg. von Gerhard Merk. Duncker & Humblot, Berlin 1988

Karakayali, Juliane: Transnational Haushalten. Biographische Interviews mit „care workers" aus Osteuropa. Springer VS, Wiesbaden 2010

Kaufmann, Franz-Xaver: Sozialpolitik und Sozialstaat: Soziologische Analysen. 3. Auflage, VS Verlag für Sozialwissenschaften, Wiesbaden 2009

Kelly, Kevin: The New Socialism. Global Collectivist Society Is Coming Online. In: Wired Magzine, vol. 17, no. 6, May 22, 2009

Klug, Wolfgang: Anwaltschaft oder Dienstleistung – und/oder beides? In: Sozialmagazin, 26, 10, 2001. S. 40-48

Knobloch, Ulrike: Ansatzpunkte einer Sorgeökonomie als allgemeine Wirtschaftstheorie. Genderbewusste Wirtschaftsethik – Lebensweltökonomie – Vorsorgendes Wirtschaften. Herausforderungen einer sozialökologischen Transformation. Dietz, Berlin 2008. S. 162-176

Knobloch, Ulrike: Versorgen – Fürsorgen – Vorsorgen. Normative Grundlagen einer Sorgeökonomie als allgemeine Wirtschaftstheorie und die Ethik des Vorsorgenden Wirtschaftens. In: Netzwerk Vorsorgendes Wirtschaftens (Hrsg.): Wege Vorsorgenden Wirtschaftens. Metropolis, Marburg 2013 (a). S. 21-42

Knobloch, Ulrike: Sorgeökonomie als kritische Wirtschaftstheorie des Sorgens. In: Baumann, Hans / Bischel, Iris / Gemperle, Michael u. a. (Hrsg.): Care statt Crash. Sorgeökonomie und die Überwindung des Kapitalismus. Denknetz Jahrbuch 2013 (b). Edition 8, Zürich 2013. S. 9-23

Koch, Peter: Geschichte der Versicherungswirtschaft in Deutschland. Verlag Versicherungswirtschaft, Köln 2012

Koller, Peter: Soziale Güter und soziale Gerechtigkeit. In: Koch, Hans-Joachim / Köhler, Manfred / Seelmann, Kurt (Hrsg.): Theorien der Gerechtigkeit. ARSP-Beiheft 56. Franz Steiner, Stuttgart 1994. S. 79-104

Kommission der Europäischen Gemeinschaften: Umsetzung des Gemeinschaftsprogramms von Lissabon. Die Sozialdienstleistungen von allgemeinem Interesse in der Europäischen Union. KOM(2006) 177 endg., Brüssel, den 26.4.2006

Kostakis, Vasilis / Bauwens, Michel: Network Society and Future Scenarios for a Collaborative Economy. Palgrave Macmillan, Basingstoke 2014

Kupka, Peter / Wolff, Joachim: Verbesserung der Chancen von Langzeitarbeitslosen – Zur Errichtung eines Sozialen Arbeitsmarktes oder eines öffentlich geförderten Beschäftigungssektors *öffentliche Anhörung von Sachverständigen vor dem Ausschuss für Arbeit und Soziales des Deutschen Bundestags am 15. April 2013 (IAB-Stellungnahme 02/2013). Nürnberg 2013

Laville, Jean-Louis (dir.): L'économie solidaire: une perspective internationale. Desclée de Brouwer, Paris 1994

Leadbeater, Charles: We-Think. Mass innovation, not mass production. Profile Books, London 2008

Le Bihan, Blanche / Martin, Claude / Knijn, Trudie (eds.): Work and Care under Pressure. Care Arrangements across Europe. Amsterdam University Press, Amsterdam 2014

Lewis, Jane: Work-Family-Balance. Gender and Policy. Edward Elgar, Cheltenham 2009

Limbrunner, Alfons / van Elsen, Thomas (Hrsg.): Boden unter den Füßen. Grüne Sozialarbeit – Soziale Landwirtschaft – Social Farming. Beltz Juventa, Weinheim 2013

Lindenberg, Siegwart: Rationalität und Kultur. Die verhaltenstheoretische Basis des Einflusses von Kultur auf Transaktionen. In. Haferkamp, Hans (Hrsg.): Sozialstruktur und Kultur. Suhrkamp, Frankfurt am Main 1990. S. 249-287

Lingenfelser, Stefanie: Freie Wohlfahrtspflege in Deutschland. Sozialwirtschaftliches Handeln zwischen ethischen und ökonomischen Anforderungen. Metropolis, Marburg 2011

Lönnqvist, Antti / Laihonen, Harri: Welfare Service System Productivity. The concept and its application. In: International Journal of Productivity and Performance Management, 61, 2, 2012. S. 128-141

Lohmann, Heinz / Preusker, Uwe K. (Hrsg.): Geschäftsmodell Systempartnerschaften: Die Digitale Industrialisierung der Medizin. Economica, Heidelberg 2009

Lokale Partnerschaften sozialer Unternehmen mit der Privatwirtschaft und dem öffentlichen Sektor für bessere Lebensqualität und Arbeitsplätze: Ergebnisse des Thematischen Netzwerks: Stärkung der Sozialwirtschaft. AWO Arbeit, Neuwied 2007

Luhmann, Niklas: Die Wirtschaft der Gesellschaft. Suhrkamp, Frankfurt am Main 1988

Marshall, Alfred: Principles of Economics. Eighth Edition. Cosimo, New York 2009

Marshall, Thomas H.: Citizenship and Social Class. Cambridge University Press, Cambridge 1950

Mielck, Andreas: Soziale Ungleichheit und Gesundheit. Empirische Ergebnisse, Erklärungsansätze, Interventionsmöglichkeiten. Huber, Bern 2000

Mitscherlich, Alexander: Die Unwirtlichkeit unserer Städte – Anstiftung zum Unfrieden. Suhrkamp, Frankfurt am Main 1965

Mitteilung (2011) der Kommission an das Europäische Parlament, den Rat, den Europäischen Wirtschafts- und Sozialausschuss und den Ausschuss für Regionen: Initiative für soziales Unternehmertum – Schaffung eines "Ökosystems" zur Förderung der Sozialunternehmen als Schlüsselakteure der Sozialwirtschaft und der sozialen Innovation. Brüssel 25. Oktober 2011, KOM(2011) 682 endg.

Moldaschl, Manfred / Voß, G. Günter (Hrsg.): Subjektivierung von Arbeit. 2. Aufl., Rainer Hampp, Mering 2003

Monzón, José Luis / Chaves, Rafael: Die Sozialwirtschaft in der Europäischen Union. Bericht des Internationalen Forschungs- und Informationszentrums für öffentliche Wirtschaft, Sozialwirtschaft und Genossenschaftswesen (CIRIEC) für den Europäischen Wirtschafts- und Sozialausschuss. Brüssel 2012

Morel, Nathalie / Palier, Bruno / Palme, Joakim (eds.): Towards Social Investmnent Welfare State? Ideas, Policies and Challenges. Policy Press, Bristol 2012

Morgan, Kimberly J. / Campbell, Andrea Louise: The Delegated Welfare State. Medicare, Markets, and the Governance of Social Policy. Oxford University Press, New York 2011

Mühge, Gernot / Niewerth, Claudia / Icking, Maria / Mahler, Julia, G.I.B.: Soziale Sicherheit durch Beschäftigtentransfer. Eine empirische Untersuchung von Transfergesellschaften. G.I.B. Gesellschaft für innovative Beschäftigungsförderung, Bottrop, Jan. 2012

Müller-Armack, Alfred: Soziale Marktwirtschaft. In: Handbuch der Sozialwissenschaften (HdSW), 9. Band, Mohr, Tübingen 1956. S. 390-392

Münch, Richard: Zahlung und Achtung. Die Interpenetration von Ökonomie und Moral. In: Zeitschrift für Soziologie, 23, 5, 1994. S. 388-411

Münkler, Herfried / Blum, Harald (Hrsg.): Gemeinwohl und Gemeinsinn. Historische Semantiken politischer Leitbegriffe. Akademie Verlag, Berlin 2001

Nauck, Bernhard: Der Wert von Kindern für ihre Eltern. In: Kölner Zeitschrift für Soziologie und Sozialpsychologie, 53, 3, 2001. S. 407-435

Nelson, Julie A.: Economics for Humans. University of Chicago Press, Chicago 2006

Netzwerk Vorsorgendes Wirtschaftens (Hrsg.): Wege Vorsorgenden Wirtschaftens. Metropolis, Marburg 2013

Nullmeier, Frank: Sozialpolitik als marktregulative Politik. In: Zeitschrift für Sozialreform, 47, 6, 2001. S. 645-668

Nullmeier, Frank: Auf dem Weg zu Wohlfahrtsmärkten? In: Süß, Werner (Hrsg.): Deutschland in den neunziger Jahren. Leske + Budrich, Opladen 2002. S. 269-281

Nussbaum, Martha: Aristotelian Social Democracy. In: Douglas, R. Bruce / Mara, Gerald R. / Richardson, Henry S. (eds.): Liberalism and the Good. Routledge, New York 1990. S. 203-252

O'Hara, Sabine: Everything Needs Care. Toward a Context-Based Economy. In: Bjørnholt, Margunn / McKay, Alisa: Counting on Marilyn Waring. New Advances in Feminist Economics. Demeter Press, Bradford, ON 2014. S. 37-56

Ormel, Johan / Lindenberg, Siegwart M. / Steverink, Nardi / Verbrugge, Lois M.: Subjective Well-Being and Social Production Functions. In: Social Indicators Research, 46, 1, 1999. S. 61-90

Otte, Gunnar: Sozialstrukturanalyse mit Lebensstilen. Eine Studie zur theoretischen und methodischen Neuorientierung der Lebensforschung. VS Verlag für Sozialwissenschaften, Wiesbaden 2004

Pankoke, Eckart: Solidarwirtschaft. In: Maurer, Andrea (Hrsg.): Handbuch der Wirtschaftssoziologie. VS Verlag für Sozialwissenschaften, Wiesbaden 2008. S. 431-450

Patten, Simon N.: The New Basis of Civilization. Macmillan, New York 1907

Pestoff, Victor: Citizens and Co-Production of Welfare Services. In: Public Management Review, 8, 4, 2006. S. 503-519

Pestoff, Victor / Brandsen, Taco (eds.): Co-Production. The Third Sector and the Delivery of Public Services. Routledge, London 2008

Pierre, John: Models of Urban Governance. The Institutional Dimension of Urban Politics. In: Urban Affairs Review, 34, 3, 1999. S. 372-396

Pigou, Arthur C.: The Economics of Welfare. 4th ed., Macmillan, London 1932

Piore, Michael J. / Sabel, Charles F.: Das Ende der Massenproduktion. Studie über die Requalifizierung der Arbeit und die Rückkehr der Ökonomie in die Gesellschaft. Fischer TB, Frankfurt am Main 1989

Polanyi, Karl: Ökonomie und Gesellschaft. Suhrkamp, Frankfurt am Main 1979

Power, Marilyn: Social Provisioning as a Starting Point for Feminist Economics. In: Feminist Economics, 10, 3, 2004. S. 3-19

Preusker, Karl: Förderungsmittel der Volkswohlfahrt in Bezug auf Wissenschaft, Kunst und Leben. Wigand, Leipzig 1836

Price, John A.: Sharing: The Integration of Intimate Economies. In: Anthropologica, N.S., 17, 1, 1975. S. 3-27

Radnitzky, Gerard / Bernholz, Peter (eds.): Economic Imperialism. The Economic Approach Applied Outside the Field of Economics. Paragon House, New York 1987

Reich, Warren T.: Care: I. History of the Notion of Care. In: Reich, Warren T. (ed.): Encyclopedia of Bioethics. Revised edition. Simon & Schuster, New York 1995. S. 319-331

Reich, Warren T.: Wer verdient Fürsorge? Gesundheitsreform und die Werte, die unsere Gesundheitssysteme formen. In: Zeitschrift für medizinische Ethik, 50, 3, 2004. S. 247-261

Restakis, John: Humanizing the Economy. Co-operatives in the Age of Capital. New Society Publishers, Gabriola Island, BC 2010

Richter, Gerhard: Oikonomia. Der Gebrauch des Wortes Oikonomia im Neuen Testament, bei den Kirchenvätern und in der theologischen Literatur bis ins 20. Jahrhundert. Walter de Gruyter, Berlin 2005

Richter, Matthias / Hurrelmann, Klaus (Hrsg.): Gesundheitliche Ungleichheit. Grundlagen, Probleme, Konzepte. VS Verlag für Sozialwissenschaften, Wiesbaden 2009

Schubert, Herbert: Neue Arrangements der Wohlfahrtsproduktion – am Beispiel der Organisation von Netzwerken früher Förderung. In: Wendt, Wolf Rainer (Hrsg.): Wohlfahrtsarrangements. Neue Wege in der Sozialwirtschaft. Nomos, Baden-Baden 2010. S. 53-86

Schultz, Ron (ed.): Creating Good Work. The World's Leading Social Entrepreneurs Show How to Build A Healthy Economy. Palgrave Macmillan, Basingstoke 2013

Schumpeter, Joseph A.: Theorie der wirtschaftlichen Entwicklung. Eine Untersuchung über Unternehmergewinn, Kapital, Kredit, Zins und den Konjunkturzyklus. 8. Aufl., Duncker & Humblot, Berlin 1993

Sen, Amartya: Ökonomie für den Menschen. Wege zu Gerechtigkeit und Solidarität in der Marktwirtschaft. Carl Hanser, München 2000

Siefkes, Christian: Beitragen statt Tauschen. Materielle Produktion nach dem Modell freier Software. AG SPAK Bücher, Neu-Ulm 2008

Smith, Adam: Der Wohlstand der Nationen. Eine Untersuchung seiner Natur und seiner Ursachen. Deutscher Taschenbuch-Verlag, München 1978

Smith, Adam: Theorie der ethischen Gefühle. Meiner, Hamburg 1985

Stage, Sarah / Vincenti, Virginia B. (eds.): Rethinking Home Economics. Women and the History of a Profession. Cornell University Press. Ithaca, NY 1997

Stengel, Martin: Freizeit als Restkategorie. Das Dilemma einer eigenständigen Freizeitforschung. In: Hartmann, Hans A. / Haubl, Rolf (Hrsg.): Freizeit in der Erlebnisgesellschaft. Amüsement zwischen Selbstverwirklichung und Kommerz. Westdeutscher Verlag, Opladen 1996. S. 19-44

Street, David / Martin, George T. / Gordon, Laura K.: The Welfare Industry: Functionaries and Recipients in Public Aid (City & Society). Sage Publ., Beverly Hills, CA 1979

Taylor-Gooby, Peter: Markets and Motives. Trust and Egoism in Welfare Markets. In: Journal of Social Policy, 28, 1999. S. 97-144

Taylor-Gooby, Peter: Open Markets and Welfare Values. Welfare values, inequality and social change in the silver age of the welfare state. In: European Societies, 6, 1, 2004. S. 29-48

Teilhabebericht der Bundesregierung über die Lebenslagen von Menschen mit Beeinträchtigungen. Bundesministerium für Arbeit und Soziales, Berlin 2013

Tenhaken, Beate: Case Management – Integration: Beispiel Jugendamt Greven. In: Löcherbach, Peter / Mennemann, Hugo / Hermsen, Thomas (Hrsg.): Case Management in der Jugendhilfe. Ernst Reinhardt, München 2009. S. 100-123

Tenhaken, Beate: Netzwerkarbeit im Jugendamt Greven. In: Case Management, 8, 4, 2011. S. 193-195

Thompson, William: An Enquiry into the Principles of Distribution of Wealth Most Conducive to Human Happiness; applied to the Newly Proposed System of Voluntary Equality of Wealth. Longman, London 1824

Tussing, A. Dale: Poverty in a Dual Economy. St. Martin's Press, New York 1975

UNU-IHDP and UNEP: Inclusive Wealth Report 2012. Measuring progress toward sustainability. Cambridge University Press, Cambridge 2012

UNU-IHDP and UNEP: Inclusive Wealth Report 2014. Measuring progress toward sustainability. Cambridge University Press, Cambridge 2014

Utschakowski, Jörg: Mit Peers arbeiten. Leitfaden für die Beschäftigung von Experten aus Erfahrung. Psychiatrie Verlag, Bonn 2015

Utschakowski, Jörg / Sieladd, Gyöngyver / Bock, Thomas (Hrsg.): Vom Erfahrenen zum Experten. Wie Peers die Psychiatrie verändern. Psychiatrie Verlag, Bonn 2009

Utting, Peter (ed.): Social and Solidarity Economy. Beyond the Fringe? Zed Books, London 2015

Vedder, Günther (Hrsg.): Die Vielfalt der Work-Life-Balance. Hampp, Mering 2008

Voß, Elisabeth: Wegweiser Solidarische Ökonomie. Anders Wirtschaften ist möglich. AG SPAK Bücher, Neu-Ulm 2010

Voß, G. Günter: Lebensführung als Arbeit. Über die Autonomie der Person im Alltag der Gesellschaft. Enke, Stuttgart 1991

Wagenknecht, Inga / Meier-Gräwe, Uta / Fegert, Jörg M.: Frühe Hilfen rechnen sich. In: Frühförderung interdisziplinär. 28, 2009. S. 82-91

Walzer, Michael: Sphären der Gerechtigkeit. Ein Plädoyer für Pluralität und Gleichheit. Suhrkamp, Frankfurt am Main 1992

Wendt, Wolf Rainer: Haushaltswissenschaft und soziales Management: Beiträge zur ökonomischen und exekutiven Kompetenz von Sozialarbeitern. In: Nachrichtendienst des Deutschen Vereins, 66, 6, 1986. S. 235-241

Wendt, Wolf Rainer: Bildungs- und Heimatpflege von oben herab: Wohlfahrt für das Land in der guten alten Zeit. In: Klemm, Ulrich / Seitz, Klaus (Hrsg.): Das Provinzbuch. Edition CON, Bremen 1989. S. 107-129

Wendt, Wolf Rainer: Sozialwirtschaft und Sozialmanagement in der Ausbildung. Nomos, Baden-Baden 1999

Wendt, Wolf Rainer: Sozialwirtschaftslehre. Grundlagen und Perspektiven. Nomos, Baden-Baden 2002

Wendt, Wolf Rainer: Sozial arbeiten und sozial wirtschaften. Lambertus, Freiburg i. Br. 2004

Wendt, Wolf Rainer: Zum Stand der Theorieentwicklung in der Sozialwirtschaft. In: Wendt, Wolf Rainer / Wöhrle, Armin: Sozialwirtschaft und Sozialmanagement in der Entwicklung ihrer Theorie. Ziel, Augsburg 2007. S. 19-100

Wendt, Wolf Rainer: Geschichte der Sozialen Arbeit. Band 2: Die Profession im Wandel ihrer Verhältnisse. Lucius & Lucius, Stuttgart 2008

Wendt, Wolf Rainer: Sorgeberatung. Gut beraten. In: Sozialwirtschaft aktuell, Ausgabe 8/2009, April 2009. S. 1-3

Wendt, Wolf Rainer: Das ökosoziale Prinzip. Soziale Arbeit, ökologisch verstanden. Lambertus, Freiburg i. Br. 2010 (a)

Wendt, Wolf Rainer: Arrangements der Wohlfahrtsproduktion in der sozialwirtschaftlichen Bewerkstelligung von Versorgung. In: ders. (Hrsg.): Wohlfahrtsarrangements. Neue Wege in der Sozialwirtschaft. Nomos, Baden-Baden 2010 (b). S. 11-52

Wendt, Wolf Rainer (Hrsg.): Sozialwirtschaftliche Leistungen. Versorgungsgestaltung und Produktivität. Ziel, Augsburg 2011 (a)

Wendt, Wolf Rainer: Der soziale Unterhalt von Wohlfahrt. Elemente der Sozialwirtschaftslehre. Nomos, Baden-Baden 2011 (b)

Wendt, Wolf Rainer: Sozialwirtschaft – Gesundheitswirtschaft – Seniorenwirtschaft: Wohin geht die Reise? In: Standpunkt Sozial. Hamburger Forum für Soziale Arbeit und Gesundheit 1+2/2012, S. 85-92

Wendt, Wolf Rainer: Sozialwirtschaft. Ein Brevier ihrer Lehre. Centaurus, Freiburg i. Br. 2013 (a)

Wendt, Wolf Rainer: In Sorge sein geht dem Helfen vor. In: Pflegerl, Johannes / Vyslouzil, Monika / Pantucesk, Gertraud (Hrsg.): passgenau helfen. soziale arbeit als mitgestalterin gesellschaftlicher und sozialer prozesse. Lit, Wien 2013 (b). S. 143-150

Wendt, Wolf Rainer: Ethos als Erstreckung Sozialer Arbeit. In: ders. (Hrsg.): Zuwendung zum Menschen in der Sozialen Arbeit. Jacobs Verlag, Lage 2013 (c). S. 89-116

Wendt, Wolf Rainer: Die Geschichte der Sozialwirtschaft – Herkommen und Entwicklung. In: Arnold, Ulli / Grunwald, Klaus / Maelicke, Bernd (Hrsg.): Lehrbuch der Sozialwirtschaft. 4. Aufl., Nomos, Baden-Baden 2014 (a). S. 64-85

Wendt, Wolf Rainer (Hrsg.): Sorgen für Wohlfahrt. Moderne Wohlfahrtspflege in den Verbänden der Dienste am Menschen. Nomos, Baden-Baden 2014 (b)

Wilensky, Harold L. / Lebeaux, Charles N.: Industrial Society and Social Welfare. The Impact of Industrialization on the Supply and Organization of Social welfare Services in the United States. Free Press, New York 1965

Willert, Michaela: Regulierte Wohlfahrtsmärkte. Private Altersvorsorge in Deutschland und Großbritannien. Campus, Frankfurt am Main 2013

Wimberley, Edward T.: Nested Ecology. The Place of Humans in the Ecological Hierarchy. Johns Hopkins University Press, Baltimore 2009

Wöhrle, Armin (Hrsg.): Auf der Suche nach Sozialmanagementkonzepten und Managementkonzepten für und in der Sozialwirtschaft. Eine Bestandsaufnahme zum Stand der Diskussion und Forschung in drei Bänden. Ziel Verlag, Augsburg 2012

Wolff, Christian: Grundsätze des Natur- und Völkerrechts, worin alle Verbindlichkeiten und alle Rechte aus der Natur des Menschen in einem beständigen Zusammenhange hergeleitet werden. Rengersche Buchh., Halle 1754

Yunus, Muhammad: Creating a World Without Poverty. Social Business and the Future of Capitalism. Public Affairs, New York 2008

Zapka, Klaus: Binnenmarkt ohne Wohlfahrt? Zu den institutionellen Perspektiven eines europäischen Gemeinwohls. Springer VS, Wiesbaden 2012

Zeman, Peter: Altenpflegearrangements: Vernetzung der Netzwerke. In: Bauer, Petra / Otto, Ulrich (Hrsg.): Mit Netzwerken professionell zusammenarbeiten. Band II: Institutionelle Netzwerke in Steuerungs- und Kooperationsperspektive. Dgvt Verlag, Tübingen 2005. S. 315-333

Zimmerman, Mary K.: Theorizing Inequality: Comparative Policy Regimes, Gender, and Everyday Lives. In: The Sociological Quarterly, 54, 1, 2012. S. 66-80